हाशिमपुरा 22 मई

स्वतंत्र भारत का
सबसे बड़ा हिरासती हत्याकांड

हाशिमपुरा 22 मई

स्वतंत्र भारत का
सबसे बड़ा हिरासती हत्याकांड

विभूति नारायण राय

राधाकृष्ण प्रकाशन

ISBN : 978-81-8361-943-1

हाशिमपुरा 22 मई

पहला संस्करण : 2020
पहली आवृत्ति : 2022

मूल्य : ₹ 550

प्रकाशक
राधाकृष्ण प्रकाशन प्राइवेट लिमिटेड
जी-17, जगतपुरी, दिल्ली-110 051
शाखाएँ : अशोक राजपथ, साइंस कॉलेज के सामने, पटना-800 006
पहली मंजिल, दरबारी बिल्डिंग, महात्मा गांधी मार्ग, प्रयागराज-211 001
36 ए, शेक्सपियर सरणी, कोलकाता-700 017
वेबसाइट : www.radhakrishnaprakashan.com
ई-मेल : info@radhakrishnaprakashan.com

मुद्रक
बी.के. ऑफसेट
नवीन शाहदरा, दिल्ली-110 032

HASHIMPURA 22 May
Memoir by Vibhuti Narayan Rai

क्रम

प्राक्कथन

हाशिमपुरा 22 मई का मूल हिन्दी संस्करण कई कारणों से तीन वर्षों के विलम्ब से छप रहा है। तीन साल पहले पुस्तक का अंग्रेज़ी अनुवाद छपा और फिर कुछ महीनों में ही तमिल और उर्दू अनुवाद आ गए। साल भर में इन भाषाओं के पहले संस्करण ख़त्म हो गए पर हिन्दी, जिसमें मूल रूप से पुस्तक लिखी गई, में इसका छपना टलता रहा। कारण ऐसे थे जिन पर मेरा कोई वश नहीं था।

22 मई 1987 की आधी रात ग़ाज़ियाबाद शहर से सिर्फ़ पन्द्रह-बीस किलोमीटर दूर मकनपुर गाँव की नहर की नीम अँधेरी पुलिया पर स्तब्ध खड़ा मैं स्वतंत्र भारत के सबसे बड़े हिरासती हत्याकांड का गवाह बना था। सामने मद्धम गति से दिल्ली की ओर बहता हुआ गंदला पानी था, जो किनारे उगी सरकंडे की घनी झाड़ियों से टकरा कर टूट-टूट जा रहा था और पानी तथा सरकंडों के गुंजलकों में कुछ इंसानी लाशें थीं, जिनके ज़ख़्मों से तब भी ख़ून टपक रहा था। सब कुछ इतना अविश्वसनीय और लोमहर्षक था कि उस घटना-स्थल पर मिले एकमात्र जीवित बाबूदीन के दिए गए विवरण प्रारंभ में हमें किसी रहस्यलोक की प्रेतगाथा की तरह लगे। अगले कुछ घंटों तक हमने उसके बयान, घटना-स्थल से मिले सबूतों और मुरादनगर क़स्बे के दूसरे घटनास्थल गंग नहर से हासिल जानकारियों को जब टुकड़े-टुकड़े कर के जोड़ा तो हमारे सामने भारतीय राज्य और अल्पसंख्यकों के आपसी रिश्तों को परिभाषित करने वाली और किसी भी संवेदनशील व्यक्ति को झकझोर देने वाली एक ऐसी अपराध कथा उद्‌घाटित हुई, जो किसी भी धर्मनिरपेक्ष

समाज के लिए एक बड़ी चुनौती साबित हो सकती थी। उस रात मैंने दो फ़ैसले किए—पहला, एक पुलिस अधिकारी के रूप में कि इन बर्बर हत्याओं के लिए दोषियों को उनकी तार्किक परिणति तक पहुँचाऊँगा और दूसरा, मेरे भीतर बैठे लेखक ने तय किया कि मुझे इस घटना को एक रचनात्मक अभिव्यक्ति देनी है। दोनों इरादों के बारे में विस्तार से अन्दर लिखा गया है अत: यहाँ कुछ कहना दुहराव मात्र होगा।

पुस्तक का पहला ड्राफ़्ट तैयार होते-होते हाशिमपुरा हत्याकांड का फ़ैसला आ गया और एक झटके की तरह सभी अभियुक्त छूट गए। पीएसी-कर्मियों को बरी करते समय जज ने कहा कि उनके मन में कोई सन्देह नहीं है कि हाशिमपुरा से 42 मुसलमान ग़ैरक़ानूनी तरीक़े से उठाए गए और इसमें भी कोई शक नहीं कि राज्य की एक एजेंसी पीएसी ने उन्हें अवैध हिरासत में लिया था। यह भी सिद्ध हो गया कि उन्हें पीएसी-कर्मियों ने ही मारा था पर जज के मन में संशय था कि जो अट्ठारह लोग उनके सामने अभियुक्त के रूप में खड़े थे, वे वास्तव में अपराधी हैं? मेरा मानना है कि जिस तरह की तफ़तीश की गई थी और जिस हलके तरीक़े से राज्य ने इस मामले की पैरवी की, उससे अभियुक्तों के बरी होने पर किसी को आश्चर्य नहीं होना चाहिए, कम से कम मुझे तो नहीं ही हुआ।

रिहाई के बाद पूरे देश में नागरिक अधिकार संगठनों और मीडिया में गम्भीर प्रतिक्रियाएँ हुईं। इनका एक परिणाम यह हुआ कि पीड़ित परिवारों को मुआवज़े मिल गए और राज्य सरकार ने रिहाई के विरुद्ध दिल्ली उच्च न्यायालय में अपील कर दी। अपील के परिणामस्वरूप जो छूट गए थे, उन्हें आजीवन कारावास की सज़ा सुना दी गई। मेरा अपना मानना है कि अभी न्याय नहीं हुआ है। जिन्हें सज़ा मिली है उनमें से कई घटना में नहीं थे, और कई लोग जो इसमें लिप्त थे, वे लचर तफ़तीश की वजह से बच निकले। इसे इस बात से भी समझा जा सकता है कि दंडित पीएसी-कर्मियों में एक मुसलमान कांस्टेबल समीउल्लाह भी था। क्या कल्पना की किसी उड़ान से यह माना जा सकता है कि धार्मिक विद्वेष के आधार पर मुसलमानों की हत्या में एक मुस्लिम कांस्टेबल भी शरीक होगा? क्या हत्यारी टुकड़ी का नायक प्लाटून कमांडर सुरेन्द्र पाल सिंह हत्या की योजना बनाते समय और उसे अमल में लाते समय अपने साथ एक मुसलमान को भी रखने की हिमाक़त करता? यहाँ विस्तार

में सिर्फ़ इसलिए नहीं जाऊँगा क्योंकि किताब में मैंने कई सफ़े इस पर ख़र्च किए हैं। मेरा शुरू से मानना था और हाई कोर्ट के फ़ैसले से यह सोच और पुख़्ता हुई है कि हाशिमपुरा के दोषियों को सज़ा दिलाने के लिए नए सिरे से पूरे मामले की तफ़तीश ज़रूरी है।

बहरहाल देर से ही सही हाशिमपुरा 22 मई का मूल हिन्दी संस्करण पाठकों के हाथों में है।

—विभूति नारायण राय

भूमिका

जीवन के कुछ अनुभव ऐसे होते हैं जो ज़िन्दगी भर आपका पीछा नहीं छोड़ते। एक दुःस्वप्न-से वे हमेशा आपके साथ चलते हैं और कई बार तो क़र्ज़ की तरह आपके सीने पर सवार रहते हैं। हाशिमपुरा भी मेरे लिए कुछ ऐसा ही अनुभव है। 22 / 23 मई, सन 1987 की आधी रात दिल्ली-ग़ाज़ियाबाद सीमा पर मकनपुर गाँव से गुज़रने वाली नहर की पटरी और किनारे उगे सरकण्डों के बीच टॉर्च की कमज़ोर रोशनी में ख़ून से लथपथ धरती पर मृतकों के बीच जीवन के सूत्र तलाशना और हर अगला क़दम उठाने के पहले यह सुनिश्चित करना कि वह किसी जीवित या मृत शरीर पर न पड़े—सब कुछ मेरे स्मृति पटल पर किसी हॉरर फिल्म की तरह अंकित है। रात लगभग साढ़े दस बजे मुझे इस घटना की जानकारी हुई। शुरू में तो मुझे सूचना पर यक़ीन ही नहीं हुआ पर जब कलक्टर और दूसरे अधिकारियों के साथ मैं पहले घटनास्थल मकनपुर गाँव की हिंडन नहर पर पहुँचा, तब मुझे एहसास हुआ कि मैं धर्मनिरपेक्ष भारतीय गणराज्य के सबसे शर्मनाक हादसे का साक्षी बनने जा रहा हूँ। मैं ग़ाज़ियाबाद का पुलिस कप्तान था और पी.ए.सी. ने मेरठ के हाशिमपुरा मोहल्ले से उठाकर कई दर्जन मुसलमानों को मेरे इलाक़े में लाकर मार दिया था। इस घटनास्थल पर पहला जीवित बच निकलने वाला बाबूदीन हमारे हाथ लगा और उससे इस पूरी घटना की जानकारी मिली। उसी से हमें पता चला कि मकनपुर के पहले 35-40 मिनट के फ़ासले पर एक दूसरी नहर के किनारे भी कुछ लोगों को उतार कर मारा गया है। यह गंग नहर थी जो मुरादनगर से होकर बहती थी।

22 मई 1987 से लेकर 21 मार्च 2015 के बीच भारतीय समाज में बहुत कुछ बदला है। राजनैतिक, आर्थिक और सामाजिक परिदृश्य में जो बदलाव आए हैं, उन्होंने इस समाज का पूरा चेहरा बदल कर रख दिया है। इसी बदलाव के बीच घिसट-घिसट कर एक मुक़दमा ग़ाज़ियाबाद और दिल्ली की अदालतों में चलता रहा और जब इसका फ़ैसला आया तो लगा कि अभी भी बहुत कुछ नहीं बदला है। भारतीय राज्य और अल्पसंख्यकों के रिश्ते अभी भी बहुत कुछ वैसे ही हैं, जैसे 1987 में थे या उससे भी पहले 1950 या 1960 के दशकों में थे। आज भी वैसा ही अविश्वास, उतनी ही घृणा, वही पूर्वाग्रह और ख़ुद को देशभक्त भारतीय साबित करने/कराने की वही ज़िद। सब कुछ वैसा ही चल रहा है।

मैंने हाशिमपुरा होने के कुछ ही दिन बाद तय कर लिया था कि मैं इस पर लिखूँगा। शुरू में सिर्फ़ इस दुखान्तिका में शरीक पात्रों से बातचीत कर के उस मानसिकता को समझने की कोशिश करता रहा, जिसके तहत हाड़-मांस के पुतले बिना किसी वैध कारण के अपने जैसे जीवित मनुष्यों, मारे जाने के लिए जिनके चुने जाने का एकमात्र आधार था कि वे जवान और स्वस्थ थे, के सीनों से सटाकर अपनी राइफ़लों के घोड़े दबा दें। घटना के पाँच-छ:-साल बाद तक तो मैं मानता रहा कि इस मामले में दोषियों को देर-सबेर सज़ा ज़रूर मिलेगी, पर जैसे-जैसे वक़्त बीतता गया, यह स्पष्ट होता गया कि हत्यारों को दंडित करने में भारतीय राज्य की कोई दिलचस्पी नहीं है। राज्य के सारे स्टेक होल्डर्स इस मामले में अपनी ज़िम्मेदारियों से न सिर्फ़ बच रहे थे, बल्कि अधिकांश ने आपराधिक उपेक्षा का सहारा लिया।

1992 में मैंने तय किया कि मुझे इस किताब पर काम करना चाहिए। तब तक मैं सीमा सुरक्षा बल में जा चुका था और लखनऊ-मेरठ मेरी पहुँच से दूर हो गए थे। व्यस्त ज़िन्दगी में समय निकालना मुश्किल था, इसलिए शुरुआत में तो काम धीरे-धीरे चला पर 1994 में राष्ट्रीय पुलिस अकादमी, हैदराबाद ने मुझे एक साल की फेलोशिप प्रदान कर दी। विषय मैंने जानबूझकर ऐसा चुना था जो मुझे इस किताब को लिखने में भी मदद करे। विषय साम्प्रदायिक हिंसा के दौरान हिन्दू और मुसलिम दंगा पीड़ितों के मन में निर्मित होने वाली छवि से सम्बन्धित था। इस सिलसिले में मुझे एक साल की छुट्टी मिल गई और शोध के साथ-साथ मैं हाशिमपुरा पर भी सामग्री एकत्र करता रहा। सी.आई.डी.

और पी.ए.सी. में नियुक्त अपने मित्रों की मदद से मुझे ऐसे बहुत से दस्तावेज़ देखने को मिले, जिन तक किसी पेशेवर पत्रकार की पहुँच मुश्किल होती। इन मित्रों को नाम लेकर धन्यवाद देने से वे असुविधा महसूस करेंगे इसलिए बिना उनके नामों का उल्लेख किए मैं इतना ही कहूँगा कि जैसे-जैसे मैं उन दस्तावेज़ों को देखता गया, इस पुस्तक को लिखने का मेरा इरादा मजबूत होता गया। ये दस्तावेज़ आज़ादी के बाद की सबसे बड़ी हिरासती हत्या में भारतीय राज्य की आपराधिक संलिप्तता चीख़-चीख़ कर बयान कर रहे थे और मेरे अन्दर का लेखक दृढ़प्रतिज्ञ हो रहा था कि मुझे इस शोकगाथा का नैरेटर बनना ही चाहिए।

जब मैंने लिखना शुरू किया, तब एहसास हुआ कि हाशिमपुरा लिखना कितना मुश्किल है। मेरे लेखक को इतनी बड़ी चुनौती पहले कभी नहीं मिली थी। मैं मूलत: फ़िक्शन लिखता हूँ और कई बार कुछ पात्र जीवित चरित्रों से भी उठाता हूँ, पर एक बार मेरे चंगुल में फंस जाने के बाद वे मेरे हो जाते हैं। मैं उनके साथ मनमाना सलूक करता हूँ—जैसा चाहता हूँ उन्हें तोड़ता-मरोड़ता रहता हूँ—अपने जीवन के धीरोदात्त नायक मेरी कथाओं में खलनायक बन जाते हैं। पर हाशिमपुरा के चरित्रों के साथ क्या मैं ऐसा कर पाया? उलटे मैं इनके सामने विवश हो गया। उठते–बैठते, सोते–जागते ये एक भयानक दु:स्वप्न की तरह मेरे साथ रहते थे और इन्होंने मुझे अपने साथ कोई आज़ादी नहीं लेने दी। जो कुछ घटा था वह इतना भयानक था कि कभी भी कोई प्रसंग मैं एक बैठक में पूरा नहीं लिख सका। बार-बार भाषा मेरा साथ छोड़ देती थी और लेखक की असहायता का एहसास होता था। मसलन, जैबुन्निसा की तकलीफ़ का बयान आप कैसे करेंगे जिसने 22 मई, 1987 को लगभग उसी वक़्त बेटी को जन्म दिया, जब गंग नहर पर उसका पति मारा गया था। कई बार तो मैंने लिखना हफ़्तों-महीनों मुल्तवी रखा, यहाँ तक फ़ैसला कर लिया कि अब बस! आगे नहीं लिखूँगा। लेकिन क्या यह भी इतना आसान था? हर बार हाशिमपुरा के जीवित और मृत पात्र मेरे सीने पर सवार हो जाते और मुझे लगता कि बिना इस कथा को कहे मेरे लेखक की मुक्ति नहीं हो सकती।

हाशिमपुरा ही नहीं उसी के साथ-साथ मेरठ के एक दूसरे इलाक़े मलियाना में भी इतनी ही बुरी घटना हुई थी। फ़र्क़ सिर्फ़ इतना था कि मलियाना में मुसलमानों को हिरासत में लेकर नहीं मारा गया, बल्कि उन्हें हिंदुओं की भीड़

और पी.ए.सी. ने मिलकर मारा था। 1987 के इन दंगों में मलियाना ज़्यादा चर्चित हुआ और अक्सर उर्दू के शायर हाशिमपुरा की घटनाओं पर मलियाना के शीर्षक से शेर कहते रहे। एक बार मैं जस्टिस राजेन्द्र सच्चर के साथ मसूरी के एक पैनल डिस्कशन में था और मैंने पाया कि वे उल्लेख तो हाशिमपुरा की घटनाओं का कर रहे थे, लेकिन नाम मलियाना का ले रहे थे। दोनों जगहों पर जो कुछ घटा वह दुर्भाग्यपूर्ण और बहुत ही ख़राब था, किन्तु मेरे विचार में हाशिमपुरा तुलनात्मक रूप से अधिक गम्भीर है, क्योंकि यहाँ मरने वाले राज्य की हिरासत में थे।

हाशिमपुरा के निहितार्थ क्या हैं? क्या यह एक छोटा-सा एकाकी विचलन है, जिसे ज़्यादा से ज़्यादा स्वतंत्रता बाद की सबसे बड़ी हिरासती हत्या के रूप में याद किया जाएगा। मुझे लगता है कि हाशिमपुरा होना और उसके बाद सारे अभियुक्तों का छूट जाना भारतीय समाज के लिए किस क़दर महत्त्वपूर्ण है यह समझना बहुत आवश्यक है। इसका सीधा रिश्ता देश के धर्मनिरपेक्ष ढाँचे से है, और इस पर थोड़ा विस्तार से विचार करना होगा। 1947 में देश का विभाजन इस आधार पर हुआ था कि हिन्दू और मुसलमान दो अलग राष्ट्र हैं, और वे एक साथ नहीं रह सकते, महात्मा गांधी, जवाहर लाल नेहरू और संविधान सभा के अधिकांश सदस्यों ने इसे मानने से इनकार कर दिया था और लम्बे विचार-विमर्श के बाद भारत एक धर्मनिरपेक्ष गणराज्य बना। धर्मनिरपेक्षता के पक्ष में संविधान में निहित सारे प्रावधानों के बावजूद भारतीय राज्य की अन्तर संरचना में कुछ न कुछ ऐसा ज़रूर है जो इसे सही अर्थों में एक धर्मनिरपेक्ष समाज बनने से रोकता है। इस कुछ न कुछ का सबसे महत्त्वपूर्ण भाग साम्प्रदायिक हिंसा है, जो 1961 में आज़ादी के बाद हुए पहले बड़े जबलपुर दंगे के बाद हर दूसरे-तीसरे साल देश के किसी न किसी हिस्से में भड़कती रहती है और लगभग हर दंगे में एक जैसी कहानी दोहराई जाती है। सरकारी आंकड़ों के अनुसार लगभग हर बड़े दंगे में मरने वालों में अधिकांश मुसलमान होते हैं और हिंसा के दौरान राज्य की सबसे दृश्यमान संस्था पुलिस की कार्यवाहियों की मार भी वही झेलते हैं। हर बार मुसलमानों को लगता है कि भारतीय राज्य ने वह सब नहीं किया जो उसे करना चाहिए था, या बहुत से मामलों में वह सब कर दिया जो उसे नहीं करना चाहिए था। एक सभ्य समाज में राज्य से न्यूनतम अपेक्षा यही की जा सकती है कि वह बिना

भेदभाव के अपने सभी नागरिकों के जान-माल की हिफ़ाज़त करेगा। दुर्भाग्य से एक शानदार संविधान के बावजूद भारतीय राज्य बार-बार इस कसौटी पर असफल सिद्ध होता रहा है।

यदि कोई राज्य, जिसकी आबादी का लगभग बीस प्रतिशत अल्पसंख्यकों का हो और वह उन्हें यह विश्वास दिलाने में असफल रहे कि राज्य में उनका भी हिस्सा है, उसे किस तरह की दिक़्क़तों का सामना करना पड़ सकता है, इसे हम अपने अनुभवों से ख़ूब समझ सकते हैं। यह किसी से छिपा नहीं है कि 1984 के सिक्ख दंगों के पीड़ित परिवारों ने सबसे ज़्यादा स्वयंसेवक खालिस्तान आन्दोलन को मुहैया कराए थे और 1992 में बाबरी मस्जिद ध्वंस या 2002 के गुजरात ने अतिवादी इस्लाम को वैधता हासिल करने में कितनी मदद की थी।

हाशिमपुरा के निहितार्थ बहुत बड़े हैं। ख़ास तौर से फ़ैसले के बाद जिस तरह की प्रतिक्रियाएँ आई हैं, उन्हें गम्भीरता से लिया जाना चाहिए। मैं ख़ास तौर से फ़ैसले के बाद मुसलमानों की प्रतिक्रियाओं का ज़िक्र यहाँ करना चाहूँगा। 21 मार्च को फ़ैसला आने के बाद देश भर में हाशिमपुरा को लेकर आयोजन किए गए और उनमें से कुछ में मुझे भी भाग लेने का मौक़ा मिला। इन कार्यक्रमों में कट्टरपंथी मुसलिम संघटनों से जुड़े नौजवानों की बड़ी संख्या मौजूद दिखती है और पोशाक, हाव-भाव और उनके द्वारा पूछे गए सवालों से वे साफ़ पहचाने भी जा सकते हैं। मैंने पाया कि हाशिमपुरा के बहाने ये नौजवान धर्मनिरपेक्षता की अप्रासंगिकता पर ज़ोर देने की कोशिश करते हैं। उनके सामने एक अजीब द्वैध है—विचारधारा से वे एक इस्लामी हुकूमत के पक्षधर हैं, पर भारत में अल्पमत होने के कारण ऐसी हुकूमत ला भी नहीं सकते। एक मुस्लिम इतिहासकार का यह कथन कि भारत के अधिकांश मुसलमान एक धर्मनिरपेक्ष राज्य चाहते हैं, इसलिए नहीं कि वे धर्मनिरपेक्षता में यक़ीन करते हैं, बल्कि इसलिए कि धर्मनिरपेक्ष राज्य का उलट हिन्दू राज होगा, उनकी दुविधा को बख़ूबी बयान करता है। कई कार्यक्रमों में हाशिमपुरा के बहाने ये नौजवान मुझसे धर्मनिरपेक्षता की प्रासंगिकता पर बहस करते रहे। दरअसल हाशिमपुरा के फ़ैसले ने हिन्दुस्तानी मुसलमानों के उस तबके को रक्षात्मक कर दिया है, जो उदार और रोशन ख़याल है और उनके बीच के कट्टरपंथियों को इससे खाद मिली है। कई बार तो संजीदा मुसलमानों को मैंने उस संविधान के

ख़िलाफ़ बोलते सुना, जिसने सारे विचलन के बावजूद एक ऐसा निज़ाम बनाने में मदद की है, जिसने उन्हें देश में बराबर का शहरी बनाया है।

उनका ग़ुस्सा जायज़ है, क्योंकि हाशिमपुरा आज़ादी के बाद की सबसे बड़ी कस्टोडियल किलिंग की घटना है। 1984 के सिक्ख दंगे या नेल्ली का नरसंहार भी, जिसमें पुलिस की उपस्थिति में लोग मारे गए थे, इस अर्थ में भिन्न हैं कि हाशिमपुरा में न सिर्फ़ मरने वाले पुलिस की हिरासत में थे, बल्कि उनके हत्यारे भी पुलिस वाले ही थे। इतनी बड़ी संख्या में पुलिस ने पहले कभी भी लोगों को अपनी हिरासत में लेकर नहीं मारा था। यदि इसके बाद भी भारतीय राज्य दोषियों को सज़ा नहीं दिला सका तो उसे इस तरह की प्रतिक्रियाओं के लिए तैयार रहना चाहिए।

इस छोटी-सी किताब को ख़त्म करने में मुझे दस से अधिक वर्ष लग गए। कारण बहुत से गिनवाए जा सकते हैं—व्यस्तता, आलस्य, या इसके चरित्रों से मुलाक़ात और ज़रूरी दस्तावेज़ों को हासिल करने में आने वाली कठिनाइयाँ—पर आज जब मैं समाप्ति की कगार पर पहुँचा हूँ, तो मुझे लगता है कि यह अब भी सम्भव नहीं हो पाया होता अगर पद्‌मा लगातार मेरे पीछे न पड़ी रहती और कई हज़ार पृष्ठों में फैली सामग्री मुझे छाँट-छाँट कर न देती जाती। पत्रकार नासिरुद्दीन और कुरबान अली तथा मानवाधिकार कार्यकर्ता (स्व.) इकबाल अंसारी और वृंदा ग्रोवर ने मेरी इस प्रकरण को पूरी तरह से समझने में मदद की है। यह कथा दरअसल एक ऐसे क़र्ज़ को चुकाने का प्रयास है, जो 22 मई, 1987 से मेरे सीने पर एक बोझ की तरह लदा है।

—विभूति नारायण राय

हा शि म पु रा

मरें तो ग़ैर की गलियों में

उस रात दस-साढ़े दस बजे हापुड़ से ग़ाज़ियाबाद वापस लौटा था। साथ में ज़िला मजिस्ट्रेट नसीम जैदी थे, जिन्हें उनके बँगले पर उतारता हुआ मैं पुलिस अधीक्षक निवास पर पहुँचा। निवास के गेट पर जैसे ही कार की हेडलाइट पड़ी, मुझे घबराया हुआ और उड़ी रंगत वाला चेहरा लिए सब इंसपेक्टर वी.बी. सिंह दिखाई दिया, जो उस समय लिंक रोड थाने का इंचार्ज था। मेरा अनुभव बता रहा था कि उसके इलाक़े में कुछ गम्भीर घटा है। मैंने ड्राइवर को कार रोकने का इशारा किया और नीचे उतर गया।

वी.बी. सिंह इतना घबराया हुआ था कि उसके लिए सुसंगत तरीक़े से कुछ भी बता पाना सम्भव नहीं लग रहा था। हकलाते हुए और असंबद्ध टुकड़ों में उसने जो कुछ मुझे बताया, वह स्तब्ध कर देने के लिए काफ़ी था। मेरी समझ में आ गया कि उसके थाना क्षेत्र में कहीं नहर के किनारे पी.ए.सी. ने कुछ मुसलमानों को मार दिया है। क्यों मारा? कितने लोगों को मारा? कहाँ से लाकर मारा? स्पष्ट नहीं था। कई बार उसे अपने तथ्यों को दोहराने के लिए कह कर मैंने पूरे घटनाक्रम को टुकड़े-टुकड़े जोड़ते हुए एक नैरेटिव तैयार करने की कोशिश की। जो चित्र बना उसके अनुसार वी.बी. सिंह थाने में अपने कार्यालय में बैठा हुआ था कि लगभग 9 बजे उसे मकनपुर की तरफ़ से फ़ायरिंग की आवाज़ सुनाई दी। उसे और थाने में मौजूद दूसरे पुलिसकर्मियों को लगा कि गाँव में डकैती पड़ रही है। आज तो मकनपुर गाँव का नाम सिर्फ़ रेवेन्यू रिकाड्र्स में है। इस समय की गगनचुम्बी आवासीय इमारतों, मॉल और व्यावसायिक प्रतिष्ठानों वाले मकनपुर में 1987 में दूर-दूर तक बंजर ज़मीन

पसरी हुई थी। इसी बंजर ज़मीन के बीच की चक रोड पर वी.बी. सिंह की मोटरसाइकिल दौड़ी। उसके पीछे थाने का एक दारोग़ा और एक अन्य सिपाही बैठा था। वे चक रोड पर सौ गज भी नहीं पहुँचे थे कि सामने से तेज़ रफ़्तार से आता हुआ एक ट्रक दिखाई दिया। अगर उन्होंने समय रहते हुए अपनी मोटरसाइकिल चक रोड से नीचे न उतार दी होती, तो ट्रक उन्हें कुचल देता। अपना सन्तुलन सँभालते-सँभालते जितना कुछ उन्होंने देखा, उसके अनुसार ट्रक पीले रंग का था, उसके पिछले हिस्से पर 41 लिखा हुआ था और सीटों पर खाकी कपड़े पहने कुछ लोग बैठे थे। किसी पुलिसकर्मी के लिए यह समझना मुश्किल नहीं था कि पी.ए.सी. की 41वीं बटालियन का ट्रक कुछ पी.ए.सी. कर्मियों को लेकर उनके सामने से गुज़रा था। पर इससे गुत्थी और उलझ गई। इस समय मकनपुर गाँव से पी.ए.सी. का ट्रक क्यों आ रहा था? गोलियों की आवाज़ के पीछे क्या रहस्य था? वी.बी. सिंह ने मोटरसाइकिल वापस चक रोड पर डाली और गाँव की तरफ़ बढ़ा। मुश्किल से एक किलोमीटर दूर जो नज़ारा उसने और उसके साथियों ने देखा, वह रोंगटे खड़ा कर देने वाला था। मकनपुर गाँव की आबादी से पहले चक रोड एक नहर को काटती थी। नहर आगे जाकर दिल्ली की सीमा में प्रवेश कर जाती थी। जहाँ चक रोड और नहर एक-दूसरे को काटते थे वहाँ एक पुलिया थी। पुलिया पर पहुँचते-पहुँचते वी.बी. सिंह की मोटरसाइकिल की हेडलाइट जब नहर के किनारे उगे सरकंडों की झाड़ियों पर पड़ी, तो उन्हें गोलियों की आवाज़ का रहस्य समझ में आया। चारों तरफ़ ख़ून के ताज़ा थक्के थे। अभी ख़ून पूरी तरह से जमा नहीं था और ज़मीन पर उसे बहते हुए देखा जा सकता था। नहर की पटरी पर, झाड़ियों के बीच और पानी के अन्दर रिसते हुए ज़ख़्मों वाले शव बिखरे पड़े थे। वी.बी. सिंह और उसके साथियों ने घटनास्थल का मुलाहिजा कर अन्दाज़ लगाने की कोशिश की कि वहाँ क्या हुआ होगा? उनकी समझ में सिर्फ़ इतना आया कि वहाँ पड़े शवों और रास्ते में दिखे पी.ए.सी. की ट्रक में कोई सम्बन्ध ज़रूर है। साथ के सिपाही को घटनास्थल पर निगरानी के लिए छोड़ते हुए वी.बी. सिंह अपने साथी दारोगा के साथ वापस मुख्य सड़क की तरफ़ लौटा। थाने से थोड़ी दूर ग़ाज़ियाबाद-दिल्ली मार्ग पर पी.ए.सी. की 41वीं बटालियन का मुख्यालय था। दोनों सीधे वहीं पहुँचे। बटालियन का मुख्य द्वार बन्द था। काफ़ी देर बहस करने के बावजूद भी सन्तरी ने उन्हें अन्दर जाने की इजाज़त नहीं दी।

तब वी.बी. सिंह ने ज़िला मुख्यालय आकर सब कुछ मुझे बताने का फ़ैसला किया। जितना कुछ आगे टुकड़ों-टुकड़ों में बयान किए गए वृत्तांत से मैं समझ सका, उससे स्पष्ट हो गया कि जो घटा है वह बहुत ही भयानक है और दूसरे दिन ग़ाज़ियाबाद जल सकता था। पिछले कई हफ़्तों से बगल के ज़िले मेरठ में साम्प्रदायिक दंगे चल रहे थे और उसकी लपटें ग़ाज़ियाबाद पहुँच रही थीं। मैंने सबसे पहले ज़िला मजिस्ट्रेट नसीम जैदी को फ़ोन किया। वे सोने जा ही रहे थे। उन्हें जगे रहने के लिए कह कर मैंने ज़िला मुख्यालय पर मौजूद अपने एडिशनल एस.पी., कुछ डिप्टी एस.पी. और मजिस्ट्रेटों को फ़ोन कर करके जगाया और तैयार होने के लिए कहा। मुझे पता था कि 41वीं बटालियन के कमान्डेंट जोधसिंह भंडारी शहर में रहते थे, क्योंकि अभी बटालियन में निर्माण कार्य शैशवावस्था में ही था। उन्हें भी सूचना देने की व्यवस्था की गई और अगले चालीस-पैंतालीस मिनटों में सात-आठ वाहनों में लदे-फँदे हम मकनपुर गाँव की तरफ़ लपके। वहाँ पहुँचने में हमें मुश्किल से पन्द्रह-बीस मिनट लगे होंगे। नहर की पुलिया से थोड़ा पहले हमारी गाड़ियाँ खड़ी हो गईं। नहर के दूसरी तरफ़ थोड़ी दूर पर ही मकनपुर गाँव की आबादी थी, लेकिन कोई गाँव वाला वहाँ दिखाई नहीं दे रहा था। लगता था कि दहशत ने उन्हें घरों में दुबकने को मजबूर कर दिया था। थाना लिंक रोड के कुछ पुलिसकर्मी ज़रूर वहाँ पहुँच गए थे। उनकी टॉर्चों की रोशनी के कमज़ोर वृत्त नहर के किनारे उगी घनी झाड़ियों पर पड़ रहे थे, पर उनसे साफ़ देख पाना मुश्किल था। मैंने गाड़ियों के ड्राइवरों से नहर की तरफ़ रुख़ करके अपने हेडलाइट्स ऑन करने के लिए कहा। लगभग सौ गज चौड़ा इलाक़ा प्रकाश से नहा उठा। उस रोशनी में जो कुछ दिखा वह किसी दुःस्वप्न की तरह मेरी स्मृति में टंका है।

गाड़ियों की हेडलाइट्स की रोशनियाँ झाड़ियों से टकरा कर टूट-टूट जा रही थीं, इसलिए टॉर्चों का भी इस्तेमाल करना पड़ रहा था। झाड़ियों और नहरों के किनारे ख़ून के थक्के अभी पूरी तरह से जमे नहीं थे, उनमें से ख़ून रिस रहा था। पटरी पर बेतरतीबी से शव पड़े थे—कुछ पूरे झाड़ियों में फंसे तो कुछ आधे तिहाई पानी में डूबे। शवों की गिनती करने या निकालने से ज़्यादा ज़रूरी मुझे इस बात की पड़ताल करना लगा कि उनमें से कोई जीवित तो नहीं है। वहाँ मौजूद हम सबने अलग-अलग दिशाओं में टॉर्चों की रोशनियाँ फेंक-फेंक कर अन्दाज़ लगाने की कोशिश की कि कोई जीवित है

या नहीं। बीच-बीच में हम हाँक भी लगाते रहे कि यदि कोई जीवित हो तो उत्तर दे...हम दुश्मन नहीं दोस्त हैं...उसे अस्पताल ले जाएँगे। पर कोई जवाब नहीं मिला। निराश होकर हममें से कुछ पुलिया पर बैठ गए।

मैंने और ज़िला मजिस्ट्रेट ने तय किया कि समय खोने से कोई लाभ नहीं है। हमारे पड़ोस में मेरठ जल रहा था और 60 किलोमीटर दूर बैठे हम उसकी आंच से झुलस रहे थे। अफ़वाहों और शरारती तत्त्वों से जूझते हुए हम निरंतर शहर को इस आग से बचाने की कोशिश कर रहे थे। यह सोचकर दहशत हो रही थी कि कल जब ये शव पोस्टमार्टम के लिए ज़िला मुख्यालय पहुँचेंगे तो अफ़वाहों के पर निकल आएँगे और पूरे शहर को हिंसा का दावानल लील सकता है। हमें दूसरे दिन की रणनीति बनानी थी, इसलिए जूनियर अधिकारियों को शवों को निकालने और ज़रूरी लिखा-पढ़ी करने के लिए कह कर हम लिंक रोड थाने के लिए मुड़े ही थे कि नहर की तरफ़ से खाँसने की आवाज़ सुनाई दी। सभी ठिठक कर रुक गए। मैं वापस नहर की तरफ़ लपका। फिर मौन छा गया। स्पष्ट था कि कोई जीवित है लेकिन उसे यक़ीन नहीं है कि जो लोग उसे तलाश रहे हैं वे मित्र हैं। हमने फिर आवाज़ें लगानी शुरू कीं, टॉर्च की रोशनी अलग-अलग शरीरों पर डालीं और अन्त में हरकत करते हुए एक शरीर पर हमारी नज़रें टिक गईं। कोई दोनों हाथों से झाड़ियाँ पकड़े आधा शरीर नहर में डुबोये इस तरह पड़ा था कि बिना ध्यान से देखे यह अन्दाज़ लगाना मुश्किल था कि वह जीवित है या मृत! दहशत से बुरी तरह काँप रहा और काफ़ी देर तक आश्वस्त करने के बाद यह विश्वास करने वाला कि हम उसे मारने नहीं बचाने वाले हैं। जो व्यक्ति अगले कुछ घंटे हमें इस लोमहर्षक घटना की जानकारी देने वाला था, उसका नाम बाबूदीन था। गोली दो जगह उसका मांस चीरते हुए निकल गई थी। भय से निश्चेष्ट होकर झाड़ियों में गिरा तो भाग-दौड़ में उसके हत्यारों को पूरी तरह यह जाँचने का मौक़ा नहीं मिला कि वह जीवित है या मर गया। दम साधे वह आधा झाड़ियों और आधा पानी में पड़ा रहा और इस तरह मौत के मुँह से वापस लौट आया। उसे कोई ख़ास चोट नहीं आई थी और नहर से सहारा देकर निकाले जाने के बाद अपने पैरों पर चलकर वह गाड़ियों तक आया था। बीच में पुलिया पर बैठकर थोड़ी देर सुस्ताया भी।

लगभग 21 वर्षों बाद जब हाशिमपुरा पर किताब लिखने के लिए सामग्री इकट्ठा करते समय मेरी उससे मुलाक़ात हाशिमपुरा में उसी जगह

हुई, जहाँ से पी.ए.सी. उसे उठा कर ले गई थी, वह मेरा चेहरा भूल चुका था, लेकिन परिचय जानते ही जो पहली बात उसे याद आई वह यह थी कि पुलिया पर बैठे उसे मैंने किसी सिपाही से माँग कर बीड़ी दी थी। बाबूदीन ने जो बताया उसके अनुसार उस दिन अपराह्न तलाशियों के दौरान पी.ए.सी. के एक ट्रक पर बैठाकर चालीस-पचास लोगों को ले जाया गया तो उन्होंने समझा कि उन्हें गिरफ़्तार कर जेल ले जाया जा रहा है। वे लगातार प्रतीक्षा करते रहे कि जेल आएगा और उन्हें उतार कर उसके अन्दर दाख़िल कर दिया जाएगा। वे सभी वर्षों से मेरठ में रह रहे थे और कुछ तो यहीं के मूल बाशिंदे थे—इसलिए कर्फ़्यू लगी सूनी सड़कों पर जेल पहुँचने में लगने वाला वक़्त कुछ ज़्यादा तो लगा पर बाक़ी सब कुछ इतना स्वाभाविक था कि उन्हें थोड़ी देर बाद जो घटने वाला था, उसका ज़रा भी आभास नहीं हुआ। जब नहर के किनारे एक-एक को उतार कर मारा जाने लगा तब उन्हें रास्ते भर अपने हत्यारों के ख़ामोश चेहरों और फुसफुसा कर एक-दूसरे से बात करने का राज़ समझ में आया।

इसके बाद की कथा एक लम्बी और यातनादायक प्रतीक्षा का वृत्तांत है, जिसमें भारतीय राज्य और अल्पसंख्यकों के रिश्ते, पुलिस का ग़ैर पेशेवराना रवैया और घिसट-घिसट कर चलने वाली उबाऊ न्यायिक प्रणाली जैसे मुद्दे जुड़े हुए हैं। मैंने 23 मई, 1987 को जो मुक़दमे ग़ाज़ियाबाद के थाना लिंक रोड और मुरादनगर में दर्ज कराए थे, वे 28 वर्षों तक विभिन्न बाधाओं से टकराते हुए अदालतों में चलते रहे और 21 मार्च 2015 को सभी 16 अभियुक्तों की रिहाई के साथ उनका पहला चरण ख़त्म हुआ है।

मैं लगातार सोचता रहा हूँ कि कैसे और क्योंकर हुई होगी ऐसी लोमहर्षक घटना? होशोहवास में कैसे एक सामान्य मनुष्य किसी की जान ले सकता है? वह भी एक की नहीं पूरे समूह की? बिना किसी ऐसी दुश्मनी के, जिसके कारण आप क्रोध से पागल हुए जा रहे हों, कैसे आप किसी नौजवान के सीने से सटाकर अपनी राइफ़ल का घोड़ा दबा सकते हैं? बहुत सारे प्रश्न हैं जो आज भी मुझे मथते हैं। इन प्रश्नों के उत्तर तलाशने के लिए हमें उस दौर को याद करना होगा जब यह घटना घटी थी। बड़े ख़राब थे वे दिन। लगभग दस वर्षों से उत्तर भारत में चल रहे राम जन्मभूमि आन्दोलन ने पूरे समाज को बुरी तरह से बाँट दिया था। उत्तरोत्तर आक्रामक होते जा रहे इस आन्दोलन ने

ख़ास तौर से हिन्दू मध्यवर्ग को अविश्वसनीय हद तक साम्प्रदायिक बना दिया था। देश विभाजन के बाद सबसे अधिक साम्प्रदायिक दंगे इसी दौर में हुए थे। स्वाभाविक था कि साम्प्रदायिकता के इस अंधड़ से पुलिस और पी.ए.सी. के जवान भी अछूते नहीं रहे थे।

पी.ए.सी. पर तो पहले से भी साम्प्रदायिक होने के आरोप लगते रहे हैं। मैंने इस किताब के सिलसिले में वी.के.बी. नायर, जो दंगों के शुरुआती दौर में मेरठ के वरिष्ठ पुलिस अधीक्षक थे, से एक लम्बा इंटरव्यू लिया था और जो घटनाएँ 23 साल बाद भी उन्हें याद थीं, उनमें से एक घटना बड़ी मार्मिक थी। दंगे शुरू होने के दूसरे या तीसरे दिन ही एक रात शोर-शराबा सुनकर जब वे शयनकक्ष के बाहर निकले, तो उन्होंने देखा कि उनके दफ़्तर में काम करने वाला मुसलमान स्टेनोग्राफ़र बंगले के बाहर बीवी-बच्चों के साथ खड़ा है और बुरी तरह से दहशतज़दा उसके बच्चे चीख़-चिल्ला रहे हैं। पता चला कि पुलिस लाइन में रहने वाले इस परिवार पर वहाँ कैंप कर रहे पी.ए.सी. के जवान कई दिनों से फ़िकरे कस रहे थे और आज अगर अपने कुछ पड़ोसियों की मदद से वे भाग नहीं निकले होते तो सम्भव था कि उनके क्वार्टर पर हमला कर उन्हें मार दिया जाता। पूरे दंगों के दौरान यह परिवार वरिष्ठ पुलिस अधीक्षक निवास में शरण लिए पड़ा रहा। इन्हीं दिनों जब मेरठ से कुछ मुसलमान क़ैदी फतेहगढ़ जेल ले जाए गए तो उनमें से कई को वहाँ के बन्दियों और वार्डरों ने हमला करके मार डाला। हाशिमपुरा कांड के लिए उत्तरदायी 41वीं बटालियन के ही एक मुसलमान कांस्टेबल ड्राइवर इफ़्तख़ार अहमद के साथ जो कुछ घटित हुआ, वह उस समय के सच को अच्छी तरह से परिभाषित कर सकता है। 21 मई को दोपहर बाद वह ट्रक न. URU1352 से फ़ोर्स लेकर मेरठ पुलिस लाइंस पहुँचा। इसी ट्रक में उसके साथ बाद में इस प्रकरण का आरोपी बना प्लाटून कमांडर सुरेन्द्र पाल सिंह भी मेरठ आया था। पुलिस लाइन में पी.ए.सी. जवानों द्वारा मुसलिम बन्दियों के साथ हो रही मारपीट को जब उसने रोकने की कोशिश की तो उसके सहकर्मियों ने उसी के ऊपर हमला कर दिया और अफ़सरों को उसे छिपाकर उसकी जान बचानी पड़ी। ऐसे ही भयानक थे वे दिन। इन दिनों के बारे में विस्तार से मैं आगे लिखूँगा।

फिर भी वे इस हद तक कैसे गए होंगे—मैं इस गुत्थी को सुलझाना चाहता था। मैं हत्यारों की उस मानसिकता को समझना चाहता था, जिसके

तहत बिना किसी पूर्व परिचय या व्यक्तिगत दुश्मनी के उन्होंने निहत्थे और अपनी अभिरक्षा में मौजूद नौजवान लड़कों को एक-एक करके भून डाला और असहाय, ज़मीन पर छटपटाते घायलों पर भी तब तक गोलियाँ चलाईं, जब तक उन्हें यक़ीन नहीं हो गया कि उनका काम तमाम हो गया है। मैंने 23 साल इन प्रश्नों के उत्तर तलाशने में लगाए हैं और अब जब काफ़ी हद तक यह गुत्थी सुलझ गई है, मैं अपनी किताब पर काम करने बैठा हूँ। मुझे अफ़सोस है कि प्लाटून कमांडर सुरेन्द्र पाल सिंह, जो इस पूरी कथा का नायक या खलनायक है, अब मर चुका है और उसके साथ बिताए वे बहुत सारे घंटे बेकार हो गए हैं, जिनके दौरान मैंने उस मानसिकता को समझने का प्रयास किया था, जिसके चलते वह अपने नेतृत्व वाली एक छोटी सी टुकड़ी से ऐसा जघन्य काम करवा पाया होगा। मेरी स्मृति और बातचीत के बाद लिए गए छिटपुट नोट्स में कई दिलचस्प चीज़ें दर्ज हैं, पर मैं अब उनका इस्तेमाल बहुत कम और अनिवार्य होने पर ही करूँगा, जिससे किसी को यह कहने का मौक़ा न मिले कि मैंने उसमें कुछ अपनी तरफ़ से जोड़ा या घटाया है। इसी तरह पी.ए.सी. की इकतालीसवीं बटालियन के तत्कालीन कमांडेंट जोधसिंह भंडारी भी अब जीवित नहीं हैं, अत: उनके साथ हुई अपनी लम्बी बातचीत का ज़िक्र भी अपरिहार्य होने पर ही करूँगा।

दश्त को देख कर घर याद आया

मृत्यु से ऐसा निकट का साक्षात्कार कि जब आपकी आँखें खुलें, तो आप अपने अगल-बगल लेटे मृत और अर्द्धमृत शरीरों को छूकर आश्वस्त होना चाहें कि आप अभी जीवित हैं। पिघला हुआ लोहा जब आपकी माँसपेशियों को चीरता हुआ बाहर निकले, तब तक आपकी इन्द्रियाँ इतनी सुन्न हो चुकी हों कि जीवन से मृत्यु में प्रवेश रुई के फाहों-सा आकाश में उड़ना हो। जहाँ और कुछ भी हो पर दर्द न हो, भय न हो और इतना समय भी न हो कि स्मृतियाँ आपको परेशान कर सकें। आपके इर्द-गिर्द गरजती हुई राइफ़लों का शोर हो और हों उस शोर को हिंस्र उत्तेजना से भरती हुई हत्यारों की चीख़ भरी गालियाँ, और इन दोनों के बीच सुन्न चेतना से उस क्षण की प्रतीक्षा, जब अगल-बगल से गुज़रती कोई गोली आपके शरीर में इस तरह प्रवेश करे कि आपका शरीर एक क्षण के लिए ज़मीन से ऊपर उछले और ऐंठता हुआ गिर पड़े। ऐसी मौत को आप क्या कहेंगे? ख़ास तौर से तब जब कि अपने हत्यारे को आप पहली बार ग़ौर से देख रहे हों और लाख कोशिश करने पर भी आपको ऐसा कोई कारण नज़र न आए कि आप उसके हाथों क़त्ल हों। बाबूदीन, मुजीबुर्रहमान, मो. नईम, आरिफ़, ज़ुल्फ़िकार नासिर या मो.उस्मान को कैसा लगा होगा, जब मौत से चन्द सेकेण्ड दूर उन्होंने अपने मित्रों, रिश्तेदारों या साथ मेहनत मजूरी करने वालों को मरोड़ खा ऐंठते और ज़मीन पर गिर कर छटपटाते देखा होगा और सुन्न इन्द्रियों वाले उनके शरीर भागने जैसी स्वाभाविक प्रतिक्रिया भी नहीं कर सके होंगे? जान बचाने के लिए सबने एक जैसी ही हरकत की थी। शरीर के किसी हिस्से में गोली लगने के बाद सभी अलग-अलग तरह

से ज़मीन पर गिरे पर आसन्न मृत्यु से बचने का प्रयास एक जैसा ही हुआ। दोनों घटनास्थल, जहाँ इन 42 व्यक्तियों को उतार कर गोली मारी गई थी, एक जैसे ही थे। दोनों नहरों के किनारे थे और दोनों ही नहरों में तेज़ रफ़्तार से पानी बह रहा था।

हर बचने वाले ने गोली लगने के बाद धरती पर निश्चेष्ट-नि:शब्द लेट कर हत्यारों को धोखा देने की कोशिश की कि वह मर चुका है। सभी नहर के पानी में अपने धड़ का ज़्यादा हिस्सा डुबोए, सरकण्डे या दूसरे किसी झाड़-झंखाड़ को पकड़े मृत-अर्द्धमृत शरीरों के बीच इस तरह पड़े रहे कि मारने वाले अपना दायित्व पूरा करने का सन्तोष लेकर वहाँ से हट जाएँ। हत्यारों के चले जाने के बाद भी वे देर तक ख़ून, पानी और कीचड़ में लथपथ बिना किसी हरकत के पड़े रहे। उन्होंने मनुष्य स्वभाव की उस सहज प्रवृत्ति का भी उल्लंघन किया, जिसके तहत मुसीबत में पड़ा व्यक्ति अपने जैसे दो हाथों दो पैरों वाले जीव को देखते ही उसकी तरफ़ मदद के लिए झपटता है। हत्यारों के जाने के घंटों बाद भी घटनास्थल पर आने वाला हर मनुष्य उन्हें उन्हीं हत्यारों के गिरोह का सदस्य लगता था और उसे देख कर मदद मांगना तो दूर, वे और ज़्यादा अपने खोल में सिकुड़ जाते थे। ख़ास तौर से अगर बाद में आने वाला खाकी में हो।

गोली लगने के लगभग तीन घंटे बाद बाबूदीन से मेरी मुलाक़ात हुई। एक मरियल, पिचके गालों वाला औसत क़द का लड़का भीगे परों वाली किसी गौरैया सा सहमा हुआ हमारे सामने खड़ा था। पतलून के पाँयचों में नहर की तलहटी का कीचड़ भरा था और क़मीज़ इतनी तर थी कि अगर उसे उतार कर निचोड़ा जाता तो एकाध लीटर पानी निकल आता। मई की उस सड़ी गर्मी में भी उसका शरीर बीच-बीच में सिहर जाता था। मैंने ग़ौर किया कि 19-20 साल का चेचकरू चेहरे वाला लड़का बोलते समय हकला ज़रूर रहा था, पर उसकी आवाज़ में अजीब तरह की निर्लिप्त तटस्थता व्याप्त थी। मृत्यु के इतने क़रीब पहुँचे व्यक्ति में आस-पास पसरे हुए के प्रति ऐसी उदासी? जिस निर्वैयक्तिकता के साथ उसने हाशिमपुरा से मकनपुर की यात्रा का बयान किया, उससे मुझे अपने शरीर में झुरझुरी-सी दौड़ती महसूस हुई थी, पर आज दो दशकों के बाद मैं सोचता हूँ तो लगता है कि मौत जब हमारी तरफ़ झपटती है तब हमें दहशत ज़रूर होती है, पर अगर कुछ देर तक वह हमारी सहयात्री

रहे और फिर हमें छोड़ती हुई आगे चली जाए तो शायद हम इसी तरह की अनासक्त उदासी से भर जाते हैं।

बाबूदीन के कपड़े गीले थे और उन पर जगह-जगह हलके ललछौंह धब्बे भी थे। थोड़ा ग़ौर से देखने पर स्पष्ट हो गया कि शरीर के दो स्थानों पर गीली क़मीज़ चिपक-सी गई थी और उन पर पानी के लगातार स्पर्श के बावजूद ख़ून के थक्के जम गए थे। पहला बाईं काँख के नीचे पीठ की तरफ़ और दूसरा सीने पर दाहिनी ओर था, जहाँ गाढ़ा कत्थई रंग दिख रहा था। ऐसा लगता था कि इन दोनों जगहों से गोली मांस को चीरती हुई बाहर निकल गई थी।

वह थका और उदास ज़रूर नज़र आ रहा था, लेकिन अपने पैरों पर चल सकता था। हम उसे लेकर थाना लिंक रोड की तरफ़ बढ़े, पर वह दस क़दम भी नहीं चला होगा कि उसकी चाल लड़खड़ाने लगी। शायद घंटों सरकंडों को पकड़े-पकड़े लटकने का असर अब नज़र आने लगा था। एक सिपाही ने सहारा देकर उसे रास्ते में पड़ने वाली पुलिया पर बैठा दिया। मई के आख़िरी हफ़्ते में, जब मानसून अभी दूर हो और बारिश का कहीं अता-पता भी न हो तब भी, ग़ाज़ियाबाद और उसके आसपास के इलाक़ों में इतनी उमस होती है कि आप पसीने में नहाए होते हैं। हम सभी थकान और चिपचिपाहट से पस्त थे। सिर्फ़ बाबूदीन था जो बीच-बीच में सिहर उठता था। 21 वर्ष बाद जब मैं इस किताब को लिखने के लिए सामग्री एकत्रित कर रहा था और बाबूदीन से उसी हाशिमपुरा में मिला, जहाँ से पी.ए.सी. उसे उसके क़रीबी रिश्तेदारों के साथ उठा कर ले गई थी, मेरा परिचय जानते ही उसने मुस्कराते हुए मुझे याद दिलाया था कि मई की उस सड़ी गर्मी में सिहरते देख कर एक सिपाही से मांग कर मैंने उसे बीड़ी दी थी। वह धूम्रपान नहीं करता था इसलिए उसने ख़ामोशी से सर हिला कर मना कर दिया था। उसके बाद उसने बोलना शुरू किया तो न जाने कितनी देर तक बोलता ही रहा। बीच-बीच में वह सिहरता ज़रूर था, पर स्वगत कथन की तरह असम्बद्ध टुकड़ों में जो कुछ वह देर तक बोलता रहा, वह उसे घेर कर खड़े आठ-दस अफ़सरों और थोड़ी दूर पर मौजूद बीस-पच्चीस की संख्या वाले सरकारी अमले के लिए किसी दुःस्वप्न से कम नहीं था। वह एक ऐसी कथा का नैरेटर था, जो अविश्वसनीय हद तक दुखांत थी।

वहाँ रुकने का कोई अर्थ नहीं था, जो कुछ बाबूदीन ने अब तक हमें बताया था वह इतना भयानक था कि मैं और ज़िला मजिस्ट्रेट नसीम जैदी, दोनों भीड़ से हट कर आपस में फुसफुसाकर कर बात करते हुए इस पर सहमत हुए कि दूसरे दिन ग़ाज़ियाबाद जल सकता है। हमें दो स्तरों पर कार्यवाही करनी थी और वह भी बिना कोई समय गंवाए। पहला काम तो था बाबूदीन से पूरी जानकारी हासिल कर एफ.आई.आर. दर्ज कराना और सबेरा होते ही नहर से शवों को निकलवा कर पोस्टमार्टम के लिए भिजवाना, और दूसरी उससे भी महत्त्वपूर्ण बात थी, अगले दिन यह सुनिश्चित करना कि जब ये लाशें मार्चुरी पहुँचें तो अफ़वाहें शहर को जला न दें। जब से मेरठ में आग लगी थी, हमारे दिन और रातें इसी भागदौड़ में बीत रही थीं कि ग़ाज़ियाबाद इन लपटों से बचा रहे।

कुछ लोगों को पीछे निगरानी के लिए छोड़ हम बाबूदीन को लेकर थाना लिंक रोड के लिए निकल पड़े। लगभग 50-60 गज की दूरी पर गाड़ियाँ पार्क थीं। मेरे आगे दस-बारह लोगों का क़ाफ़िला एक क़तार में चला जा रहा था—दूसरे या तीसरे क्रम पर बाबूदीन था—सर झुकाए हुए ख़ामोशी से बढ़ता हुआ। उसके ज़ख़्म ऐसे नहीं थे कि उसे चलने के लिए किसी सहारे की ज़रूरत पड़े, इसलिए उसने शुरू में ही सहारे की पेशकश ठुकरा दी थी। सड़ी गर्मी वाली और बदबूदार पसीने से लथपथ वह अँधेरी रात अब तक मेरी स्मृतियों में टंगी हुई है, जिसमें उस पूरे क़ाफ़िले के पीछे खड़े मैंने बाबूदीन और उसके साथियों को गाड़ियों में बैठते देखकर एक उड़ती नज़र अपने बगल में खड़े ज़िला मजिस्ट्रेट नसीम जैदी की तरफ़ डाली और उनके राखपुते चेहरे को देख कर मुझे लगा था कि उन्हें भी मेरी तरह किसी शवयात्रा में भाग लेने जैसी अनुभूति हो रही है। क़ाफ़िले के लोग खड़ी कारों और जीपों में सवार हो गए तो मैं और नसीम जैदी भी ज़िला मजिस्ट्रेट की कार में बैठ गए। हमारी कार के पीछे-पीछे चार-पाँच गाड़ियाँ अगले दस-बारह मिनटों में थाना लिंक रोड में थीं। थाने तक पहुँचते-पहुँचते हमारा इरादा बदल गया और हमने तय किया कि हमें बटालियन हेडक्वार्टर जाकर एक बार देख लेना चाहिए कि हत्यारे वहीं हैं या वहाँ से भाग गए?

बाबूदीन को थाने में एक अधिकारी की देखभाल में छोड़कर ज़िला मजिस्ट्रेट के साथ कुछ अधिकारियों को लेकर मैं बटालियन की तरफ़ बढ़ा।

हमारे साथ बटालियन के कमांडेंट जोधसिंह भंडारी भी थे। जैसा कि मैंने ऊपर उल्लेख किया है, वे शहर में रहते थे क्योंकि बटालियन परिसर में कमांडेंट आवास अभी तक तैयार नहीं हुआ था। वी.बी. सिंह से घटना की पहली सूचना मिलते ही मैंने नसीम जैदी के अलावा जिन लोगों से सम्पर्क किया था, उनमें से एक भंडारी भी थे। मुझे आज भी याद है कि वे सिंहानी गेट थाने के पीछे चार सरकारी फ़्लैट्स के एक संकुल में रहते थे और जब काफ़ी देर तक उन्होंने अपना फ़ोन नहीं उठाया तो मैंने उनके फ़्लैट के नीचे रहने वाले डिप्टी एस.पी. हरिशंकर शर्मा को उन्हें जगा कर मुझसे बात कराने के लिए ऊपर भेजा था। हरिशंकर शर्मा ही भंडारी को लेकर मेरे पास पहुँचे थे। हम इकतालीसवीं बटालियन के गेट नंबर एक पर पहुँचे तो कमांडेंट भंडारी की उपस्थिति से हमें गेट खुलवाने में उस तरह की दिक़्क़त का सामना नहीं करना पड़ा, जैसी लिंक रोड थाने के इंचार्ज वी.बी. सिंह को उठानी पड़ी थी। हम जब मुख्य द्वार से अन्दर घुसे तो यह स्पष्ट हो गया कि बटालियन अभी निर्माण की शैशवावस्था में थी। अभी बहुत कम भवन निर्मित हो पाए थे, ज़्यादातर अस्थायी निर्माण थे जिनमें बटालियन का कामकाज चल रहा था। ऐसे ही एक तीन-चार कमरों वाले भवन, जो सम्भवत: अतिथि गृह या अफ़सर मेस था, के सामने लॉन में कुर्सियों पर बटालियन के चार-पाँच अफ़सर बैठे थे। कमांडेंट भंडारी हमें लेकर उधर ही बढ़ चले। क़रीब पहुँचते ही उन्हें देखकर सभी खड़े हो गए। हम लॉन में पहुँचे तो हमारे लिए भी कुर्सियाँ आ गईं। उस नीम अँधेरे माहौल में जब एक-दूसरे के चेहरे भी साफ़ नहीं दिख रहे थे, थोड़ी देर तक ख़ामोशी छाई रही, शायद हर व्यक्ति दूसरे के बोलने की प्रतीक्षा कर रहा था। जब यह ख़ामोशी असह्य हो गई तो मैंने कमांडेंट भंडारी के चेहरे पर आँखें गड़ा दीं। वे झटके से उठे और उन्होंने कुर्सी पर बैठे लोगों में से एक को इशारा किया और एक अँधेरे कोने की तरफ़ बढ़ गए। जिसे इशारा किया गया था और जो सम्भवत: बटालियन का एडजुटेंट था, उठा और उनके पीछे चल दिया। वे देर तक बतियाते रहे और हम बेचैनी से उनकी बातें ख़त्म होने का इंतज़ार करते रहे। तभी भंडारी ने मेरी तरफ़ देखकर हाथ से कुछ इशारा किया। अँधेरे में स्पष्ट तो नहीं समझ में आया पर लगा वे मुझे बुला रहे हैं, मैं उधर को लपका। इसके बाद भंडारी ने जो कुछ बताया उससे इस जघन्य हत्याकांड की तसवीर काफ़ी कुछ साफ़ होती चली गई। मैंने कलेक्टर नसीम जैदी को

भी इशारे से वहीं बुला लिया और जितना मुझे याद आ रहा है, एक-दो वरिष्ठ अधिकारी और आ गए और हम सब भंडारी और उनके एडजुटेंट को घेर कर खड़े हो गए। भंडारी ने एक-दो वाक्य ही बोले और एडजुटेंट को पूरा वाक़िया बयान करने के लिए कहा।

संक्षेप में कथा कुछ इस प्रकार थी कि रात लगभग 9 बजे बटालियन कैंपस में रहने वाले अफ़सर रात्रिभोज के बाद इसी लॉन में बैठे गप्प लड़ा रहे थे कि मुख्य द्वार से ज़ोर-ज़ोर की आवाज़ें आती सुनाई दीं। लगा कि मुख्य द्वार का सन्तरी किसी से उलझा हुआ है। लॉन में बैठे अफ़सरों ने एक जवान को मामला जानने के लिए गेट की तरफ़ भेजा पर उसके वहाँ तक पहुँचने के पहले ही गेट खुला और उन्होंने एक ट्रक को तेज़ी से बटालियन कैंपस में घुसते हुए देखा। थोड़ी ही देर बाद भेजे गए जवान के साथ मुख्य द्वार का सन्तरी भी उनके पास चला आया। सन्तरी ने बताया कि जो ट्रक अभी कैंपस में घुसा था, उस पर बैठकर बटालियन का सूबेदार सुरेन्द्र पाल सिंह आया था और उसके साथ कुछ जवान और भी थे। सन्तरी ने जब सुरेन्द्र पाल सिंह से प्रवेश द्वार पर रखे रजिस्टर में एन्ट्री करने के लिए कहा तो वह उससे उलझ गया। सुरेन्द्र पाल सिंह के साथ आए दूसरे पी.ए.सी. कर्मी भी ट्रक से नीचे कूद आए और उन्होंने सन्तरी को लगभग मजबूर करते हुए गेट खुलवा लिया और बिना रजिस्टर में एन्ट्री किए ट्रक अन्दर ले गए। अफ़सरों के लिए यह सूचना कुछ बेचैन करने वाली थी, क्योंकि उन्हें पता था कि सूबेदार सुरेन्द्र पाल सिंह की ड्यूटी मेरठ में थी और इस समय उसे और उसके साथियों को इस ट्रक के साथ मेरठ में होना चाहिए था। अगले डेढ़-दो घंटे तक ट्रक बटालियन के अन्दर एम. टी. पार्किंग में खड़ी रही। लाने वालों ने उसकी अच्छी तरह से धुलाई की तथा उसे लेकर फिर वापस मेरठ की तरफ़ भाग गए।

इतनी गम्भीर घटना की जानकारी इन अधिकारियों ने अपने कमांडेंट जोधसिंह भंडारी को क्यों नहीं दी? यह शंका होने के बाद भी कि सुरेन्द्र पाल सिंह और उसके साथियों ने कोई गम्भीर अपराध किया है, वहाँ मौजूद अधिकारियों ने उन्हें रोकने का प्रयास क्यों नहीं किया? अभी ट्रक बटालियन कैंपस में ही थी कि लिंक रोड थाने का इंचार्ज वी.बी. सिंह उसका पीछा करता हुआ बटालियन के मुख्य गेट तक पहुँचा, लेकिन सन्तरी ने न तो उसके लिए गेट खोला और न ही उसे, बार-बार यह बताने के बावजूद भी कि वह कौन है, अन्दर आने

दिया। क्या इसके पीछे भी बटालियन के अधिकारियों का आदेश था? ये कुछ ऐसे अनुत्तरित प्रश्न हैं जिनके बारे में इस मामले की तफ़तीश करने वाली एजेंसी को प्रयास करना चाहिए था, किंतु मुझे सी.आई.डी. के दस्तावेज़ों में इस तरह के किसी प्रयास के चिह्न नहीं मिले।

एडजुटेंट के कथन, वी.बी. सिंह द्वारा दिए गए विवरण तथा बाबूदीन के बयान को जोड़ कर देखने से यह काफ़ी कुछ स्पष्ट हो गया कि मकनपुर नहर पर मुसलमानों को मारने के बाद सुरेन्द्र पाल सिंह और उसके साथी ट्रक लेकर भागते हुए अपने बटालियन मुख्यालय की तरफ़ आए थे। कंकरीले-पथरीले रास्ते पर उन्हें विपरीत दिशा से आता हुआ मोटरसाइकिल सवार वी.बी. सिंह मिला था और उसे लगभग कुचलते हुए से वे अपने मुख्यालय गेट पर पहुँचे और सन्तरी को मजबूर करते हुए गेट खुलवा कर बटालियन कैंपस में स्थित एम.टी.पार्किंग में चले गए थे। एम. टी. पार्किंग फ़ौजी या पुलिस संस्थानों में वह स्थान होता है, जिसमें मोटर गाड़ियाँ खड़ी की जाती हैं, और उनकी साफ़-सफ़ाई या रख-रखाव किया जाता है। मैं कमांडेंट जोधसिंह भंडारी को लेकर एम.टी.पार्किंग की तरफ़ गया। वाहन गैराजों के सामने फैला सीमेंट का प्लेटफॉर्म गीला था। स्पष्ट था कि सुरेन्द्र पाल सिंह की टुकड़ी ने अपना ट्रक वहीं धोया था। टॉर्च की रोशनियों में देखने पर यह भी स्पष्ट हो रहा था कि प्लेटफॉर्म पर मौजूद छोटे मोटे गड्ढों में ललौंछ भरा गँदला पानी इकट्ठा था। ज़ाहिर था कि यह लाल रंग ट्रक पर जमे ख़ून के थक्कों की धुलाई से आया होगा और इस मामले की तफ़तीश में महत्त्वपूर्ण भूमिका निभाने जा रहा था।

हम थोड़ा और समय बटालियन में बिताकर वापस लिंक रोड थाना लौट आए।

थाने के कार्यालय में बाबूदीन बैठा था। हम सीधे थानाध्यक्ष के कमरे में चले गए और बाबूदीन को वहीं बुला लिया गया।

एक बार फिर पूछ-ताछ का सिलसिला शुरू हुआ। ज़िला मजिस्ट्रेट और मेरे साथ चार-पाँच अफ़सर एक मेज़ के तीन तरफ़ बैठ गए। सामने की कुर्सी पर बाबूदीन को बिठा दिया गया। शुरू की झिझक दूर होते ही उसने अपना बयान शुरू किया। इस बार वह अधिक व्यवस्थित था। शायद समय के अन्तराल ने उसे मृत्यु के भय से दूर कर दिया था और हमारी खाकी

उसे अपने हत्यारों की खाकी से भिन्न लगने लगी थी। इस बार बोलते समय वह असंबद्ध वाक्यों का इस्तेमाल नहीं कर रहा था। उसने विस्तार से अपनी गिरफ़्तारी का ज़िक्र किया, अपने साथ पकड़े गए दूसरों के बारे में बताया और उनके साथ पी.ए.सी. ट्रक में चढ़ाए जाने की बाबत पूरा क़िस्सा बयान किया। पिछले और इस बार के वर्णन में समानता यह थी कि उसका स्वर इस बार भी पूरी तरह से भावशून्य और अन्दर तक छील देने वाली एक ख़ास तरह की तटस्थता से लबरेज था। मेरे अनुभव संसार की यह पहली घटना थी, जिसमें कोई इतने ठंडे अन्दाज़ में मृत्यु से अपने क़रीबी साक्षात्कार का विस्तृत विवरण दे रहा था। पिछली बार से फ़र्क़ यह था कि इस बार का नैरेशन तरतीबवार और सधा हुआ था। इसीलिए इस बार उससे वह विवरण नहीं छूटा जो इस मामले में बेहद महत्त्वपूर्ण साबित होने जा रहा था, और जिसे सुनकर हम सभी चौंक गए थे। नहर से निकाले जाने के बाद सुनाई गई अपनी कहानी में वह यह बताना भूल गया था कि हाशिमपुरा से उठाए गए मुसलमानों को लेकर तेज़ रफ़्तार से दौड़ती हुई पी.ए.सी. की ट्रक मेरठ ग़ाज़ियाबाद मार्ग पर अचानक दाहिनी तरफ़ एक नहर की पटरी पर मुड़ गई थी और मुख्य सड़क से लगभग पचास गज अन्दर खड़ंजे पर उछलती-कूदती जाकर रुक गई थी। इसके बाद वहाँ भी वही सब कुछ हुआ जो लगभग एक घंटे बाद मकनपुर की नहर पर होने जा रहा था।

ट्रक की अगली सीट पर ड्राइवर की बगल में बैठे जवानों के नहर की पटरी पर कूदने और उनके बूटों की खड़ंजे से टकराने से उत्पन्न आवाज़ों में कुछ था जिसने पीछे ठुंसे लोगों को यह एहसास ज़रूर करा दिया था कि कुछ ऐसा होने जा रहा है जिसे नहीं होना चाहिए था और जिसका सम्बन्ध उनसे था। बाबूदीन को अपने पेट में मरोड़ सी उठती लगी। फ़रागत की एक आदिम इच्छा उसके मन में उठी, पर छठी इन्द्रिय ने बता दिया था कि अब कुछ नहीं किया जा सकता है। सामने से उतरे कुछ लोग तेज़ी से ट्रक के पीछे आए और उन्होंने मोटी ज़ंजीरों से बांधे गए लोहे और लकड़ी के उस पटरे को खोल कर नीचे गिरा दिया जो ट्रक के पिछले हिस्से के लगभग एक तिहाई को ढके हुए था, और जिसकी वजह से यह हिस्सा किसी बन्द कमरे का सा आभास देता था। पटरे के नीचे गिरते ही उससे सट कर खड़े जवान नीचे कूद गए। उनकी तेज़ी से लग रहा था कि वे जल्दी में थे और

बर्बाद करने के लिए उनके पास वक़्त नहीं था। उनके बूट जब नीचे पड़े आड़े-तिरछे बेतरतीब ईंट के छोटे-बड़े टुकड़ों से टकराए तो उनसे भय पैदा करने वाली ध्वनि पैदा हुई। कई घंटे बाद भी जब बाबूदीन इस वाक़िए का ज़िक्र कर रहा था तो मैंने बावजूद सारी तटस्थता के उसके चेहरे पर वही भय देखा था, जो उस ध्वनि को सुनकर उसके और उसके सहयात्रियों के चेहरों पर तैरा होगा।

दो-तीन जवानों को छोड़ कर शेष नीचे खड़ंजे पर थे। उनमें से किसी ने कड़कती आवाज़ में ऊपर ट्रक में खड़े लोगों को नीचे कूदने के लिए ललकारा। छठी इन्द्रिय ने बाबूदीन को चेताया कि नीचे सब कुछ स्वाभाविक नहीं है। वह लगभग बाहरी क़तार में था, ललकार सुनते ही उसने भीतर सरकने की कोशिश की। तभी कोहराम मच गया। बाबूदीन की पीठ बाहर की तरफ़ थी इसलिए उसे दिखा तो कुछ नहीं, पर पहले कुछ लोगों के बेतरतीब ढंग से नीचे कूदने की आवाज़ें सुनाई दीं और फिर गालियों के साथ गोलियों का शोर। सब कुछ गड्डमड्ड था लेकिन इतना समझ में आ रहा था कि कूदने वालों पर नीचे खड़े पी.ए.सी. के जवान गोलियाँ चला रहे हैं। वे फ़ायरिंग के साथ-साथ चिल्ला-चिल्ला कर गालियाँ भी बक रहे थे। शायद यह उनका अपने भय और घबराहट पर काबू पाने का प्रयास था। हत्यारों की आवाज़ें हिंस्र उत्तेजना से भरी हुई थीं और उनकी आवाज़ों को डुबो देने वाली वे चीख़ें थीं, जो मरने वालों की कराहों, जान बख्श देने की चिरौरियों और ताज़ा ज़ख़्मों के दर्द से उत्पन्न स्वरलहरियों से भरी थीं। अचानक नीचे खड़े किसी जवान ने ऊपर ट्रक में मौजूद जवानों को ललकारा कि नीचे कूदने से गुरेज करने वाले कटुओं को गर्दनिया कर नीचे धकेल दें।

ऊपर खड़े जवानों ने राइफ़ल के कुन्दों से बगल में खड़ों को हुर्रियाया, कॉलर पकड़ कर पीछे खिसकने की कोशिश कर रहे लोगों को आगे की तरफ़ धकेला और कुछ को तो लगभग बाँहों में भरकर नीचे फेंक दिया। हर बार जब किसी के नीचे गिरने की ध्वनि आती उसी के साथ राइफ़ल दगने और मनुष्य के तड़पने की आवाज़ भी सुनाई देती। बाबूदीन को अपनी साँस घुटती सी लगी, एक मजबूत हाथ कॉलर के पिछले हिस्से को पकड़ कर उसे बाहर खींच रहा था। उसने पूरी ताक़त लगा कर अपने को भीड़ में धंसा कर आगे सरकने की कोशिश की। रस्साकशी जैसा खेल शुरू हो गया। पर यह अधिक

देर चला नहीं। कुछ मिनटों के अन्तराल में ही बाबूदीन ने तरल शीशा अपने बदन में घुसता हुआ महसूस किया और मांस के जलने की परिचित गंध उसके नथुनों से टकराई। उसके बगल में खड़ा कोई उसके कन्धे को दोनों हाथों से थामने की असफल कोशिश करता हुआ धीरे-धीरे नीचे सरक रहा था। उसने घबरा कर देखा—ख़ून में लिथड़ा अय्यूब था, उसके पास वाले कारखाने के लूम पर काम करने वाला। अगल-बगल खड़े लोगों के चीख़ने-चिल्लाने और बाहर से आने वाली गालियों की ललकार ने बिना पीछे मुड़े भी यह साफ़ कर दिया था कि लोगों को नीचे उतारने में नाकामयाब रहने पर नीचे खड़े हत्यारे अब ट्रक के अन्दर फ़ायर झोंक रहे हैं और चीख़-चीख़ कर अन्दर मौजूद अपने साथियों से घायलों को बाहर फेंकने के लिए कह रहे हैं। उसकी टाँगों पर अय्यूब के बाँहों की मजबूत जकड़न धीरे-धीरे ढीली पड़ी और बाबूदीन ने कनखियों से देखा उसे कोई घसीटता हुआ ले जा रहा था। इस बयान के वर्षों बाद जब वह हाशिमपुरा में एक बार फिर मुझे यह वाक़िया सुना रहा था, मुझे उसके चेहरे पर आज जैसा भाव ही दिखा था—अपने बालसखा को अन्तिम बार देखने और उसके लिए कुछ न कर पाने वाली यही छटपटाहट उसके चेहरे पर तब भी थी।

बाबूदीन ने अपने अगल-बगल से लोगों को घसीटे जाते देखा। पीछे की तरफ़ खींचे जाने वाला हर व्यक्ति पूरी ताक़त लगा कर आगे सरकने की कोशिश कर रहा था। उसके कॉलर पर दबाव ख़त्म हो गया था। शायद उसके प्रतिरोध से झल्ला कर उसे खींचने वाला दूसरे शिकारों में व्यस्त हो गया था। अचानक उसे अपने पेट की त्वचा पर गीलापन महसूस हुआ। उसने घबरा कर गीली जगह पर हाथ फेरा, उसे गोली लगी थी। उसे वह दर्द भी महसूस हुआ जो मद्धम स्वर लहरियों की तरह इस पूरी जद्दोजहद के बीच शरीर में लगातार हौले-हौले बह रहा था और बीच- बीच में पूरे जिस्म को झिंझोड़ रहा था। एक बात आईने की तरह साफ़ थी। अगर जीवित रहना है तो इस ट्रक के ऊपर ही बने रहने की कोशिश प्राणपण से करनी होगी। अचानक ऐसा कुछ हुआ जिसकी अपेक्षा शिकार और शिकारियों में से किसी को नहीं थी। नहर के खड़ंजे पर दूर रोशनी का एक वृत्त सा चमका। पहले एक छोटा-सा मद्धम रोशनी का एक गोला दिखाई दिया, फिर वह धीरे-धीरे क़रीब आता गया—क्रमशः बड़ा और चमकदार होता हुआ। सबसे पहले उस पर ड्राइवर की नज़र पड़ी।

उसने आँखें सिकोड़ कर दूर क्षितिज पर सूर्योदय की तरह उगते आग के एक गोले को देखा। उसकी अनुभवी आँखों में एक कौंध सी उठी और उसने पूरी एकाग्रता से एक गोले को दो में और छोटे प्रकाश पुंज को बड़े में तब्दील होते देखा। उसकी हरकतों से बाबूदीन का ध्यान भी उस रोशनी के स्रोत पर गया जो, अब स्पष्ट होता जा रहा था कि, किसी बड़ी गाड़ी की हेडलाइट से उत्पन्न हो रही थी। बच सकने की सम्भावना पैदा हो रही है, आगे की तरफ़ झुके-झुके बाबूदीन ने अपने दर्द पर काबू पाने का प्रयास करते हुए सोचा। ड्राइवर ने दरवाज़े से मुँह बाहर निकाल कर चिल्लाते हुए अपने साथियों को सतर्क करने का प्रयास किया। बाहर माहौल में इस क़दर उत्तेजना घुली हुई थी कि गोलियों और इंसानी चीख़-पुकार में, कोई भी ड्राइवर को नहीं सुन पा रहा था। उसने अपने साथियों को ललकारते हुए माँ-बहन की गालियाँ दीं और जब उसका असर नहीं दिखाई दिया तो अपनी गाड़ी का हॉर्न बजाना शुरू कर दिया—पहले धीमे-धीमे फिर तेज़-तेज़। जैसे-जैसे सामने वाली गाड़ी क़रीब आती गई घबराहट में हॉर्न की आवाज़ बढ़ती गई, पर जब तक वे सँभलते, सामने से आने वाली गाड़ी इतने क़रीब आ गई थी कि उसकी हेडलाइट के दोनों गोले जुड़ कर एक हो गए थे और उनसे उपजी रोशनी की चादर ने नहर, उसकी पटरी, पानी में पूरे या आधे डूबे मानव शरीरों और खाकी हत्यारों को उनके हथियारों के साथ अपने आग़ोश में समेट लिया था। यह एक दूध की गाड़ी थी जो शायद बगल के किसी गांव से दूध इकठ्ठा करके लौट रही थी। रोशनी ने रात का तिलिस्म तार-तार कर दिया था। दुनिया भर में हत्यारे अँधेरा पसन्द करते हैं। रोशनी उनके अन्दर ख़ौफ़ भरती है। यहाँ भी हत्यारे रोशनी से डरे और उनमें से दो-तीन अपनी राइफ़लें ताने सामने वाली गाड़ी की तरफ़ दौड़े। ट्रक के पिछले हिस्से में खड़े बाबूदीन को जितना कुछ दिखा उससे यह समझ में आ गया कि गालियों और राइफ़लों की मदद से वे अगली गाड़ी के ड्राइवर को अपनी हेडलाइट बुझाने के लिए कह रहे थे। घबराए हुए उस ड्राइवर ने गालियों की अच्छी-ख़ासी बरसात और राइफ़लों के दो-चार बट झेलने के बाद रोशनियाँ बुझा दीं।

एक बार फिर अँधेरे के आग़ोश में पूरा इलाक़ा डूब गया। ट्रक के पिछले हिस्से में खड़े-खड़े झिर्रियों में से बाबूदीन जो कुछ देख या समझ पाया, उसके मुताबिक़ बाहर खड़े जवानों ने आपस में थोड़ी देर मंत्रणा की और उनमें से

फिर कुछ सामने वाली गाड़ी की तरफ़ लपके। उन्होंने सख़्त लहजे में जो कुछ कहा उसके परिणामस्वरूप उस गाड़ी के ड्राइवर ने बिना हेडलाइट जलाए अपनी गाड़ी को पीछे करना शुरू किया और पी.ए.सी. के ड्राइवर ने भी उसी अँधेरे में धीरे-धीरे अपनी गाड़ी आगे बढ़ाई। थोड़ा चलकर दोनों गाड़ियाँ रुक गईं। जहाँ ये रुकीं वहाँ पटरी थोड़ी चौड़ी थी और उनके रुकने की भी यही वजह थी। पी.ए.सी. के ट्रक की हेडलाइट जली, इंजन की गड़गड़ाहट कुछ तेज़ हुई और उसके ड्राइवर ने गाड़ी बैक की और दूध के टैंकर से लगभग टकराते हुए तेज़ रफ़्तार से अपना ट्रक नीचे कच्ची ज़मीन पर उतारा, पूरी ताक़त से ब्रेक मारा और फिर उसी तेज़ी से बैक किया और थोड़े प्रयास से ट्रक का मुँह आने वाली दिशा में हो गया। इस अफ़रा-तफ़री में बाबूदीन के ज़ख़्म पर भी अगल-बगल खड़े लोगों की रगड़ लगती रही और वह दर्द से दुहरा हो होकर अपना सन्तुलन बचाए रखने का प्रयास करता रहा।

नीचे खड़े लोग लगभग दौड़ते ट्रक पर उछल-कूद कर चढ़ गए और ट्रक तेज़ी से मुख्य सड़क की तरफ़ लपकी। मेरठ से चलते समय सवार हुए लोगों में से काफ़ी लोग छूट गए थे, इसलिए अन्दर भीड़ कम हो गई थी, पर इसका नुकसान यह हुआ कि उस ऊबड़-खाबड़ ज़मीन पर तेज़ रफ़्तार से दौड़ती ट्रक में ख़ाली हो गई जगह की वजह से अपना सन्तुलन बनाए रखना मुश्किल हो गया था। हर झटके के साथ लोग एक दूसरे पर गिर-गिर पड़ते। हर ऐसे झटके से गिरते-संभलते और दर्द से बिलबिलाते बाबूदीन को आस-पास से आती कराहों से समझ में आया कि ट्रक में उसके अलावा और भी ज़ख़्मी हैं। ये वो लोग थे जिन्हें हत्यारे ट्रक से नीचे नहीं उतार पाए थे और जब चिढ़कर उन्होंने अन्दर फ़ायर झोंका तो ये घायल हो गए थे। बाबूदीन को अचानक पता चला कि उनके बीच एक सिपाही भी ज़ख़्मी हो गया है। शायद अफ़रा-तफ़री में उसे भी गोली लग गई थी।

ट्रक तेज़ी से मुख्य सड़क तक आई और जैसे ही टी जंक्शन बना ड्राइवर ने बिना रफ़्तार कम किए उसे ग़ाज़ियाबाद की तरफ़ मोड़ दिया। अन्दर घायलों की चीख़ निकल गई। लोग अपना सन्तुलन बनाए रखने का प्रयास करने के बावजूद एक-दूसरे पर गिर-गिर पड़ रहे थे। ट्रक किसी बदहवासी की सी हालत में भागी चली जा रही थी। दिल्ली से मेरठ होकर देहरादून-मसूरी जाने वाली सड़क का यह हिस्सा मई की गर्म रातों में अमूमन खचाखच भरा होता

है। 22 मई 1987 को हालात कुछ भिन्न थे। दिल्ली की तरफ़ से इक्का-दुक्का गाड़ियाँ ही आ रही थीं। ज़ाहिर था कि मेरठ में लगे कर्फ़्यू का असर सड़क पर भी दिख रहा था और केवल स्थानीय ट्रैफ़िक ही सड़क पर था और वह भी आम दिनों से कम।

मेरठ में जो कुछ उन दिनों घट रहा था, उसका सीधा असर आसपास के ज़िलों पर भी पड़ रहा था। ख़ास तौर से ग़ाज़ियाबाद तो ज्वालामुखी के दहाने पर बैठा था। चारों तरफ़ अफ़वाहें ही अफ़वाहें थीं। लगता था कि सड़क पर लोग केवल मजबूरी में ही थे। ऐसे में उस ख़ाली सड़क पर यह अस्वाभाविक नहीं था कि तेज़ रफ़्तार से दौड़ती उस ट्रक के पिछले हिस्से में खड़े लोगों की चीख़-पुकार या उन्हें नियंत्रित करने के लिए हत्यारों की गालियों भरी तेज़ स्वर की डांट-डपट पर सड़क चलतों का ध्यान नहीं गया। यह भी हो सकता है कि किसी का ध्यान गया भी हो तो पी.ए.सी. की गाड़ी देखकर उसे किसी कार्यवाही की ज़रूरत न महसूस हुई हो।

मेरठ तिराहे पर ट्रक तेज़ी से दाहिने मुड़ी और पूरी रफ़्तार से हिंडन नदी की तरफ़ लपकी। नदी पार कर विश्व-प्रसिद्ध रम ओल्ड मांक बनाने वाली फ़ैक्टरी मोहन मीकिंस के सामने से गुज़रते हुए ट्रक कुछ धीमी हुई, पीछे सवारों का विलाप तेज़ हुआ लेकिन कुछ ऐसा नहीं हुआ जो इसकी रफ़्तार को पूरी तरह से थाम सके। ट्रक आगे बढ़ कर फिर बाएं मुड़ी और तब तक एक लय से दौड़ती रही जब तक वह उस पगडंडी पर नहीं मुड़ गई जो मकनपुर गाँव की तरफ़ जाती थी। यह पगडंडी भी पिछली वाली खड़ंजे की सड़क जैसी ही थी—ऊबड़-खाबड़ और चलते समय ट्रक और उसके मुसाफ़िरों के शरीर के अंजर-पंजर को हिला देने वाली। मुड़ते ही अन्दर खड़े लोगों ने ऊँचे स्वर में चीख़ना-चिल्लाना शुरू कर दिया। इसके पीछे बुरी तरह से हिलते ट्रक के कारण दुखते ज़ख़्म तो थे ही, छठी इन्द्रिय द्वारा दी गई यह चेतावनी भी थी कि इसी तरह अनजान एकांत को जाने वाला पथरीला-कँकरीला रास्ता उन्हें मौत के मुँह तक ले के गया था। आज जिस इलाक़े में कंकरीट के घने जंगल खड़े हैं, 1987 में वहाँ कुछ नहीं था। सड़क के एक तरफ़ लिंक रोड इंडस्ट्रियल एरिया था, जिसके ज़्यादातर कारखाने बीमार पड़े थे और दूसरी तरफ़ मकनपुर गाँव की अनुपजाऊ धरती थी, जो ग़ाज़ियाबाद-दिल्ली को जोड़ने वाले लिंक रोड पर गुज़रने वालों को एक भूरे ऊसर विस्तार की तरह दिखती थी। इसी

ऊसर को चीरती हुई यह पगडंडी थी, जो एक नहर को पार करते हुए मकनपुर की आबादी तक जाती थी।

नहर पर आकर ट्रक रुक गई। एक बार फिर पुरानी कहानी दोहराई गई। ट्रक से कुछ लोग बाहर कूदे। उन्होंने ट्रक का पिछला तख्ता खोल कर नीचे गिरा दिया। एक बार फिर कड़कती आवाज़ में लोगों को नीचे उतरने का आदेश दिया गया, पर इस बार कोई नीचे नहीं उतरा। लोगों ने अन्दर दुबकने की कोशिश की। वे एक क्षण के लिए सहम कर चुप ज़रूर हुए, पर लगभग एक साथ ही ऊँचे स्वर में उन्होंने विलाप करना शुरू कर दिया। हत्यारे जो इस बार कुछ ज़्यादा ही जल्दी में थे, चीख़-पुकार से और सक्रिय हो गए। ऊपर मौजूद खाकी में से दो-तीन ने एक शिकार को दबोचा और हाथ-पैर फेंकते और दम भर प्रतिरोध करते हुए को नीचे फेंक दिया। उसके नीचे गिरते ही एक बन्दूक गरजी, तेज़ चीख़ गूँजी और इनके शोर से जैसे उमस भरी शान्त हवा का सन्नाटा टूटा—वैसे ही हवा में उछाल कर फेंके गए मानव शरीर ने गिरते हुए नहर के लगभग स्थिर पानी को झकझोर कर मथ दिया। इसके बाद ऊपर खड़े लोगों की चीख़ों और ऊपर-नीचे मौजूद हत्यारों की गाली भरी ललकारों के बीच पूरे प्रतिरोध के बावजूद लोग नीचे फेंके जाते रहे, पिघले शीशे और बारूद की गंध हवा में तैरती रही और नोयडा होते हुए दिल्ली जाने को तैयार उस नहर का थिर पानी काँप-काँप जाता रहा। दर्द और ख़ौफ़ से मरोड़ खाता एक शरीर बेढंगे तरीक़े से पानी पर गिरता और टूटते पानी का वृत्त बनाते हुए गड़प से नीचे चला जाता। जब बाबूदीन की बारी आई, वे थक चुके थे। ऐसा लग रह था कि वे सिर्फ़ फ़र्ज़ अदायगी कर रहे थे। दो बलिष्ठ हाथों ने उसकी कमर को कसकर पकड़ा और उसे नीचे फेंक दिया। ज़मीन पर गिरने के पहले हवा में ही एक बार फिर पिघला हुआ शीशा उसके शरीर में घुसा। उसे दो गोलियाँ लगी थीं, पहली बाईं काँख के नीचे पीठ की तरफ़ और दूसरी सीने पर दाहिनी ओर। ऐसा लगता था कि इन दोनों जगहों पर गोली उसके मांस को चीरती हुई बाहर निकल गई थी। वह ऐसी जगह गिरा था, जहाँ घनी सरकंडे की झाड़ियाँ थीं और जिसके बारे में उस अँधेरे में यह अन्दाज़ लगाना मुश्किल था कि वह पानी है या किनारा। गिरते ही बाबूदीन ने महसूस कर लिया कि उसका निचला धड़ पानी में और शरीर का ऊपरी हिस्सा सरकंडों के

बीच अटका था। उसे दो गोलियाँ मारी गई थीं और वह जीवित था। 22/23 मई, 1987 की उस रात चारों तरफ़ से ख़ुद को घेर कर बैठे लोगों को यह वाक़िया सुनाते समय वह बार-बार अल्लाह का करम है, अल्लाह का करम है कह कर अपने बचने को पारिभाषित करता रहा।

एक बात ज़मीन पर गिरते ही बाबूदीन को समझ में आ गई थी कि अगर ज़िन्दा रहना है तो हत्यारों को अपनी मृत्यु का विश्वास दिलाना होगा, और उसने यही किया भी। अपना काम ख़त्म करने के बाद हत्यारों ने उस घुप्प अँधेरे में कई तरह से यक़ीन करने की कोशिश की कि कोई ज़िन्दा तो नहीं बचा है। उनके पास एक टॉर्च थी और उसे जलाकर सरकंडे के उस संजाल में जीवन के चिह्न तलाशे गए, जहाँ कहीं कोई हरकत दिखी उधर फ़ायर झोंका गया, बाहर ज़मीन पर पड़े शरीरों को बूटों की ठोकरों से तौला गया। निश्चेष्ट, साँस रोके बाबूदीन ने अपने चेहरे पर रोशनी की तपिश महसूस की पर उसका नाटक काम आया और उसे मृत मान लिया गया।

बाबूदीन के लिए समय रुक गया था, उसे कुछ नहीं याद कि वह कितनी देर तक दम साधे वैसे ही पड़ा रहा। आँखें बन्द किए-किए उसने ट्रक का इंजन स्टार्ट किए जाने की आवाज़ सुनी, उसकी हेडलाइट की रोशनी में क्षण भर के लिए पूरी नहर को प्रकाशमान होता महसूस किया और फिर धीरे-धीरे छाते हुए अँधेरे में अपनी आँखें खोलीं। आसपास भयानक सन्नाटा पसरा हुआ था। वह आँखें खोलता बन्द करता रहा और आसपास जो कुछ था उसे महसूस करने की कोशिश करता रहा। भय उसे हिलने-डुलने से रोकता और ज़रा सा खटका होते ही उसका शरीर निस्पन्द हो जाता। इसीलिए जब हम पहुँचे तो काफ़ी देर लग गई उसे यह आश्वस्त करने में कि हमने खाकी ज़रूर पहन रखी थी पर हम पहले वालों से भिन्न थे। बाबूदीन ने मकनपुर पहुँचने के पहले जिस नहर का ज़िक्र किया था, उसकी शिनाख़्त करने में हमें देर नहीं लगी। हम में से कई मेरठ-ग़ाज़ियाबाद मार्ग पर अक्सर सफ़र करते थे। ख़ुद मैं और ज़िला मजिस्ट्रेट लगभग हर दूसरे-तीसरे दिन मोदीनगर या मेरठ जाते रहते थे और उसके विवरण से यह अनुमान लगाने में हमें कठिनाई नहीं हुई कि यहाँ आने के पहले पी.ए.सी. का ट्रक मुरादनगर के पास गंग नहर पर मुड़ा थी। यह नहर मेरठ से ग़ाज़ियाबाद आते समय मोदीनगर पार करते ही मुरादनगर क़स्बे के शुरू होने के पहले सड़क को काटती हुई बहती थी। मैंने फ़ौरन

लिंक रोड थाने के वायरलेस सेट से मुरादनगर थाने के थानाध्यक्ष राजेन्द्र सिंह भगोर से बात की। हमारा अनुमान सही निकला। पिछली घटना उसी तरह घटी थी और नहर की तरफ़ से आती हुई फ़ायरिंग की आवाज़ सुनकर वहाँ पहुँचे पुलिसकर्मियों को वही सब देखने को मिला था जैसा बाबूदीन ने हमें बताया था। फ़र्क़ सिर्फ़ इतना था कि बाबूदीन को नहीं पता था कि वहाँ नहर से तीन लोग जिन्दा निकले हैं और वे थाना मुरादनगर पर मौजूद हैं।

कहीं नहीं है कहीं भी नहीं लहू का सुराग़

टेलीफ़ोन मिलते ही जो रिंगटोन आई वह थी चक दे इंडिया। इसमें कोई अजूबा नहीं था। उन दिनों हर तीसरी-चौथी रिंगटोन यही होती थी। ख़ास तौर से नौजवानों के फ़ोन की। मध्यवर्ग सपनों का सबसे बड़ा ख़रीदार होता है और चक दे इंडिया ने उसके सामने एक बड़ा लुभावना सपना बेचा है। आबादी के एक बड़े हिस्से के ग़रीबी की रेखा के नीचे जीवनयापन करने के बावजूद इंडिया यानी भारत जीत सकता है। उदारीकरण के दौर में जीतने का मतलब है भारतीय आई.टी. कम्पनियों का दुनिया भर में छा जाना, कुछ लाख लड़के, लड़कियों का ऐसे पेशों को हासिल कर लेना, जिनका कुछ वर्ष पहले तक उन्होंने नाम भी नहीं सुना था या फिर फोर्ब्स की विश्व के सबसे धनी 100 लोगों की सूची में कुछ भारतीयों का शुमार हो जाना।

मुझे इस रिंगटोन को सुनकर थोड़ा आश्चर्य हुआ। यह रिंगटोन चालीस वर्ष के पेटे में पहुँचे मध्य-वय के एक ऐसे शख़्स के टेलीफ़ोन से आ रही थी, जो बीस साल पहले भारतीय राज्य द्वारा क़त्ल होते-होते बचा था। इसके मन में तो भारतीय राज्य के प्रति नफ़रत और ग़ुस्सा भरा होना चाहिए था, फिर कैसे यह चक दे इंडिया की कामना कर रहा था? इस शख़्स का नाम ज़ुल्फ़िकार नासिर था और 16 नवम्बर, 2007 को मसूरी से दिल्ली की तरफ़ लौटते समय रास्ते में रुककर इससे मिलने का मेरा इरादा था। मैं हाशिमपुरा से जुड़े तमाम लोगों से मिल चुका था, पर अभी तक ज़ुल्फ़िकार नासिर से मेरी लम्बी मुलाक़ात नहीं हो पाई थी। हाशिमपुरा घटना की बीसवीं सालगिरह के मौक़े पर जब मेरठ से कुछ औरतें और मर्द लखनऊ पहुँचे, तो उनमें

ज़ुल्फ़िकार नासिर भी था और माधवी कुकरेज़ा के घर पर मेरी उससे हलकी-फुलकी मुलाक़ात हुई थी। तभी मुझे यह एहसास हो गया था कि नहरों से बचकर निकले लोगों में सबसे अधिक केन्द्रित और दुनियादार ज़ुल्फ़िकार ही है। लखनऊ में भीड़-भाड़ और उस समूह के व्यस्त कार्यक्रमों में विस्तार से बातें करना सम्भव नहीं था, अत: मुझे अलग से उससे बातें करनी होगी। मैं मसूरी स्थित लाल बहादुर शास्त्री राष्ट्रीय प्रशासनिक अकादमी में साम्प्रदायिक हिंसा के दौरान भारतीय राज्य की भूमिका पर वरिष्ठ नागरिकों एवं सैनिक अधिकारियों के समक्ष बोलने गया था और अपने भाषण के दौरान हाशिमपुरा का ज़िक्र करते हुए यकायक लगा कि मुझे इसी यात्रा में ज़ुल्फ़िकार नासिर से भी मिल लेना चाहिए। हालाँकि उस दिन वह व्यस्त था और अगले दिन ट्रेन में रिज़र्वेशन की समस्या के कारण उस यात्रा में तो मुलाक़ात नहीं हो पाई पर टेलीफ़ोन पर जो लम्बी बातचीत हुई, उसमें मैं उसे यह समझाने में कामयाब हो गया कि मेरा उससे मिलना कितना ज़रूरी है और उसे मेरे लिए समय निकालना ही पड़ेगा।

बाद के दिनों में मेरी उससे कई मुलाक़ातें हुईं—कुछ छोटी कुछ लम्बी। हर बार मैं उसकी याददाश्त और नैरेशन की क्षमता से प्रभावित हुआ। मंझोले क़द और स्वस्थ शरीर का मालिक यह एक दुनियादार और सफल व्यवसायी था, जिसने मृत्यु से इतना निकट का साक्षात्कार किया था कि स्वयं उसके शब्दों में, "हादसे के कुछ वर्षों बाद तक गहरी नींद में सोया मैं पसीने से तर-बतर जाग उठता और अधखुली आँखों से पी.ए.सी., लाशों और बन्दूकों के सपने देखा करता था।" इस हत्याकांड में बच निकलने वाले दूसरों से वह इस अर्थ में अधिक भाग्यशाली था कि उसकी मुलाक़ात तत्कालीन सांसद और मुस्लिम मुद्दों पर काम करने वाले सैयद शहाबुद्दीन से नहर से बच निकलने के फ़ौरन बाद हुई और उसे न सिर्फ़ उनके घर में शरण तथा इलाज की सुविधा मिली, बल्कि उनके सिफ़ारिशी ख़त के सहारे उसका दाखिला जामिया मिल्लिया इस्लामिया विश्वविद्यालय में एक तकनीकी पाठ्यक्रम में हो गया था और वहाँ की शिक्षा और पारिवारिक पृष्ठभूमि के चलते उसने अपने ख़ानदानी धन्धे में ख़ुद को एक कामयाब व्यापारी की तरह स्थापित कर लिया। कामयाबी ने उसे इस क़दर व्यस्त कर दिया था कि कई-कई बार प्रयास करने के बाद ही वह मुझे बातचीत करने के लिए वक़्त दे पाता था।

ऐसे ही एक मौक़े पर जब मैंने उससे यह वादा करा लिया कि वह पूरा दिन मुझे देगा, मैं उसे लेकर मुरादनगर की तरफ़ बढ़ा। तारीख़ ठीक 22 मई, यानी मौत के मुँह से निकलने की बरसी! सन 2011 में, चौबीस साल बाद ज़ुल्फ़िकार नासिर ने उन्हीं रास्तों से एक बार फिर यात्रा की, जहाँ-जहाँ से उसे लेकर इकतालीसवीं बटालियन पी.ए.सी. की ट्रक यू.आर.यू.1493 गुज़री थी। ट्रक पर बैठने वालों को एहसास था कि वे हिरासत में लिए जाने के बाद थाना सिविल लाइंस या जेल ले जाए जाएँगे। यह आख़िरी ट्रक थी, जिसमें उन चालीस-पैंतालीस लोगों को ठूंस दिया गया था, जो भीड़ में से छांट कर अलग बिठा दिए गए थे। इन्हें अलग करने का एक ही आधार समझ में आ रहा था कि ये सभी कम उम्र के हट्टे-कट्टे नौजवान थे। इस अलग समूह के साथ सड़क के किनारे नीम अँधेरे में ऊँघते पुराने छतनार नीम के दरख़्त के नीचे सड़क की पटरी पर ज़मीन पर बैठे ज़ुल्फ़िकार ने दो से अधिक घंटों के दौरान घरों से निकाले गए लोगों को धीरे-धीरे छँटते देखा। उनमें से कई को जो ज़्यादा बूढ़े थे या बीमार लग रहे थे, घर जाने के लिए कह दिया गया। ऐसे लोग तेज़ी से अपनी-अपनी गलियों की तरफ़ लपके। जिनके सगे-सम्बन्धी पीछे छूट रहे थे, वे ज़रूर रुक-रुक कर कातर निगाहों से उनकी तरफ़ देखते, पर पीछे से कोई पुलिस वाला हुर्रियाता और वे गाली खाकर आगे भागते। इनमें ज़ुल्फ़िकार के दादा अब्दुल बारी भी थे। दादा-पोते की निगाहें आपस में टकराईं तो ज़ुल्फ़िकार की रुलाई छूट गई। पता नहीं दादा का ध्यान उसके आंसुओं पर गया भी या नहीं, ज़ुल्फ़िकार ने एक सिपाही को उनके बगल में लाठी पटकते और ज़ोर से उन पर चिल्लाते देखा। दादा के जाने के बाद उसका मन और ज़ोर-ज़ोर से रोने को करने लगा। उसके साथ पकड़ कर लाए गए दो चाचा मो. इकबाल और मो. अशफाक के साथ पिता अब्दुल जब्बार को पहले ही दूसरी ट्रकों पर बिठा कर भेजा जा चुका था। सड़क की पटरी पर एक समूह में बैठा ज़ुल्फ़िकार, धीरे-धीरे ज़मीन पर उतरी उस उमस भरी अँधेरी रात में पूरी तरह अकेला महसूस कर रहा था। शायद वहाँ मौजूद दूसरे किशोरों की स्थिति उससे भिन्न नहीं थी।

जब सिविल लाइंस थाने पर थोड़ी देर रुक कर ट्रक आगे बढ़ी तो उन्हें लगा कि वे जेल ले जाए जा रहे हैं। बाहर सड़कें पूरी तरह से वीरान थीं, उन्हें ट्रक की फर्श पर उकड़ूँ बैठने के लिए मजबूर किया गया था और ट्रक

के पिछले हिस्से को आधा ढकने वाले लोहे तथा लकड़ी के पटरे पर कमर टिकाए सिपाहियों को बेधकर बाहर देख पाना काफ़ी हद तक असम्भव था। पर स्वाभाविक मानवीय उत्सुकता से घुटनों पर बैठा हर शख़्स बाहर झाँकने की कोशिश कर रहा था। अगर कोई ज़रा भी सर उठाता तो उसके सर पर मजबूत हाथों की चपत या बन्दूक का कुन्दा पड़ता। पर इसके बाद भी बाहर की दुनिया इतनी परिचित थी कि जो थोड़ी-बहुत झलक उन्हें मिली उससे उन्हें पीछे छूटने वाले इलाक़ों का कुछ-कुछ आभास हो रहा था। बेगम पुल से होती हुई ट्रक जब दिल्ली रोड पर मुड़ी तो उन्हें आश्चर्य अवश्य हुआ, पर जो कुछ घटने वाला था उसका अनुमान वे ट्रक में गम्भीर चेहरों और फुसफुसा कर बात करने वाले अपने अभिरक्षकों को देखकर भी नहीं कर सके।

इस घटना को दिल्ली के एडिशनल सेशन जज के सामने 8 अगस्त, 2006 को याद करते हुए ज़ुल्फ़िकार नासिर ने बताया कि "22 मई 1987, जुम्मे के दिन मैं सायं 6 बजे के आसपास अपने घर की छत पर नमाज़ पढ़ रहा था, तभी कुछ फ़ौजी वहाँ आए। फ़ौजी मुझे, मेरे पिता, दो चाचाओं तथा बाबा को गली के बाहर सड़क पर ले गए। वहाँ पहले से बैठे चार-पाँच सौ लोगों के बीच हमें भी बैठा दिया गया।...पी.ए.सी. ने मोहल्ले के लोगों को दो हिस्सों में बाँट दिया, एक तरफ़ नौजवान थे और दूसरे समूह में बूढ़े और बच्चे। बूढ़े-बच्चों को छोड़ कर मेरे पिता और चाचाओं समेत लोगों को पी.ए.सी. की ट्रकों में भर कर भेज दिया गया। अन्त में बचे चालीस-पैंतालीस हट्टे-कट्टे लोगों, जिनमें मैं भी शरीक था, को पी.ए.सी. के आख़िरी खड़ी ट्रक पर बैठा दिया गया। ट्रक पर हमें घेर कर पी.ए.सी. की लोग इस तरह खड़े हो गए थे कि हम सब बाहर से दिखाई नहीं दे रहे थे। हमें अपने सर झुकाकर बैठने की हिदायत दी गई और जिस किसी ने सिर उठाने की कोशिश की उसे बन्दूकों के बट और गालियों से नवाज़ा गया। जितना कुछ बाहर मैं देख सका, उससे यह स्पष्ट हो गया कि हमारी ट्रक दिल्ली जाने वाली सड़क पर थी। एक-डेढ़ घंटा सफ़र करने के बाद ट्रक मुरादनगर में गंग नहर की पटरी की तरफ़ मुड़ी। नहर की पटरी पर लगभग एक-डेढ़ किलोमीटर जाने के बाद ट्रक रुकी।"

इसी नहर की पटरी पर बीस वर्ष बाद 22 मई, 2011 को अन्दाज़ से ज़ुल्फ़िकार नासिर ने टैक्सी के ड्राइवर को रुकने के लिए कहा। मैं पिछली सीट से नीचे उतरा पर अगली सीट पर बैठे हुए ज़ुल्फ़िकार को कोई जल्दी

नहीं थी। नीचे उतर कर मैंने देखा कि नहर की पटरी कोलतार की एक पक्की सड़क में तब्दील हो चुकी है। जहाँ हम रुके वहाँ आम के दो पुराने दरख़्त खड़े थे। शायद उन्हीं को देखकर ज़ुल्फ़िकार ने जगह पहचानी थी। पर वह गाड़ी से क्यों नहीं उतरा? मैंने उसके चेहरे पर उड़ती नज़र डालकर कारण तलाशने की कोशिश की। अपने मक़तल पर आकर वह विचलित हो गया सा लगता था। मैंने चुपचाप खड़े होकर उसे अपनी भावनाओं पर काबू पाने का मौक़ा दिया और तेज़ गति से बहते हुए उस पानी को निहारता रहा जिसमें बीस साल पहले ताज़ा ज़ख़्म लिए बीसियों शरीर बहे होंगे। थोड़ी देर बाद ज़ुल्फ़िकार नासिर भी नीचे उतर आया।

22 मई, 1987 के बाद नासिर की घटनास्थल पर यह दूसरी यात्रा थी। इसके पहले सिर्फ़ एक बार और वह यहाँ आया था। थोड़ी देर तक इधर-उधर की बातें करने के बाद वह सहज हो गया और उसने सधे हुए ढंग से अपनी आपबीती सुनानी शुरू की।

ट्रक के रुकते ही पीछे खड़े सिपाहियों में से कुछ नीचे कूदे। सबसे पहले उन्होंने लकड़ी और लोहे का वह पटरा नीचे गिरा दिया जो ज़ंजीरों और कुण्डों से इस तरह जकड़ा हुआ था कि ट्रक का पिछला हिस्सा एक बन्द कमरे का सा आभास देता था, और जिसके नीचे गिरते ही ऐसा लगा कि जैसे कमरे की एक दीवार हटा दी गई हो। नीचे से कड़कती आवाज़ में बाहर कूदने का एक आदेश आया। सबसे पहले यासीन कूदा। पता नहीं यह आदेश का आतंक था या किसी ने उसे ऊपर से नीचे धकेल दिया था, पर उसके नीचे गिरते ही दहशत पैदा करने वाली गोली चलने की एक आवाज़ आई और नासिर ने उसे ज़मीन पर गिरते तथा उसके बाद दो लोगों द्वारा हाथ-पैर पकड़ कर हवा में झुलाते हुए नहर में फेंके जाते देखा। इसके बाद कोई आसानी से बाहर नहीं कूदा। ट्रक पर मौजूद सिपाहियों ने अशरफ़ नाम के दूसरे लड़के को ऊपर से नीचे धकेल दिया। गिरते ही उसे भी गोली मारी गई और नहर में फेंक दिया गया। ज़ुल्फ़िकार ने ट्रक के अन्दर भीड़ में धंसने की कोशिश की, किन्तु दो मजबूत हाथों ने कमर में हाथ डाल कर उसे घसीटा और अपने अगल-बगल के लोगों को पकड़ कर नीचे फेंके जाने से रोकने की असफल चेष्टा करता हुआ वह भी ज़मीन पर जा गिरा। ज़मीन पर गिरते ही एक राइफ़ल गरजी और उसकी काँख में घुसी गोली सीने के पास मांस चीरती हुई पिछले हिस्से से बाहर निकल गई।

सहज बुद्धि ने उसे बताया कि बचने का एक ही रास्ता है कि हत्यारों को अपनी मृत्यु का विश्वास दिला दिया जाए। उन्होंने उसे उठाकर नहर में फेंक दिया।

बीच नहर के तेज़ बहाव में न गिरकर वह किनारे उगी घनी झाड़ियों के पास उथले तथा मन्द गति से बहते पानी में गिरा और थोड़ी दूर बहने के बाद एक झाड़ी में अटक कर रुक गया। उसके लिए समय जैसे ठहर गया था। काँख के नीचे का ज़ख़्म अभी ताज़ा था और दर्द सहनीय। ज़ख़्म से टपकता हुआ ख़ून आसपास के पानी में हलका लाल वृत्त बना रहा था जो बहाव के कारण पूरी तरह बनने के पहले ही टूट-टूट जा रहा था। वह निश्चेष्ट मृत शरीर सा पड़ा रहा, लोगों के चीख़ने-चिल्लाने, हत्यारों की ललकार और गालियों तथा गोलियों की आवाज़ें उसके कानों से टकराती रहीं और उसे सब कुछ बहुत दूर घटता सा लगता रहा। अचानक विपरीत दिशा से रोशनी का एक वृत्त आया और नहर की पटरी, झाड़-झंखाड़ और बहता पानी सभी दूधिया हो उठे। आते हुए शोर-शराबे से उसे सिर्फ़ यह एहसास हुआ कि सामने से कोई दूसरी गाड़ी आ गई है और उसकी गाड़ी पर सवार सिपाही गाली-गलौज कर आने वाली गाड़ी के ड्राइवर से हेडलाइट्स बुझाने के लिए कह रहे हैं। फिर अँधेरा छा गया। कुछ ही क्षणों में उसे अपने ट्रक के इंजन की घुरघुराहट सुनाई दी। बिना हेडलाइट जलाए ट्रक के आगे की तरफ़ बढ़ने का एहसास हुआ। कुछ ही पलों बाद फिर से सारा इलाक़ा रोशन हुआ और एक गाड़ी चिंघाड़ती हुई नहर की पटरी से मेरठ-दिल्ली राजमार्ग की तरफ़ लपकी। एक बार फिर से अन्धेरा छा गया। झाड़ी से लटके-लटके ज़ुल्फ़िकार ने अन्दाज़ लगाने की कोशिश की कि जो गाड़ी अभी गुज़री है, वह उन्हें लाने वाली पी.ए.सी. की ट्रक थी या सामने से आने वाला दूसरा वाहन। यह गुत्थी अभी सुलझी भी न थी कि एक बार फिर इलाक़ा रोशन हुआ। तेज़ रफ़्तार से कोई दूसरा वाहन भी उसी दिशा में गुज़रा। मतलब कि दोनों गाड़ियाँ वहाँ से जा चुकी थीं। इसके बाद एक लम्बा सन्नाटा पसर गया।

अचानक उसे लगा कि कोई उसे छू रहा है। उसका पूरा शरीर काठ हो गया। तो मौत से बचने की उसकी जद्दोजेहद ख़त्म हो गई और हत्यारों ने उसे ढूँढ़ ही लिया? वह अपनी सारी हरकतें रोक कर आँखें मूँदे उस पल का इंतज़ार करता रहा जिसमें पहले एक तेज़ आवाज़ सुनाई देगी और उसके बाद वह पिघले शीशे को अपने शरीर में घुसते हुए महसूस करेगा। एक बार फिर किसी

ने उसका शरीर थपथपाया और उसे फुसफुसाहट में एक परिचित आवाज़ सुनाई दी। घबराकर आँखें खोली तो उसे अपने बगल में आरिफ़ लेटा हुआ दिखा।

आरिफ़ मुहल्ले का ही लड़का था और ट्रक पर उसके साथ ही चढ़ाया गया था। वह कब पानी में बहता हुआ आकर उसके पास टिक गया, ज़ुल्फ़िकार को पता ही नहीं चला। यह तो थोड़ी देर बाद उसे एहसास हुआ कि आरिफ़ को कोई चोट नहीं लगी थी। जैसे ही गोलियाँ चलनी शुरू हुईं उसने पी.ए.सी. की ट्रक से कूदकर भागने की कोशिश की थी और सीधे नहर में जा गिरा था। उसके बाद से लगातार निश्चेष्ट पड़ा रहकर वह हत्यारों को यह विश्वास दिलाने में सफल हो गया था कि वह जीवित नहीं है। आरिफ़ की उपस्थिति से ज़ुल्फ़िकार को थोड़ा बल मिला और उम्मीद बनी कि वे दोनों मिलकर मौत से लड़ सकेंगे। यद्यपि पूरी तरह से ख़ामोशी छाई थी फिर भी ख़ौफ़ ने उन्हें घंटे-डेढ़ घंटे सर उठाने से रोका। उसने आरिफ़ को भी बोलने से रोक दिया। समय बहुत धीरे-धीरे गुज़र रहा था और यदि ठंडे हो गए उसके ज़ख़्म से दर्द की टीसें न उठने लगी होतीं और झाड़ियों को पकड़े-पकड़े हाथ दुखने न लगे होते तो शायद थकान का मारा ज़ुल्फ़िकार वहीं सो भी जाता। आरिफ़ ज़ख़्मी तो नहीं था लेकिन दिन भर के रोज़े की वजह से भूख से टूटते हुए शरीर और झाड़ियों से लटके रहने के कारण दर्द करते कन्धों ने उसे मजबूर किया और उसने ज़ुल्फ़िकार को नहर से बाहर निकलने के लिए तैयार कर लिया। बाहर नीम अँधेरे में नहर की पटरी पर तीन ज़ख़्मी और पड़े हुए थे। एक को ज़ुल्फ़िकार ने पहचाना। वह हाशिमपुरा का ही कमरुद्दीन था। बाक़ी दो को आरिफ़ या वह नहीं जानता था।

कमरुद्दीन ख़ून में डूबा हुआ था और बुरी तरह से कराह रहा था। ज़ुल्फ़िकार ने झुक कर उसे उठाने की कोशिश की। कमरुद्दीन ने भी अपने दोनों हाथ ऊपर उठाने का प्रयास किया पर उसके जिस्म में इतनी ताक़त नहीं बची थी कि वह सहारे से भी खड़ा हो सके। आरिफ़ और उसने उसके दाहिने-बाएँ बाजुओं को पकड़ कर उसे सहारा देने की कोशिश की पर उसका ज़ख़्मी शरीर निर्जीव सा झूल गया। उसके ज़ख़्मों से ख़ून के फ़व्वारे छूट रहे थे और ज़ुल्फ़िकार और आरिफ़ के भीगे कपड़ों पर लाल रंग की चादर सी छाती जा रही थी। उन्होंने उसे लगभग घसीटना शुरू किया। वह बुरी तरह से कराह रहा था और उस अन्धेरी स्याह रात में बीच-बीच में उठती उसकी

चीख़ें दूर तक फैले सन्नाटे को चीरती हुई शून्य में विलीन होती जा रही थीं। घटनास्थल से डेढ़-दो किलोमीटर दूर मेरठ-दिल्ली राजमार्ग तक पहुँचने में उन्हें जैसे युगों लग गए। ज़ुल्फ़िकार नासिर अपना ज़ख़्म भूल गया था, पर इस घटना को मेरे सामने बयान करते समय उसे इतना स्पष्ट याद था कि हर दस-पन्द्रह क़दम के बाद उनके हाथों में झूलता हुआ कमरुद्दीन का शरीर धरती पर टिक जाता और वे थोड़ी देर सुस्ताने के बाद फिर पहले जैसा ही प्रयास करते। बमुश्किल, कराहते हुए कमरुद्दीन को वे उठाते और घिसटते हुए आगे बढ़ते। समय उनके लिए तकलीफ़देह ढंग से धीरे-धीरे सरक रहा था। ज़ुल्फ़िकार को याद नहीं कि उन्हें इस डेढ़-दो किलोमीटर का सफ़र तय करने में कितना समय लगा, पर इतना याद है कि जब वे टी जंक्शन पर पहुँचे तो प्यास और थकान के मारे वे तीनों सड़क पर जैसे ढह पड़े। कमरुद्दीन तकलीफ़ के साथ हाँफ रहा था।

आज तो वहाँ पर एक बड़ा ढाबा—गंग नहर ढाबा के नाम से मौजूद है। जब हम वहाँ पहुँचे, दिन के ग्यारह बजने वाले थे और उस ढाबे में लगभग 500 लोग खा-पी रहे थे। 22 मई, 1987 तक दिल्ली-मेरठ राजमार्ग इतना चौड़ा नहीं हुआ था और आज के चौड़े पुल से भिन्न एक छोटी सी पुलिया गंग नहर पर थी। उन दिनों इस गंग नहर ढाबे की जगह कई छोटे-छोटे ढाबे और चाय-पान की दुकानें हुआ करती थीं। कमरुद्दीन को उन्होंने पुलिया के सहारे ज़मीन पर बिठाया और ख़ुद पुलिया पर बैठ गए। कमरुद्दीन की अस्फुट कराहों से ज़ुल्फ़िकार को लगा कि वह पानी मांग रहा है। वह ख़ुद भी बुरी तरह से प्यासा था। उसने चारों तरफ़ नज़रें दौड़ाईं, थोड़ी दूर पर एक ढाबे में हलकी सी रोशनी दिखी। लगता था कि दूकान बढ़ाने के बाद कुछ लोग वहाँ सो रहे थे। उसने कमरुद्दीन को आरिफ़ के हवाले किया और ढाबे की तरफ़ बढ़ा। उसे किसी को जगाने की ज़रूरत नहीं पड़ी। ढाबे के बाहर अँधेरे में दो लोग खड़े थे जो शायद कुछ देर पहले आने वाली गोलियों की आवाज़ों से जग गए थे और थोड़ी दूर नहर पर क्या कुछ हुआ होगा यह जानने और अब अपनी तरफ़ बढ़ते हुए ज़ुल्फ़िकार का मकसद भांपने की कोशिश कर रहे थे। ख़ून से लथपथ ज़ुल्फ़िकार ने उन्हें जो कुछ बताया, उसे पता नहीं वे कितना या क्या कुछ समझे पर उनमें से एक अन्दर जाकर एक गिलास ले आया और उसे ज़ुल्फ़िकार को थमा कर उंगली से थोड़ी दूर स्थित हैण्ड

पंप की तरफ़ इशारा किया। ज़ुल्फ़िकार ने आगे बढ़कर गिलास में पानी भरा और एक घूँट में ही गटागट पी गया। उसने दूसरी बार गिलास फिर भरा और घायल कमरुद्दीन की तरफ़ बढ़ा। उसके पीछे-पीछे वे दोनों भी आए। वहाँ पहुँचकर थोड़ी देर के लिए वह चकराया, आरिफ़ का कहीं अता-पता नहीं था। आरिफ़ को कहीं चोट नहीं लगी थी और स्पष्ट था कि घायल कमरुद्दीन को छोड़ कर वह भाग गया था।

उसने आरिफ़ को चारों तरफ़ तलाशने की कोशिश की लेकिन वह कहीं दिखाई नहीं दिया। हाशिमपुरा हत्याकांड में बचे हुए लोगों में आरिफ़ एक ऐसा शख़्स है जो बाद में कभी नहीं देखा गया। न तो किसी पुलिस रिकॉर्ड में उसका ज़िक्र आया और न ही किसी अदालत में वह पेश हुआ। हाशिमपुरा के बचे हुए लोग अगले बीस वर्षों तक आन्दोलनों और मीडिया के ज़रिए ख़बरों में आते रहे किन्तु आरिफ़ कभी भी सामने नहीं आया। मुझे हाशिमपुरा में पता चला कि उसका खाता-पीता परिवार इस घटना के बाद हाशिमपुरा छोड़ कर शहर में कहीं और जा कर बस गया है और हाशिमपुरा को लेकर चलने वाले किसी भी आन्दोलन से अपने को दूर रखता है।

ज़ुल्फ़िकार जब पानी लेकर कमरुद्दीन के पास पहुँचा, उसकी हालत और ख़राब हो चुकी थी। वह बड़ी मुश्किल से कराह पा रहा था। ज़ुल्फ़िकार ने घुटनों के बल बैठकर पुलिया से टिककर झुकी हुई उसकी गर्दन को सीधा करने की कोशिश की और गिलास उसके मुँह से लगाया। कमरुद्दीन शुरू में गटक-गटक कर और फिर तेज़ी के साथ पानी पीता रहा। बहुत जल्द गिलास ख़ाली हो गया। जिस तरह खुले मुँह और कातर आँखों से कमरुद्दीन उसे देख रहा था उससे लग रहा था जैसे अभी उसकी प्यास बुझी नहीं थी, वह और पानी चाहता था। ज़ुल्फ़िकार ने अपने पीछे खड़े दोनों अपरिचितों को देखा। उनमें से एक गिलास लेकर और पानी लेने चला गया। कमरुद्दीन की गर्दन रह-रह कर लुढ़क जा रही थी और उसे अपनी गोद में सीधा रखने का प्रयास करने में ज़ुल्फ़िकार को मुश्किलें आ रही थीं। लगता था कि शरीर से बह चुके ख़ून ने धीरे-धीरे उसे इतना अशक्त कर दिया है कि अब सहारा लेकर भी वह बैठ नहीं पा रहा था।

पीछे खड़ा आदमी सब कुछ समझने की कोशिश कर रहा था। ज़ुल्फ़िकार ने जो कुछ उसे बताया उससे वह क्या कुछ समझा यह तो नहीं कहा जा

सकता, किन्तु उसे यह ज़रूर पता लग गया था कि कुछ बहुत गम्भीर घटा है और इसकी सूचना फ़ौरन पुलिस को देनी चाहिए। इसी बीच दूसरा व्यक्ति गिलास में पानी लेकर आ गया। ज़ुल्फ़िकार ने कमरुद्दीन को दुबारा पानी पिलाने की कोशिश की, पर इस बार मुश्किल से एक घूँट पानी उसके हलक़ में गया होगा कि उसकी गर्दन लुढ़क गई। बार-बार कोशिश करने के बाद भी वह अपनी आँखें नहीं खोल पा रहा था और पानी उसके होंठों के कोरों से नीचे बहा जा रहा था। पीछे खड़े दोनों व्यक्ति किसी गम्भीर विचार-विमर्श में मशगूल थे। यह स्पष्ट था कि वे किसी लफड़े में नहीं पड़ना चाहते थे और जल्दी से जल्दी पुलिस तक यह सूचना पहुँचाना चाहते थे। उन्होंने ज़ुल्फ़िकार को वहीं रुकने के लिए कहा और आश्वस्त किया कि वे जल्दी ही पुलिस को लेकर लौटेंगे और उन्हें इलाज के लिए अस्पताल लेकर चलेंगे। ज़ुल्फ़िकार को पता नहीं था कि थाना कहाँ है। उसने दोनों को पहले ढाबे की तरफ़ और फिर वहाँ से एक साइकिल पर सवार होकर विपरीत दिशा में जाते हुए देखा।

वे पुलिस को लाने जा रहे थे, ज़ुल्फ़िकार नासिर ने अपनी पसलियों में एक बार फिर आतंक बहता महसूस किया। अभी जिन हत्यारों के चंगुल से वह बच निकला है, वे भी तो खाकी पहने हुए थे। दूसरे खाकी वाले क्या उनसे भिन्न होंगे? अगर वह उनके हाथ पड़ा तो क्या वे उसे छोड़ देंगे? उसने चारों तरफ़ छिपने की जगहें तलाशी। पुलिया के नीचे तेज़ रफ़्तार से पानी बह रहा था, सामने तीन-चार गुमटियाँ दिख रहीं थीं और दूर-दूर तक खेत फैले हुए थे, जिनमें गन्ने और चरी की फ़सलें खड़ी थीं। अगर छिपना था तो फ़ौरन ही निकलना पड़ेगा। ज़ख़्म से ख़ून का बहना काफ़ी हद तक बन्द हो चुका था, फिर भी दर्द रह रह कर टीसने लगता था। उसने कमरुद्दीन को उठाने की कोशिश की, पर अब वह पूरी तरह से निढाल हो चुका था और उसे अपने ऊपर लाद कर या घसीटते हुए भागना होगा। आते समय तो आरिफ़ भी था और दोनों मिलकर कमरुद्दीन की एक-एक बाँह अपने कन्धों में डाले उसे कुछ उठाए और कुछ घसीटते हुए यहाँ तक लाए थे। अब हालात एकदम भिन्न थे, वह अकेला था और ज़ख़्मों से निढाल कमरुद्दीन एक क़दम भी चल नहीं सकता था। उसने उसे घसीटते हुए कुछ दूर तक चलने की कोशिश की लेकिन चन्द क़दमों बाद ही थक कर कमरुद्दीन को लिए-दिए ज़मीन पर गिर पड़ा। दर्द से कराहते कमरुद्दीन के मुँह से एक चीख़ सी निकली

और बमुश्किल अपनी आँखें खोलते हुए जो दो-तीन वाक्य उसने कहे, उनसे यह स्पष्ट हो गया कि नीम-बेहोशी की हालत में भी जो कुछ घट रहा था उसे वह थोड़ा-बहुत समझ रहा था। उसने टूटती आवाज़ में ज़ुल्फ़िकार को भाग जाने के लिए कहा। उसे आभास हो गया था कि वह बच नहीं पाएगा। भोर होने वाली थी और आस-पास की चीज़ें साफ़ दिखने लगी थीं। ज़ुल्फ़िकार के लिए सोचने को बहुत कुछ नहीं था, जो कुछ कमरुद्दीन कह रहा था, लगभग उसी तरह की उहापोह उसके मन में भी चल रही था। उसने धीरे से कमरुद्दीन का सर ज़मीन पर रखा, मन-ही-मन उसे ख़ुदा हाफ़िज़ कहा और तेज़ी से मुरादनगर क़स्बे की तरफ़ बढ़ा।

अभी वह एक किलोमीटर भी नहीं चला होगा कि उसे सामने से एक मोटरसाइकिल आती हुई दिखाई दी। उसने सड़क पर चारों ओर नज़र दौड़ाई। बाईं तरफ़ एक पुराना पेशाबघर था और उसके पीछे था 220 के.वी.ए. का एक बड़ा बिजलीघर। ज़ुल्फ़िकार ने लगभग दौड़ते हुए उसी में शरण ली। उसी समय तेज़ रफ़्तार से सड़क पर एक मोटरसाइकिल गुज़री। ज़ुल्फ़िकार को अभी तक याद है कि वे तेज़ स्वरों में बात कर रहे थे और बातचीत से ऐसा लगा कि ढाबे से गए दोनों लोग किसी पुलिस वाले के साथ लौट रहे हैं। अन्दर छिपे-छिपे उसने कुछ और गाड़ियों को तेज़ रफ़्तार से गंग नहर की तरफ़ जाते सुना, लगा कि थाने से पुलिसकर्मी घटनास्थल की तरफ़ जा रहे थे।

जब आप बरसों बाद किसी ऐसी घटना को याद कर रहे हों, जो भले ही आपको मौत के मुँह तक ले गई हो पर उसमें से बच निकलने के बाद आप अचानक पाते हैं कि आप सेलिब्रिटी हो गए हैं, तो कई बार मीडिया-कर्मियों या एक्टिविस्टों के सामने जो कुछ घटा उसे सुनाते समय आप कुशल किस्सागो हो जाते हैं और जाने-अनजाने अपने विवरणों में काफ़ी कुछ अपनी कल्पनाशक्ति से जोड़ते-घटाते चलते हैं।

ज़ुल्फ़िकार ने मुझे बताया कि पहले गुज़रने वाली मोटरसाइकिल पर बैठे लोग तेज़ स्वरों में बातें कर रहे थे और उनकी बातचीत का जितना हिस्सा उसके कानों में पड़ा, उसके अनुसार वे उसे मारने के लिए जा रहे थे। 24 वर्ष बाद इस वाक़िये को उससे सुनते हुए मुझे यह समझने में कोई दिक़्क़त नहीं हुई कि अधिकांश विवरण उसकी कल्पनाशक्ति की उड़ान की उपज थे। जिन पुलिसकर्मियों को उसने गंग नहर की तरफ़ जाते सुना था, वे वही थे जो बाद

में गंग नहर से तीन जीवित घायलों को निकाल कर थाना मुरादनगर लाए। इनमें से पहला तो कमरुद्दीन ही था, जिसे ढाबों के पास ज़ुल्फ़िकार छोड़ गया था। शेष दोनों मुजीबुर्रहमान और मो. उस्मान थे। लिंक रोड थाने पर बैठे हुए 22/23 मई, 1987 की रात जब मैंने मुरादनगर थाना प्रभारी राजेन्द्र सिंह भगौर से वायरलेस पर बात की थी, तब उसने इन्हीं तीनों का ज़िक्र किया था। यह बात अलग है कि 17 सितम्बर 2009 को एडिशनल सेशन जज एम.आर. सेठी के समक्ष अपने लम्बे बयान में भगौर ने जो विवरण दिए वे शब्दश: ज़ुल्फ़िकार के विवरण से नहीं मिलते थे, पर लम्बे अरसे के बाद अगर दो लोग एक ही घटना को अलग-अलग बयान कर रहे हों, तो यह स्वाभाविक है कि उनकी सूचनाओं में कुछ फ़र्क़ होगा ही।

स्पष्ट था कि ज़ुल्फ़िकार मुझसे जिस संवाद का ज़िक्र कर रहा था, वह उसकी कल्पनाशक्ति की ही उपज था, परन्तु मैंने उसे टोका नहीं और बोलने दिया।

ज़ुल्फ़िकार न जाने कितनी देर तक उसी पेशाबघर में छिपा रहा। रमज़ान का महीना था और उसने पिछले चौबीस घंटों से भी अधिक समय से कुछ खाया नहीं था। जिस समय पकड़ कर उसे घर से बाहर सड़क पर लाया गया, वह रोज़े से था। गिरफ़्तार करने वालों ने उसे रोज़ा तोड़ने का भी वक़्त नहीं दिया। इस समय टीसते ज़ख़्म से ज़्यादा भूख से मरोड़ती आँतें तकलीफ़ दे रही थीं। ग़नीमत थी कि पेशाबघर इस्तेमाल में नहीं आता था, लेकिन पुराने इस्तेमाल की बदबू तो थी ही। बीच-बीच में वह उचक-उचक कर या दाएँ-बाएँ झाँक-झाँक कर बाहर सड़क पर देख लेता था। दिल्ली-ग़ाज़ियाबाद से होकर मेरठ के रास्ते देहरादून जाने वाली यह सड़क आम दिनों में काफ़ी व्यस्त रहती थी और बावजूद इसके कि आगे मेरठ में कर्फ़्यू लगा हुआ था, सड़क पर आमदरफ़्त बरकरार थी। ज़ुल्फ़िकार के अन्दर बैठा डर उसे किसी को भी पुकारने से रोक रहा था। दोपहर होते-होते वह लगभग निढाल हो गया। ज़ख़्मों से ख़ून का रिसना बन्द हो गया था, पर जरा भी हिलने-डुलने से जो टीस उठती, वह कई बार असह्य हो जाती थी। एक बार तो भूख और प्यास के मारे ज़ुल्फ़िकार के धैर्य ने जवाब दे दिया और वह पेशाबघर से निकल कर लगभग सड़क तक आ गया, पर तभी उसे मुरादनगर की तरफ़ से एक जीप आती हुई दिखाई दी। यह पुलिस की गाड़ी थी या नहीं, निश्चित रूप से नहीं कहा सकता था, लेकिन भय उसकी पसलियों को झिंझोड़ता हुआ अन्दर तक दौड़ गया। वह लड़खड़ाता हुआ वापस

पेशाबघर की तरफ़ भागा। ग़नीमत थी अभी तक इतनी भीड़-भाड़ वाली सड़क पर भी किसी ने उसकी इस भाग-दौड़ पर ध्यान नहीं दिया था। वह काफ़ी देर तक सुन्न सा पड़ा रहा, पर भूख-प्यास ने एक बार फिर उसे सक्रिय कर दिया। वह उचक कर पेशाबघर की बाहरी दीवार से सड़क पर झाँकने लगा। सड़क की दूसरी पटरी पर एक हैण्ड पंप दिखाई दिया। पंप के बगल से एक गली अन्दर जाती दिखी। प्यास से उसे अपने हलक में कांटे से उगते महसूस हो रहे थे और अब तो थूक निगलने में भी कठिनाई होने लगी थी। वह हिम्मत करके पंप पर जाकर अपना गला तर करने की सोच ही रहा था कि उसे गली में कुछ ऐसा दिखा कि उसका डर काफ़ी हद तक काफ़ूर हो गया। सर पर गोल टोपी और ऊँचे पाँयचों के पाजामों के साथ कुरते पहने कुछ लोग दिखाई दिए, पहले इक्का-दुक्का फिर छोटे-छोटे समूहों में। ज़ुल्फ़िकार को याद आया कि अस्त्र की नमाज़ का वक़्त हो चला था और ऐसा लगता था कि जो गली दिख रही थी, उसमें मुसलमानों की ख़ासी बस्ती थी और रमज़ान में रोज़ेदार अस्त्र की नमाज़ पढ़ने बाहर सड़क पर निकल आए थे। इसका मतलब आस-पास कोई मस्जिद भी है, ज़ुल्फ़िकार ने सोचा और पेशाबघर के बाहर निकल आया। भूख-प्यास और ज़ख़्म के एहसास के बावजूद उसने लगभग दौड़ते हुए सड़क पार की। ऐसा लग रहा था जैसे कोई उसका पीछा कर रहा है। वह हैण्ड पंप के पास रुका, लगभग हाँफते हुए से उसने एक हाथ से हैण्ड पंप चलाने की कोशिश की और कमज़ोर प्रयास के बावजूद जो थोड़ा-बहुत पानी नल से टपका उसे दूसरे हाथ के चुल्लू में रोपकर पीने की कोशिश की। पानी के चन्द घूँटों ने कांटे उगे हलक में थोड़ी सी नर्मी पैदा की। वह तेज़ी से गली में घुसा। उसकी बेढंगी चाल, ख़ून तथा कीचड़ लगे कपड़ों और अपरिचित चेहरे में कुछ ऐसा था कि गली में चलते हुए लोग न सिर्फ़ ठिठक कर रुके, बल्कि उन्होंने उसे घेर भी लिया। वे सभी मुसलमान थे और उनकी फुसफुसाहटों और चेहरे पर फैली भय मिश्रित उत्सुकता से यह स्पष्ट हो गया था कि नहर पर पिछली रात हुए हादसे के बारे में उन्हें उड़ती-पुड़ती जानकारी है और वे ज़ुल्फ़िकार से सुनकर हक़ीक़त जानना चाहते हैं। सड़क पर भीड़ बढ़ती जा रही थी और ज़ुल्फ़िकार का विवरण सवालों के शोरगुल में डूबता जा रहा था। तभी एक बुज़ुर्ग ने सलाह दी कि सड़क पर भीड़ लगाना ठीक नहीं है। पुलिस को पता चल सकता है और ज़ुल्फ़िकार वापस गिरफ़्तार हो सकता है। उसे किसी के घर जाना पड़ेगा।

कौन ले जाएगा उसे अपने घर? एक सवाल था जिसने थोड़ी देर के लिए सबको ख़ामोश कर दिया। उसकी कातर नज़रें लोगों के चेहरों पर दौड़ती रहीं। समय जैसे रुक सा गया था। तभी एक अधेड़ आदमी ने ज़ुल्फ़िकार के कंधे पर थपकी दी और उसे अपने पीछे आने का इशारा किया। मुख्य सड़क छोड़ते हुए वह उसके पीछे एक गली में घुस गया और फिर एक मकान में। ज़ुल्फ़िकार को बाद में पता चला कि वह किसी अय्यूब नामक व्यक्ति के साथ था, जिसका घर नहर के क़रीब था। उसे बदलने के लिए दूसरे कपड़े दिए गए, डा. खालिद को बुलाया गया जिन्होंने उसके ज़ख़्मों पर कुछ दवाइयाँ लगाईं और फिर दो दिन से चल रहे रोज़े को तोड़ने का इंतज़ाम किया गया। अदालत में पहले गवाह के रूप में गवाही देते हुए ज़ुल्फ़िकार ने बताया था कि उसे हक़ीम को दिखाया गया था। मैंने जब उसका ध्यान इस तरफ़ दिलाया तब उसने हँसते हुए कहा कि उसने जान बूझकर डॉ. खालिद का नाम नहीं लिया, क्योंकि वे भी कानूनी पचड़े में फंस सकते थे। खाते-पीते और अय्यूब के परिवार के सदस्यों को फुसफुसाते हुए इस हादसे के बारे में बताते हुए 18 साल का ज़ुल्फ़िकार कब सो गया उसे पता भी नहीं चला।

दूसरे दिन सुबह जब वह उठा, तब तक दिन चढ़ आया था। उसे थोड़ा समय लगा सब कुछ याद करने में। रात डॉक्टर ने ज़ख़्मों पर अच्छी तरह से मरहम-पट्टी कर दी थी, जिसके कारण दर्द का एहसास काफ़ी कम हो गया था, पर जैसे ही वह उठ कर बैठा, उसे अपने ज़ख़्मों से बूंद-बूंद कर दर्द टपकता हुआ महसूस हुआ। बिस्तर से उतर कर गुसलखाने तक जाना पहाड़ हो गया।

अय्यूब के घर वाले ख़ामोशी से चल-फिर रहे थे। उन्हें फुसफुसाते हुए आपस में बात करते देखकर ज़ुल्फ़िकार की समझ में आ गया कि वे डरे हुए हैं। ज़ाहिर था कि वे किसी लफड़े में नहीं पड़ना चाहते थे। कल तो जोश में वे उसे घर ले आए थे, पर अब यथार्थ उन्हें डरा रहा था। क़स्बे में पूरी भीड़ के सामने ज़ुल्फ़िकार उनके घर आया था और अब तो यह बात चारों तरफ़ फैल गई होगी। किसी दूसरे मध्यवर्गीय परिवार की तरह वे भी पुलिस-कचहरी के चक्कर में नहीं पड़ना चाहते थे। भिंचे चेहरों और दबे स्वरों में उन्हें बात

करता देखकर उस का चेहरा उतर गया। वे उसे घर से बाहर तो नहीं निकाल देंगे? या कहीं पुलिस को ही न सौंप दें!

एक गिलास में चाय लेकर मुहम्मद अय्यूब उसके पास आया। जितनी देर ज़ुल्फ़िकार ने चाय पी उतनी देर में मुहम्मद अय्यूब ने उससे जो कुछ कहा, उसका आशय यह था कि उसका परिवार ज़ुल्फ़िकार की सेवा करना एक दीनी फर्ज समझता है, किन्तु वे किसी पचड़े में नहीं पड़ना चाहते। ज़ुल्फ़िकार जहाँ कहेगा वह उसे वहाँ पहुँचाने की व्यवस्था कर देगा। ज़ुल्फ़िकार का चेहरा उतर गया और उसे लगने लगा कि अय्यूब और उसका परिवार अचानक उसे उठाकर सड़क पर फेंक देगा और एक बार फिर दरिन्दे उसे दबोच लेंगे। उसने घबराई निगाहों से अपने मेज़बान की तरफ़ देखा। अय्यूब के चेहरे पर कुछ था जिसने उसे आश्वस्त किया। वे उसे सड़क पर तो नहीं फेंकेंगे लेकिन उसे जल्दी ही कोई जगह तय करनी होगी जहाँ वह जाकर छिप सके और सम्भावित मृत्यु से अपने को बचा सके। स्वाभाविक था कि पहला स्थान जो उसके दिमाग़ में आया वह हाशिमपुरा का उसका अपना घर था, जहाँ के सुखद-सुरक्षित माहौल में उसका बचपन बीता था और जो 22 मई, 1987 के पहले हर सुख-दुख में उसका साक्षी था। अय्यूब ने इस सम्भावना को सुनते ही ख़ारिज कर दिया। एक तो सबेरे के अख़बार में पढ़ी ख़बर के मुताबिक़ मेरठ शहर में अभी भी कर्फ़्यू लगा हुआ था और दूसरे एक सम्भावना यह भी हो सकती थी कि हत्यारे बचे हुए लोगों को अब तक तलाश रहे हों। अगली जगह जो ज़ुल्फ़िकार के दिमाग़ में आई, वह उसके चाचा की ससुराल थी। चाचा के ससुर मेरठ से 14-15 किलोमीटर दूर बूढ़बराल गाँव में रहते थे। थोड़े बहस-मुबाहिसे के बाद वहीं जाना तय हुआ।

अय्यूब ने एक मोटरसाइकिल का इंतज़ाम किया। उस पर चालक और एक दूसरे व्यक्ति के बीच में ज़ुल्फ़िकार बैठा और वे वहाँ से बूढ़बराल के लिए रवाना हुए। इस बीच जितनी तेज़ी से ख़ून से तरबतर उसके कपड़े बदले गए, उसे नाश्ता कराया गया और उसकी यात्रा के लिए मोटरसाइकिल की व्यवस्था की गई, उससे यह स्पष्ट हो गया कि अय्यूब और उसका परिवार उसके जाने के फ़ैसले से कितनी राहत महसूस कर रहा था और यही राहत उसे बाहर छोड़ने आए परिवार के सदस्यों के चेहरों पर भी नज़र आ रही थी। बीच में बैठे ज़ुल्फ़िकार को जो बेनाप के नए कपड़े दिए गए थे, उनके बेढंगेपन

को छिपाने के लिए उसे एक चादर उढ़ा दी गई थी और जब मोटरसाइकिल तीन सवारों को लेकर ग़ाज़ियाबाद-मेरठ मुख्य मार्ग पर पहुँची तो अन्दर के भय और घबराहट ने उसे इस चादर को अपने चारों तरफ़ कस कर लपेट लेने के लिए प्रेरित किया और वह अपने आगे-पीछे बैठे दोनों सवारों के बीच एक गठरी-सा सिमट गया।

मुरादनगर से बूढ़बराल तक लगभग 25 -30 किलोमीटर की दूरी जैसे एक अन्तहीन सफ़र बन गई। अभी दिन का पहला पहर था और लोग धीरे-धीरे काम- धन्धे के लिए निकलने लगे थे, पर मेरठ के दंगों का असर वहाँ भी साफ़ दिखाई दे रहा था। उस कम भीड़-भाड़ वाली सड़क पर तेज़ रफ़्तार से भागती मोटरसाइकिल पर बीच में बैठे और गठरी बने ज़ुल्फ़िकार की रूह किसी भी पुलिस वाले को आते–जाते देखकर काँप जाती थी। जब मोटरसाइकिल सड़क से बूढ़बराल जाने वाले रास्ते पर मुड़ी, तभी जाकर ज़ुल्फ़िकार की जान में जान आई। चाचा के ससुर मुहम्मद याकूब एक मझोले दर्जे के खाते-पीते किसान थे और ज़ुल्फ़िकार अक्सर उनके यहाँ आता-जाता रहता था—कई बार चाचा के साथ और कई बार अकेले। ख़ास तौर से गर्मियों की छुट्टियों में जब आम की फ़सल तैयार हो। अगर मेरठ में इस समय दंगे न चल रहे होते, तो वैसे भी वह इन दिनों यहाँ होता।

यहाँ इस समय अय्यूब के घर में किसी को उसके वहाँ होने की उम्मीद नहीं थी और परिवार के जो सदस्य उसे घर के बाहर मिले, अनहोनी की आशंका ने उनके चेहरे उतार दिए। पहला सवाल सुनते ही ज़ुल्फ़िकार की रुलाई छूट गई। वह कुछ भी बताए बिना सिर्फ़ रोता रहा-रोता रहा। एक लड़का उसे सहारा देकर घर के अन्दर औरतों के पास ले गया। बाहर मुरादनगर से आए नौजवानों ने जितनी कुछ जानकारी उनके पास थी घर वालों से बाँटी। इस बीच गांव के भी कुछ लोग वहाँ इकट्ठे हो गए थे और बातचीत फुसफुसाहटों और चेहरों पर तनाव में तब्दील हो गई। ख़ास तौर से घर के मुखिया की चिन्ता उसकी भावभंगिमा से साफ़ झलकने लगी थी। गाँव के लोग परंपरा के मुताबिक़ किसी भी परिवार में मेहमान के आने पर बिना बुलाए आ जाते थे, उन्हें किसी निमंत्रण की आवश्यकता नहीं होती थी और आज भी यही हुआ था। मोटरसाइकिल पर तीन लोगों को गांव में प्रवेश करते देखकर खेतों में काम करते, गलियों से गुज़रते या अपने दरवाज़े पर बैठे लोगों ने उत्सुकता से

उन्हें देखा और बिना किसी निमंत्रण के, दरअसल जिनकी कोई ज़रूरत भी नहीं थी, उनमें से बहुत से मुहम्मद अय्यूब के घर पहुँच गए।

जैसे-जैसे भीड़ बढ़ती गई उत्तेजित आवाज़ों का स्वर मन्द पड़ता गया, ख़ास तौर से घर वालों ने तो आपस में फुसफुसा कर बात करनी शुरू कर दी। उनका भय स्वाभाविक था—गांव में बहुत से लोग इस परिवार से ईर्ष्या करते थे और उनमें से कोई भी भाग कर पुलिस थाने जा सकता था। यह पता चलने पर कि उन्होंने अपने घर में किसी ज़ख़्मी को छिपा रखा है, पुलिस वाले कभी भी आ धमक सकते थे। एक बुज़ुर्ग अन्दर गया और उसने ज़ुल्फ़िकार को बाहर निकलने के लिए मना कर दिया। अगले चार-पाँच दिन मुहम्मद अय्यूब के परिवार के लिए किसी यातना की तरह थे, जिनमें उन्होंने ज़ुल्फ़िकार और बाहरी दुनिया के बीच किसी तरह का कोई सम्पर्क नहीं होने दिया। जब तक वह वहाँ रहा उसे घर में फैले तनाव और भय का एहसास होता रहा। उसे दिन के उजाले में बाहर निकलने की इजाज़त नहीं थी, वह या तो मुँह अँधेरे बाहर निकलता या फिर देर शाम दिन डूबने के बाद। घर वालों की बातचीत से यह आभास ज़रूर हो रहा था कि वे उसे कहीं और भेजने के लिए सुरक्षित जगह की तलाश कर रहे हैं। तीसरे दिन अभी वह सो ही रहा था कि किसी ने उसे उठाया और फ़ौरन तैयार होने के लिए कहा। वह समझ गया कि उसे कहीं और जाना है। तब तक मृत्यु का भय कुछ कम हो गया था और ज़ख़्म भी कुछ कम दुखने लगे थे। बिना कुछ पूछे उसने तैयारी आरम्भ की और अभी जबकि बाहर अँधेरा पसरा हुआ था और गांव में लोगों ने अपनी दिनचर्या शुरू भी नहीं की थी, एक मोटरसाइकिल के पीछे बैठे उसकी यात्रा फिर शुरू हुई। इस बार मोटरसाइकिल उसका एक परिचित रिश्तेदार चला रहा था और गांव से बाहर निकलते ही जब वह बाईं तरफ़ मुड़ी, वह समझ गया कि वे लोग ग़ाज़ियाबाद उसके फूफा मेहराजुद्दीन के घर की तरफ़ जा रहे हैं। पिछले दो दिनों में जब छिपने के संभावित ठिकानों के बारे में चर्चा हो रही थी तो बार-बार मेहराजुद्दीन का ज़िक्र आता था।

पौ फटने लगी थी और तेज़ रफ़्तार से भागती मोटरसाइकिल पर बैठे ज़ुल्फ़िकार को हवा में नमी का एहसास हो रहा था। उसने ज़ख़्मों को छिपाने के लिए ओढ़ी हुई चादर कसकर लपेट ली और सड़क पर परिचय के चिह्न तलाशने लगा। इसी सड़क पर 22 मई की रात पी.ए.सी. की ट्रक पर लद कर

वह इन्हीं सब जगहों से गुज़रा था। यद्यपि ट्रक के पिछले हिस्से में पी.ए.सी. वालों के पीछे उकड़ूँ बैठे बाहर कुछ देख पाना सम्भव नहीं था, फिर भी आज सुबह दिखने वाला हर पेड़, मकान या गली उसे परिचित से लग रहे थे। वह मिले-जुले भावों से आस-पास तेज़ी से भागती दुनिया को देख रहा था कि अचानक जैसे उसका शरीर काठ होने लगा। मोटरसाइकिल जिस बिंदु पर पहुँची वहाँ से गंग नहर साफ़ दिखाई देने लगी थी।

तेज रफ़्तार से दौड़ती हुई मोटरसाइकिल जब पुल से गुज़री तो भय से अधमुंदी आँखों से नहर के बहते पानी को देख कर ज़ुल्फ़िकार को लगा कि उसमें अभी भी लाशें बह रही हैं और कोई अपना एक हाथ पानी से बाहर निकाले उसे मदद के लिए पुकार रहा है। ढाबों के बगल से गुज़रते हुए उसे घायल कमरुद्दीन याद आया। पता नहीं वह बचा या मर गया? नहर से उसके साथ निकले आरिफ़ का क्या हुआ होगा? चालक की पीठ पर लगभग सर गड़ाए और चादर से अपना शरीर पूरी तरह ढके उसने उचाट नज़रों से वह पेशाबघर देखा, जहाँ उसने आधे से ज़्यादा दिन बिताया था, उस गली को देखकर उसका मन कृतज्ञता से भीग गया जिसमें उसे अय्यूब के घर शरण मिली थी और जिसके कारण आज वह ज़िन्दा था। मुरादनगर क़स्बा पार करने के बाद तीस-चालीस मिनट और लगे होंगे कि वे शहर ग़ाज़ियाबाद के गलियों वाले पुराने हिस्से में घुस गए। आंतों की तरह फैली गलियों में वे जिस मकान के सामने रुके, वह उसके फूफा मेहराजुद्दीन का था। ज़ुल्फ़िकार को देखते ही घर में कोहराम मच गया। हाशिमपुरा से ख़बरें यहाँ तक पहुँच चुकी थीं और किसी को नहीं पता था कि उठाए गए लोगों में कौन ज़िन्दा बचा है और कौन मर गया। बुआ ने देखते ही उसे चिपटा कर रोना शुरू कर दिया। बाहर बैठक में फूफा ने बूढ़बराल से आए मोटरसाइकिल चालक की ख़ातिर-तवज्जो शुरू की और अन्दर हिचकियों और आँसुओं के बीच हाशिमपुरा की गाथा टुकड़ों-टुकड़ों में सुनी-सुनाई गई। पहुँचाने वाला वापस चला गया तो इस घर में भी पिछली पनाहगाहों की तरह विचार-विमर्श शुरू हुआ। फ़र्क़ सिर्फ़ इतना था कि घटना को घटे काफ़ी समय हो चुका था और यह घर शहर के बीचोबीच था, जहाँ से ज़ुल्फ़िकार के वापस पकड़े जाने की सम्भावनाएँ कम थीं।

फूफा मेहराजुद्दीन के कुछ राजनैतिक सम्बन्ध भी थे, उनमें से एक नबाबुद्दीन अंसारी एडवोकेट काफ़ी सक्रिय थे। जब ज़ुल्फ़िकार मुझे यह

क़िस्सा सुना रहा था, मुझे याद आया कि नबाबुद्दीन अंसारी नाम के एक सज्जन ग़ाज़ियाबाद में मेरी नियुक्ति के दौरान मुझसे मिला करते थे और किसी मुस्लिम राजनैतिक दल से जुड़े हुए थे, सम्भवत: मुस्लिम लीग या मुस्लिम मजलिस से उनका सम्बन्ध था। मेहराजुद्दीन ने दूसरे दिन नबाबुद्दीन अंसारी से ज़ुल्फ़िकार की मुलाक़ात कराई। नबाबुद्दीन और मेहराजुद्दीन अगले दिन दिल्ली मोहसिना किदवई के पास गए। मोहसिना किदवई उत्तर प्रदेश की राजनीति में एक जानी-पहचानी शख़्सियत थीं और उस समय मेरठ से कांग्रेस की सांसद भी थीं। वे दिल्ली में 12, जनपथ पर रहा करती थीं। ज़ुल्फ़िकार के अनुसार मोहसिना किदवई ने उनकी किसी प्रकार की मदद करने से इनकार कर दिया। उसके बाद वे एक दूसरे मेम्बर पार्लियामेंट सैयद शहाबुद्दीन से मिले। 15 मई 2011 को मैंने सैयद शहाबुद्दीन का, जो उस दौरान जनता दल के सांसद थे, एक लम्बा इंटरव्यू लिया और उसके दौरान उन्होंने मुझे बताया कि नबाबुद्दीन अंसारी और मेहराजुद्दीन को मोहसिना किदवई की कोठी में सलाह दी गई थी कि वे लोग थोड़ी ही दूर पर स्थित उनकी कोठी पर जाएँ। वे 14, जनपथ पर रहते थे। मेरठ से लोकसभा की सदस्या चुने जाने और ख़ुद मुसलमान होने के बावजूद मोहसिना किदवई ने पीड़ितों की मदद करने से क्यों इनकार किया होगा, यह एक ऐसी गुत्थी है जिसे मैं बाद में सुलझाने की कोशिश करूँगा।

सैयद शहाबुद्दीन मुझे हमेशा से भारतीय राजनीति में एक दिलचस्प उपस्थिति लगते रहे हैं। मैंने साम्प्रदायिकता के एक जिज्ञासु अध्येता के रूप में उनके करियर के उतार-चढ़ाव पर बड़ी उत्सुकता से नज़र रखी है। साम्प्रदायिकता पर आयोजित कई गोष्ठियों में मेरी उनसे छोटी-बड़ी बहुत सारी मुलाक़ातें हुई थीं, किन्तु दो लम्बी मुलाक़ातों का ज़िक्र, जो हाशिमपुरा के सम्बन्ध में हुई थीं, यहाँ पर प्रासंगिक होगा। पहली मुलाक़ात तो हाशिमपुरा के फ़ौरन बाद ही हुई थी, तारीख़ तो मुझे ठीक-ठीक याद नहीं, पर इतना याद है कि तब तक हाशिमपुरा को घटे तीन-चार महीने ही हुए थे और फ़िल्मकार अनवर जमाल मुझे उनके घर 14, जनपथ लेकर गए थे। मेरी स्मृति में अभी भी किताबों से पटा वह कमरा सुरक्षित है, जो बाहर उजाले से अन्दर घुसने पर एक रहस्यमय नीम अँधेरे में डूबा सा लगा था। मैं आँखें फाड़-फाड़ कर किताबों के ढेर में छिपे गृहस्वामी को तलाश रहा था, पर वहाँ अक्सर आने के कारण अनवर

जमाल के सामने मेरी जैसी कोई दुविधा नहीं थी। अपनी अभ्यस्त चाल से वह उस कोने की तरफ़ बढ़े, जहाँ एक छोटी सी स्टडी टेबल पर किताबों के ढेर के पीछे औसत से थोड़ा छोटे क़द का एक शख़्स खड़े होने की कोशिश कर रहा था। मेज़ पर एक टेबल लैम्प जल रहा था और उसकी रोशनी कुछ इस कोण से पड़ रही थी कि उसके पीछे खड़े व्यक्ति का चेहरा साफ़ नहीं दिख रहा था। मुझे इतना समझ में आ गया कि यही सज्जन सैयद शहाबुद्दीन थे और मैं अनवर जमाल का अनुसरण करते हुए उधर की तरफ़ बढ़ा। शहाबुद्दीन साहब तेज़ी से मेज़ के पीछे से सामने आए और उन्होंने लपक कर मेरा आगे बढ़ा हुआ हाथ अपने दोनों हाथों में थाम लिया। काफ़ी देर तक वे अवरुद्ध कंठ से भावुक स्वरों में कुछ बुदबुदाते रहे। मुझे इस भावुकता की आशा नहीं थी, अत: मैं कुछ असहज हो गया। हाशिमपुरा की घटना की जानकारी उन तक पहुँच चुकी थी और वे बार-बार मुझे धन्यवाद देने की कोशिश कर रहे थे। कुछ समय उन्हें सामान्य होने में लगा और फिर उस दोपहरी हम तीनों ने बैठकर कई घंटे तक हाशिमपुरा के बहाने देश में बढ़ रही साम्प्रदायिकता के कारणों पर विचार-विमर्श किया।

मैंने ऊपर लिखा है कि सैयद शहाबुद्दीन मुझे हमेशा भारतीय राजनीति में एक दिलचस्प उपस्थिति की तरह लगते रहे हैं और उस पहली लम्बी मुलाक़ात में भी मैं पूरी दिलचस्पी से उन्हें बोलता हुआ सुनता रहा तथा उनके व्यक्तित्व का अध्ययन करता रहा। तब तक मेरी धारणा थी कि वे एक कट्टरपंथी राजनीति का प्रतिनिधित्व करते हैं और भारतीय मुसलमानों में, कमज़ोर ही सही, जो प्रगतिशील धारा है उसके विरोधी हैं। उस दोपहर उनसे बात करते हुए मेरी समझ कई मामलों में गड़बड़ाई। वे कोई ऊँचे पांयचे वाला पाजामा पहने गोल टोपी से आधी खोपड़ी ढके या बिना मूँछों और लम्बी दाढ़ी फहराने वाले मौलाना नहीं थे, बल्कि पैंट-शर्ट पहने सफाचट चेहरे वाले एक आधुनिक अधेड़ लग रहे थे। बहुत नफ़ीस उर्दू और असाधारण अधिकार वाली अँग्रेज़ी में रुक-रुक कर और पूरी तार्किकता के साथ अपनी बात कहता हुआ यह शख़्स कई बार ईमानदारी के साथ धर्मनिरपेक्षता में यक़ीन करता राजनेता नज़र आता था तो कई बार धर्म और राजनीति में घालमेल करता एक चालाक और अवसरवादी कठमुल्ला। पर

उस दोपहर लम्बी बातचीत में बहुत सारे विषयों पर बातचीत करते हुए सैयद शहाबुद्दीन ने मुझसे इस प्रकरण का एक महत्त्वपूर्ण तथ्य छिपा लिया था, जिसके बारे में मुझे वर्षों बाद ज़ुल्फ़िकार नासिर ने बताया और जिसकी ताईद सैयद शहाबुद्दीन ने दिनांक 15 मई 2011 को दूसरी लम्बी बातचीत में की।

मोहसिना किदवई के घर से निराश होकर नबाबुद्दीन अंसारी और मेहराजुद्दीन सीधे सैयद शहाबुद्दीन की कोठी पहुँचे। शहाबुद्दीन ने धैर्य से उनकी बात सुनी और फ़ौरन ज़ुल्फ़िकार नासिर को अपने घर लाने के लिए कहा। दूसरे दिन वे ज़ुल्फ़िकार को लेकर उनकी कोठी पर पहुँच भी गए। सैयद शहाबुद्दीन की कोठी पर हुआ स्वागत मोहसिना किदवई की कोठी से पूरी तरह भिन्न था। ज़ुल्फ़िकार को न सिर्फ़ घर में रहने और खाने का निमंत्रण दिया गया, बल्कि अगले दस दिनों तक सैयद शहाबुद्दीन की डॉक्टर बेटी ने उसका इलाज भी किया। यह तथ्य पहली मुलाक़ात में उन्होंने मुझे नहीं बताया था। सम्भवत: पहली बार सैयद शहाबुद्दीन के मन में मुझे लेकर कुछ संकोच रहे हों और उन्हें लगा हो कि बावजूद अपनी सारी सदाशयता के मैं था तो पुलिस वाला ही और मुझे यह बताकर कि घायल ज़ुल्फ़िकार ने उनके घर में शरण ली थी, वे या ज़ुल्फ़िकार किसी परेशानी में फंस सकते थे। मुझसे 15 मई, 2011 की मुलाक़ात के दौरान शहाबुद्दीन ने न सिर्फ़ गर्व-मिश्रित सन्तोष के साथ यह बताया कि किस तरह मोहसिना किदवई परेशान हाल पहुँचे मेरठ के मुसलमानों को अपने घर शरण देने से इनकार कर देती थीं और उन्हीं की कोठी में मौजूद कार्यकर्ता ऐसे लोगों को धीरे से थोड़ी ही दूरी पर स्थित उनकी कोठी पर जाने की सलाह देते थे और ऐसे मज़लूमों को उनके यहाँ शरण मिलती भी थी। उन्होंने एक सन्तुष्ट पिता की तरह अपनी कामयाब डॉक्टर बेटी द्वारा ज़ुल्फ़िकार नासिर की की गई सेवा का ज़िक्र भी किया।

पहले दिन शहाबुद्दीन के घर ज़ुल्फ़िकार नासिर की न सिर्फ़ मरहम-पट्टी की गई, बल्कि 22 मई के बाद पहली बार अच्छा खाना खाने के बाद आरामदेह बिस्तर पर बिना किसी भय और चिन्ता के वह निश्चिंत सोया। उसे पता भी नहीं चला कि इस बीच सैयद शहाबुद्दीन ने देश के तमाम महत्त्वपूर्ण राजनीतिज्ञों से सम्पर्क साधकर अगली रणनीति बना ली थी। दूसरे दिन वह जिन लोगों के पास ले जाया गया, उनके नाम उसे बहुत बाद में पता चले। आज जब वह सुब्रह्मण्यम स्वामी और चन्द्रशेखर का नाम लेता है तो उसके चेहरे

पर वही झेंपी सी मुस्कान दिखाई देती है, जिसे आप किसी भी मध्यमवर्गीय भारतीय चेहरे पर ऐसी किसी घटना का बयान करते समय देख सकते हैं, जिसमें उसकी मुलाक़ात किसी बड़े राजनेता, फिल्म स्टार या क्रिकेट खिलाड़ी से हुई हो। इन्हीं मुलाक़ातों का परिणाम था घटना के नौ दिन बाद 1 जून, 1987 को अपराह्न में जनता पार्टी के दफ़्तर में ज़ुल्फ़िकार नासिर के जीवन की पहली प्रेस कॉन्फ्रेंस जिसमें कैमरों की तेज़ चमकती फ्लैशलाइटों के बीच उसने वह लोमहर्षक घटना बयान की जो 22 मई को हाशिमपुरा से शुरू हुई और जिसकी ख़ूनी परिणति मुरादनगर और मकनपुर में नहरों के किनारे हुई थी। अगर यह प्रेस कॉन्फ्रेंस किसी दूसरे सभ्य राष्ट्र में हुई होती, तो न जाने कितने सर कटे होते और सरकारें गिर जातीं, पर आज़ादी के बाद की सबसे बड़ी कस्टोडियल किलिंग पर हमारे देश में कुछ भी ऐसा नहीं हुआ। राष्ट्रीय और प्रादेशिक अख़बारों ने अन्दर के पृष्ठों पर इसे थोड़ी-बहुत जगह ज़रूर दी, लेकिन सरकारी हलकों में कुछ ख़ास घटा हो इसके प्रमाण नहीं मिलते।

प्रेस कॉन्फ्रेंस के बाद सरकारी प्रतिक्रिया का सबसे मज़ेदार उदाहरण वह जवाबी प्रेस कॉन्फ्रेंस है, जिसमें मेरठ के ज़िला मजिस्ट्रेट आर.एस.कौशिक, वहाँ के पूर्व वरिष्ठ पुलिस अधीक्षक वी.के.बी. नायर और नव नियुक्त वरिष्ठ पुलिस अधीक्षक गिरधारी लाल शर्मा मौजूद थे। नौकरशाही की बेशर्म परंपरा के मुताबिक़ उन्होंने सिरे से ज़ुल्फ़िकार नासिर को झूठा करार देते हुए यह दावा किया कि इस नाम का कोई व्यक्ति हाशिमपुरा में रहता ही नहीं, और यह कि 22 मई को हाशिमपुरा से गिरफ़्तार किए गए सभी लोग जेलों में थे और उन्होंने यह भी चुनौती दी कि कोई भी व्यक्ति थानों और जेलों के दस्तावेज़ों को जाँच कर इसकी पुष्टि कर सकता है। यह तब जबकि 22/23 मई की रात मेरठ सर्किट हाउस की जिस बैठक का मैं ऊपर ज़िक्र कर चुका हूँ और जिसमें हाशिमपुरा की घटना के बारे में विस्तार से मैंने मुख्यमंत्री वीर बहादुर सिंह को बताया था, उसमें ये सभी अधिकारी भी शरीक थे। फिर क्योंकर वे इतना बड़ा झूठ बोल सके होंगे कि हाशिमपुरा से गिरफ़्तार सभी व्यक्ति जेलों में थे? क्या मेरठ के हाकिमों का यह दम्भ केवल उनकी नालायकी का द्योतक था या इसके पीछे एक ख़ास तरह की मानसिकता भी थी? इसको समझने की कोशिश मैं आगे करूँगा। इन सभी अधिकारियों ने सी.आई.डी. के सामने भी झूठ बोला कि उन्हें हाशिमपुरा के बारे में अख़बारों से पता चला था।

इसके बाद की ज़ुल्फ़िकार नासिर की कथा सैयद शहाबुद्दीन की मदद से जामिया मिल्लिया इस्लामिया से एक टेक्निकल कोर्स की डिग्री लेकर जीवन में एक सफल कारोबारी बनने की तो है ही, पर हमारे लिए इससे ज़्यादा महत्त्वपूर्ण वह भूमिका है जो उसने मौलाना यामीन, इकबाल अंसारी, रामपाल सिंह या वृंदा ग्रोवर जैसे ऐक्टिविस्टों के साथ मिलकर निभाई है और जिसकी वजह से हाशिमपुरा का मामला बस्ता ख़ामोशी में दफ़्न नहीं हो पाया और आज भी ज़िंदा है। इस किताब के लिए यही भूमिका अर्थवान है।

किसे वकील करें किससे मुंसिफ़ी चाहें

23 मई की सुबह जब मैं मेरठ से ग़ाज़ियाबाद वापस लौटा, आठ बजने वाले थे। रात भर की थकान और अनिद्रा का बोझ सर पर सवार था। रात पाँच-छ: घंटे मुख्यमंत्री और उनके सीनियर अमले की उपस्थिति में मेरठ सर्किट हाउस में जो कुछ घटा था, उसे याद करने पर सब कुछ गड्डमड्ड सा होता जा रहा था। ऐसा लगता था कि बीती रात खाकी कपड़ों में जो मुख्यमंत्री से पी.ए.सी. के ख़िलाफ़ एफ.आई.आर दर्ज कराने के लिए बहस कर रहा था, वह शख़्स मैं नहीं कोई और ही था। सब कुछ बहुत धुँधला-धुँधला और किसी दूसरे के साथ घटित हुआ सा लग रहा था।

मैंने आँखें मूँदे-मूँदे रात के घटनाक्रम को एक बार फिर से दोहराने का प्रयत्न किया। पिछले सात-आठ घंटे के दौरान जो कुछ घटा था, वह इतना निकट का होते हुए भी कितनी दूर का लग रहा था। कल रात बाबूदीन का बयान समाप्त होने के बाद और मुरादनगर के थानेदार से इस बात की ताईद हो जाने पर कि मकनपुर ही जैसा कुछ मुरादनगर की गंग नहर पर भी हुआ था, मैंने और ज़िलाधिकारी ने लिंक रोड थाने में मौजूद वरिष्ठ प्रशासनिक और पुलिस अधिकारियों से विचार-विमर्श शुरू किया। घटना इतनी गम्भीर और बड़ी थी कि हर कोई हतप्रभ था और किसी भी तरह की सीधी राय देने से बच रहा था। मेरी समझ में यह बात बड़ी स्पष्ट थी कि मुसलमान होने के कारण ज़िला मजिस्ट्रेट नसीम जैदी बड़े ही असमंजस की स्थिति में थे और मुझे ही बहुत सारे निर्णय लेने पड़ेंगे। ये सारे निर्णय क़ानूनी और नैतिक रूप से इतने सही थे कि वहाँ मौजूद कोई भी अधिकारी उसका विरोध नहीं कर

पाया। पहला फ़ैसला यह लिया गया कि मुरादनगर थाने में जो तीन घायल मौजूद थे, उन्हें और लिंक रोड थाने से बाबूदीन को अविलम्ब मोहन मीकिंस अस्पताल रवाना किया जाए। उन दिनों इसी अस्पताल में ग़ाज़ियाबाद की सर्वोत्तम चिकित्सा सेवाएँ उपलब्ध थीं, और यह लिंक रोड और मुरादनगर थानों से सबसे क़रीब भी था। मैंने थाना लिंक रोड के वायरलेस से मुरादनगर के थानेदार राजेन्द्र सिंह भगौर को इस आशय का आदेश जारी करवाया और उसे यह भी आदेश दिया कि घायलों की सुरक्षा के लिए अस्पताल में पुलिस की गारद लगाई जाए। इन घायलों में से एक कमरुद्दीन रास्ते में ही मर गया और शेष दो वहाँ से पूरी तरह स्वस्थ होकर निकले। दिल्ली ख़बर पहुँचने पर तीसरे दिन प्रधानमंत्री राजीव गांधी के निर्देश पर इनकी सुरक्षा के लिए सी.आर. पी.एफ. की गारद लगाई गई।

दूसरा निर्णय ज़्यादा मुश्किल था। इतनी लोमहर्षक घटना पर क़ानूनी कार्यवाही क्या की जाए? सीधा-सपाट उत्तर यह होना चाहिए था कि हत्यारों के विरुद्ध बिना इस बात की परवाह किए कि वे सशस्त्र पुलिसकर्मी थे, हत्या का मुक़दमा क़ायम किया जाए और इस मामले में भी वही सब कार्यवाही की जाए जो किन्हीं दूसरे अभियुक्तों के मामले में की जाती है। मसलन, हमें फ़ौरन उनकी बटालियन में छापा मार कर उस गाड़ी को बरामद करने की कोशिश करनी चाहिए थी, जिस पर बैठ कर वे आए थे और इस बात की पूरी सम्भावना थी कि उस ट्रक में ख़ून के धब्बों समेत बहुत से साक्ष्य मिल सकते थे। पी.ए.सी. के उन कर्मियों को, जो इस घटना को अंजाम देने के बाद भाग कर अभी मेरठ पहुँचे ही होंगे, गिरफ़्तार करने का प्रयास करना चाहिए और उनके हथियारों को ज़ब्त करना चाहिए जो मुक़दमे की तफ़तीश में बहुत महत्त्वपूर्ण साक्ष्य साबित हो सकते थे। पर क्या यह इतना आसान था? मेरठ में तीस से अधिक पी.ए.सी. की कंपनियाँ तैनात थीं और कमरे में उपस्थित पुलिस अधिकारियों की स्मृतियों में 1973 का पी.ए.सी. विद्रोह मौजूद था, जिसे फ़ौज की सहायता से काफ़ी मुश्किल से दबाया जा सका था। हमारे पास जो फ़ोर्स उपलब्ध थी, क्या उसके बल पर हम मेरठ जाकर उन पी.ए.सी. कर्मियों को गिरफ़्तार कर पाएँगे जो घटना को अंजाम देकर वापस अपने कैंप लौट चुके थे? उनकी गिरफ़्तारी पर मेरठ शहर में मौजूद ढाई हज़ार से अधिक पी.ए.सी. कर्मियों की क्या प्रतिक्रिया होगी—इस पर कोई भी स्पष्ट नहीं था।

मैंने ज़िला मजिस्ट्रेट से कहा कि हमें इस मामले में पुलिस महानिदेशक से बात करनी चाहिए। मुझे पता था कि पुलिस महानिदेशक दया शंकर भटनागर मेरठ में कैंप कर रहे हैं। मैंने उनसे अनुरोध किया कि वे मेरे साथ मेरठ चलें और पुलिस महानिदेशक को पूरी घटना से अवगत कराते हुए दोषी पी.ए.सी. कर्मियों के विरुद्ध कार्यवाही करने के लिए आवश्यक बल उपलब्ध कराने का निवेदन करें। ज़ाहिर था कि यह बल सी.आर.पी.एफ., बी.एस.एफ. या फ़ौज हो सकती थी। नसीम जैदी मेरी राय से फ़ौरन सहमत हो गए और हम मेरठ जाने के लिए थाने से बाहर निकल आए। मैंने एडिशनल एस.पी. कमलेन्द्र प्रसाद को थाने पर ही रुककर बाबूदीन की एफ.आई.आर. दर्ज कराने और उसका तथा मुरादनगर थाने से भेजे गए घायलों का इलाज और सुरक्षा सुनिश्चित कराने का आदेश दिया और ज़िला मजिस्ट्रेट नसीम जैदी की कार में बैठकर उनके साथ मेरठ के लिए रवाना हो गया।

अभी हमारे वाहन लिंक रोड थाने के परिसर से बाहर निकले ही थे कि ज़िला मजिस्ट्रेट की कार में लगा वायरलेस सेट खड़खड़ाया। डिस्ट्रिक्ट कंट्रोल रूम से हमारे लिए सूचना प्रसारित हो रही थी कि उत्तर प्रदेश के मुख्यमंत्री दिल्ली हवाई अड्डे पर पहुँच रहे हैं और वे वहाँ से सीधे मेरठ रवाना होंगे। उन दिनों ऐसा अक्सर होता था कि मुख्यमंत्री वीर बहादुर सिंह अचानक मेरठ का कार्यक्रम बना लेते थे। वे लखनऊ से दिल्ली उत्तर प्रदेश सरकार के हवाई जहाज से आते और पालम हवाई अड्डे पर उनका फ्लीट इंतज़ार करता रहता, जिस पर सवार होकर वे मेरठ के लिए रवाना हो जाते। उन दिनों आज का गौतम बुद्ध नगर या नोयडा भी ग़ाज़ियाबाद का हिस्सा था और दिल्ली प्रवास के दौरान मुख्यमंत्री की सुरक्षा का उत्तरदायित्व ग़ाज़ियाबाद पुलिस का होता था। मुख्यमंत्री के लिए पाँच-छह कारों का एक फ्लीट हमेशा दिल्ली में उत्तर प्रदेश निवास पर मौजूद रहता था और सूचना मिलते ही पालम हवाई अड्डे पर पहुँच जाता था।

मेरठ जैसी आपात स्थितियाँ कम आती थीं और अमूमन मुख्यमंत्री के आगमन की पूर्व सूचना एक-दो दिन पहले ही मुख्यमंत्री सचिवालय से ग़ाज़ियाबाद के ज़िला मजिस्ट्रेट तथा पुलिस अधीक्षक को मिल जाती और वे लोग हवाई अड्डे पर उनका स्वागत करने के लिए मौजूद रहते। अचानक कार्यक्रम बनने पर यह सम्भव नहीं होता, अत: मुख्यमंत्री के आगमन की सूचना मिलने पर फ्लीट और दिल्ली में मौजूद उत्तर प्रदेश सरकार के अधिकारी ही

उनका स्वागत करने के लिए हवाई अड्डे पर उपस्थित होते। आज भी कुछ ऐसा ही हो रहा था। फ़र्क़ सिर्फ़ यह था कि आज हमने मुख्यमंत्री को सड़क पर रोकने का फ़ैसला किया। दिल्ली से मेरठ जाने वाली सड़क थाना लिंक रोड के सामने से गुज़रती थी और मोहन मीकिंस फ़ैक्ट्री के आगे हिंडन नदी पार कर मेरठ तिराहे से मेरठ के लिए मुड़ती थी। हमने तय किया कि मेरठ तिराहे पर रोक कर मुख्यमंत्री को पूरी घटना से अवगत कराया जाए। हमारा क़ाफ़िला मेरठ तिराहे पर आकर खड़ा हो गया। रात के सन्नाटे में ट्रैफिक विहीन सड़कों पर दौड़ती हुई मुख्यमंत्री की फ्लीट घंटे-सवा घंटे के अन्दर हमारे क़रीब आ गई। लाल-नीली बत्तियाँ दूर अँधेरे में ही इस बात का आभास देने लगीं कि तेज़ रफ़्तार से दौड़ती हुई गाड़ियाँ कभी भी हमारे पास पहुँच सकती थीं। मैं झपट कर सड़क के लगभग बीचोबीच पहुँच गया और हाथ हिला हिलाकर पायलेट गाड़ी को रुकने का इशारा करने लगा। मैं वर्दी में था, मुख्यमंत्री की सुरक्षा से जुड़े सभी कर्मी ग़ाज़ियाबाद के थे और मुझे पहचानते थे इसलिए गाड़ियाँ तेज़ी से ब्रेक लगाने की ध्वनियों के साथ एक-एक कर सड़क पर रुकीं और ज़िला मजिस्ट्रेट के साथ दौड़ता हुआ मैं मुख्यमंत्री के वाहन तक पहुँचा। स्वभाव के अनुकूल वीर बहादुर सिंह अपनी कार की पिछली सीट पर अधलेटे सो रहे थे। हमारे शीशा खटखटाने पर उनकी नींद खुली और उन्होंने अचकचाकर खिड़की का शीशा नीचे किया। ज़िला मजिस्ट्रेट और मुझे देखकर उन्हें यह समझ में आ गया कि कोई गम्भीर मसला ज़रूर होगा नहीं तो आधी रात में उन्हें बीच सड़क पर नींद से जगाने की गुस्ताख़ी हम लोग नहीं करते। मुझे याद नहीं कि हममें से किसने कहा लेकिन यह सन्देश ज़रूर उन तक पहुँच गया कि कोई बहुत गम्भीर मसला है जिस पर हमारी उनसे बातचीत बेहद ज़रूरी है। उनके इशारे पर ज़िला मजिस्ट्रेट नसीम जैदी दाहिनी तरफ़ से जाकर कार में उनके बगल में बैठ गए और मैंने उनके सुरक्षाधिकारी को पिछली कार में बैठने का इशारा कर अगली सीट पर उसका स्थान ग्रहण कर लिया। मुख्यमंत्री की कार मेरठ की तरफ़ चली और उन्होंने प्रश्नवाचक निगाहों से हमारी तरफ़ देखा। मैं प्रतीक्षा करता रहा कि नसीम जैदी उन्हें उस दुर्भाग्यपूर्ण घटना के बारे में बताएँगे पर जब कुछ देर तक वे नहीं बोले तो मेरी समझ में आ गया कि एक मुसलमान अधिकारी को ऐसी परिस्थितियों में किस तरह की कशमकश से गुज़रना पड़ता है। मैंने भरसक अपनी भावनाओं पर नियंत्रण रखते हुए मुख्यमंत्री

को घटना का विवरण देना शुरू किया। मेरी स्मृति में मुख्यमंत्री के चेहरे पर आने वाले उतार-चढ़ाव अभी तक साफ़-साफ़ अंकित हैं।

पहले तो उनके चेहरे पर कुछ दर्ज ही नहीं हुआ सा लगा, पर जल्द ही उनके चेहरे के भाव बदलने लगे। जिनका वीर बहादुर सिंह से निकट का साबका पड़ा है, उन्हें याद होगा कि अक्सर वे छोटे-छोटे प्रश्नवाचक वाक्य जल्दी-जल्दी बोलते थे। कई बार तो इन अस्फुट वाक्यों को समझने के लिए अनुमान का सहारा लेना पड़ता था। मुझे स्पष्ट याद है कि इस सूचना को अच्छी तरह ग्रहण करते ही कि पी.ए.सी. ने कुछ मुसलमानों को पकड़ कर मार दिया है, मुख्यमंत्री की प्रतिक्रिया लगभग हिस्टीरिकल थी। उनके मुँह से कई असंबद्ध वाक्य निकले, पर मैं उनमें सिर्फ़ इतना ही पकड़ पा रहा था कि बार-बार वे यह पूछ रहे थे कि पी.ए.सी. ने मुसलमानों को क्यों मारा? मेरे द्वारा दी गई छोटी-छोटी सूचनाओं को ध्यान से सुनते हुए वे अचानक उत्तेजित हो जाते और वही सवाल दोहराते, जिसका मेरे या ज़िला मजिस्ट्रेट के पास कोई जवाब नहीं था...पी.ए.सी. ने उन्हें क्यों मारा? मेरठ तिराहे से मेरठ सर्किट हाउस तक पहुँचने की लगभग एक घंटे की यात्रा एक अजीब तनाव से होकर गुज़री। बीच-बीच में मुख्यमंत्री आँखें बन्द कर चुपचाप सीट पर सिर टिकाकर ख़ामोशी अख़्तियार कर लेते। मैं समझ गया कि एक राजनैतिक प्राणी होने के कारण वीर बहादुर सिंह इस तरह के क़त्लेआम का मतलब समझ रहे थे। दिल्ली की सीमा पर हुए ऐसे जघन्य कांड को छिपाया नहीं जा सकता था और ख़बर मिलने पर प्रधानमंत्री राजीव गांधी की क्या प्रतिक्रिया होगी इसका अनुमान भी आसानी से लगाया जा सकता था। देश में राम जन्मभूमि आन्दोलन के कारण साम्प्रदायिक तनाव वैसे ही अपने चरम पर था और कांग्रेस काफ़ी हद तक रक्षात्मक मुद्रा में थी। ऐसे में इस लोमहर्षक हत्याकांड पर मुसलमानों और राजीव गांधी की कैसी प्रतिक्रिया होगी इसे वीर बहादुर सिंह जैसे ज़मीनी नेता से बेहतर कौन समझ सकता था? जब वे यह सवाल बार-बार दोहराते कि पी.ए.सी. ने ऐसा क्यों किया, तब उनके चेहरे पर आश्चर्य और तकलीफ़ के साथ अनिश्चित भविष्य भी झलकने लगता। उनकी प्रतिक्रिया से एक बात तो स्पष्ट थी कि इस दुखद घटना की सूचना उन्हें पहली बार हमसे ही मिल रही थी। मैं जानबूझकर वीर बहादुर सिंह की प्रतिक्रिया का बयान कर रहा हूँ। इसका औचित्य पाठकों को अगले विवरण से समझ में आएगा।

हाशिमपुरा हत्याकांड की तफ़्तीश सी.आई.डी. को सौंपी गई थी और शुरू में उसका नेतृत्व जिन पुलिस अधीक्षक सैयद खालेद रिज़वी को सौंपा गया था, उनसे 2006 में मेरी एक लम्बी बातचीत हुई, जिसमें उन्होंने एक मज़ेदार बात बताई थी। उनके अनुसार पी.ए.सी. के प्लाटून कमाण्डर सुरेन्द्र पाल सिंह ने उनके सामने एक बार बयान दिया था कि हाशिमपुरा के मुसलमानों को सबक़ सिखाने का आदेश उसे वीर बहादुर सिंह से मिला था। यह पूछने पर कि उसकी वीर बहादुर सिंह से कब मुलाक़ात हुई और कब उन्होंने इस तरह का आदेश उसे दिया, उसने बताया कि एक बार वीर बहादुर सिंह हेलिकॉप्टर से मेरठ आए थे, हेलीपैड की सुरक्षा ड्यूटी पर वह भी तैनात था और उसी यात्रा में हेलिकॉप्टर से उतरने के बाद वे सुरेन्द्र पाल सिंह को इशारे से एक तरफ़ ले गए और उन्होंने उसके कंधे पर हाथ रखकर उसे मुसलमानों को सबक़ सिखाने का आदेश दिया था। बार-बार इस घटना की तारीख़ पूछने पर वह यही कहता रहा कि उसे तारीख़ याद नहीं है। मैंने सी.आई.डी. के तमाम दस्तावेज़ों को खँगालकर यह जानने की कोशिश की कि क्या इस बयान का उल्लेख किसी केस डायरी में आया है। स्वाभाविक था कि लिखित रूप में इस बयान का ज़िक्र कहीं नहीं मिला। रिज़वी के मुताबिक़ उन्हें सुरेन्द्र पाल सिंह का बयान सिर्फ़ पेशबन्दी लगा। अक्सर आपराधिक मामले में अभियुक्त किसी बड़े व्यक्ति का नाम अपने साथ सह अभियुक्त के रूप में लेता है, ताकि जांच अधिकारी उसके ऊपर हाथ डालने से डरें। रिज़वी ने सही ही इस बयान को हास्यास्पद माना कि मुख्यमंत्री हेलीपैड पर उतरने के बाद प्लाटून कमांडर जैसे जूनियर अधिकारी, जिससे उनके पूर्व में ताल्लुक़ात के कोई प्रमाण नहीं थे, से अपना तथाकथित एजेंडा लागू करने का आग्रह करते। यह भी स्वाभाविक था कि सी.आई.डी. ने सत्ता पार्टी के एक ताक़तवर राजनेता के विरुद्ध दिए गए इस विस्फोटक बयान को लिखित में दर्ज करने की जुर्रत नहीं की। लेकिन इस बात में न तो रिज़वी के मन में कोई संशय था और न ही इन पंक्तियों को लिखते हुए मेरे मन में है कि सुरेन्द्र पाल सिंह वीर बहादुर सिंह का नाम सिर्फ़ पेशबन्दी में ले रहा था।

मैं वीर बहादुर सिंह को सन 82 से देख रहा था, जब मैं सुल्तानपुर का पुलिस अधीक्षक था और राजीव गांधी अमेठी से चुनाव लड़ा करते थे। उन दिनों अमेठी सुल्तानपुर का ही हिस्सा था और राजीव गांधी के चुनाव क्षेत्र

भ्रमण के दौरान वे नियमित रूप से उपस्थित रहने वाले उत्तर प्रदेश के मंत्रियों में से एक थे। वे ज़मीनी यथार्थ से जुड़े व्यावहारिक नेता थे, जिनके लिए स्याह-सफ़ेद का कोई मतलब नहीं था। उनके क़रीबी यह जानते थे कि वे हमेशा ज़बानी आदेश देने में विश्वास करते थे और आमतौर से किसी काग़ज़ पर दस्तखत करने से बचते थे। कामयाबी हासिल करने के लिए वे कुछ भी कर सकते थे। मेरा मानना है कि उन्हें जवाहर लाल नेहरू की परंपरा के उन राजनेताओं में नहीं रखा जा सकता, जिनके लिए धर्मनिरपेक्षता एक सिद्धांत थी। कांग्रेस के बहुत से नेताओं के लिए धर्मनिरपेक्षता सुविधा अधिक है और वे तब तक धर्मनिरपेक्षता की बातें करते हैं, जब तक चुनाव में इससे उन्हें लाभ होने की सम्भावना हो। वीर बहादुर सिंह को भी मैं इसी श्रेणी में रखता हूँ। मेरठ में उन्हें मुसलमानों का क़त्लेआम कराकर क्या राजनैतिक लाभ मिल सकता था? उस पर भी तब जब दिल्ली में राजीव गांधी की सरकार थी और व्यक्तित्व में मौजूद सारे अन्तर्विरोधों के बावजूद उनके कटु आलोचक भी उनके ऊपर ऐसे साम्प्रदायिक आचरण का आरोप नहीं लगा सकते थे, जिसमें वे मुसलमानों की इतनी बड़ी कस्टोडियल किलिंग को नज़रअंदाज़ कर देते।

इस किताब पर काम करते समय मुझे कई पत्रकारों और राजनेताओं ने प्रच्छन्न रूप से यह सूचना देने की कोशिश की कि पी.ए.सी. के दुर्भाग्यपूर्ण आचरण के पीछे वीर बहादुर सिंह अथवा चिदंबरम, जो उस समय राजीव गांधी मंत्रिमंडल में गृह राज्य मंत्री थे, का हाथ था, पर जब कोई मुझे ऐसा सुझाव देता मेरी आँखों के सामने वीर बहादुर सिंह का चेहरा और उस पर तैरती हुई प्रतिक्रियाएँ घूम जातीं और मैं कभी भी इस सम्भावना पर यक़ीन नहीं कर पाया। मेरे उपरोक्त कथन का कतई यह अर्थ नहीं निकाला जाना चाहिए कि मेरठ दंगों के दौरान वीर बहादुर सिंह या चिदंबरम की भूमिका में कुछ भी निंदनीय नहीं था। हाशिमपुरा हो जाने के बाद उनके आचरण में बहुत कुछ ऐसा था जिसकी सिर्फ़ निंदा ही की जा सकती है। आगे इस पर विस्तार से लिखूँगा।

तेज़ी से दौड़ती हुई गाड़ियाँ जब हमें लेकर मेरठ सर्किट हाउस पहुँचीं, आधी रात बीत चुकी थी और थोड़ी ही देर में अगले दिन का सूरज निकलने वाला था। मेरठ के वरिष्ठ नागरिक और पुलिस अधिकारी मुख्यमंत्री का स्वागत करने के लिए वहाँ पहले से मौजूद थे। मुख्यमंत्री बिना कुछ बोले लगभग दौड़ते हुए से सर्किट हाउस के अपने कक्ष की तरफ़ बढ़े और उनके

पीछे-पीछे पुलिस और प्रशासन के अफ़सर भी लपके। मुख्यमंत्री के सूट के बाहरी बैठक कक्ष में हम सभी लोग बैठ गए और मुख्यमंत्री अन्दर अपने शयन कक्ष में चले गए। सर्किट हाउस के ही एक कमरे में पुलिस महानिदेशक दया शंकर भटनागर भी रुके हुए थे। सम्भवत: उन्हें मुख्यमंत्री के कार्यक्रम की सूचना नहीं दी गई थी, इसलिए वे हमारे बीच नहीं थे। किसी को उन्हें सूचित करने के लिए भेजा गया। मैं इस प्रयास में था कि मुख्यमंत्री के अपने शयन कक्ष से बाहर निकलने से पहले मेरठ के डी.आई.जी. रेंज और आई.जी. ज़ोन को, इस भयानक रात जो कुछ घटा था उसे, अलग ले जाकर बता सकूँ पर मुझे इसका मौक़ा ही नहीं मिला। सबसे पहले तो अपनी वर्दी-पेटी दुरुस्त करते हुए पुलिस महानिदेशक का प्रवेश उस कमरे में हुआ और फिर लगभग उसी के साथ-साथ ही मुख्यमंत्री के शयन कक्ष का दरवाज़ा खुला और वे भी अन्दर आ गए।

मुख्यमंत्री के आते ही वहाँ सन्नाटा छा गया और सभी संवाद प्रारंभ होने की प्रतीक्षा करने लगे। वीर बहादुर सिंह आमतौर से कम बोलते थे और मेरा अपना अनुभव यह कहता था कि उनका हर शब्द कोई न कोई अर्थ लिए हुए होता था। अक्सर यह होता था कि वे दो-एक छोटे बड़े वाक्य बोल कर सामने वाले को बोलने का मौक़ा देते थे। आज भी मेरी तरह दूसरे अधिकारी यह प्रतीक्षा कर रहे थे कि वे कोई सवाल पूछेंगे और उसके जवाब में वे उन्हें अपनी रिपोर्ट प्रस्तुत करेंगे। स्वाभाविक था कि आज उनसे मेरठ के ताज़ातरीन हालातों के बारे में सवाल पूछने की अपेक्षा की जा रही थी और मेरठ के अधिकारी अपने को उत्तर के लिए तैयार कर रहे थे। पर आज तो एक असहज सन्नाटा पसरा हुआ था। सहसा मुख्यमंत्री ने अपना रास्ते वाला सवाल एक बार फिर दोहराया...क्यों मारा पी.ए.सी. ने? एक तो यह छोटा-सा प्रश्न उन्होंने अपने ख़ास अन्दाज़ में त्वरित ढंग से पूछा था, और दूसरे कमरे में उपस्थित लोगों में उनके अलावा सिर्फ़ नसीम जैदी और मैं ही इस प्रश्न से जुड़े प्रसंग से वाक़िफ़ थे, अत: स्वाभाविक था कि मेरठ के अधिकारियों ने परेशान हाल एक-दूसरे की तरफ़ देखा और किसी ने कुछ नहीं कहा। मुख्यमंत्री की निगाह मेरे चेहरे पर टिक गई और वही सवाल उन्होंने मुझे देखते हुए एक बार फिर पूछा। मैं समझ गया कि वे चाहते हैं कि मैं कमरे में मौजूद अधिकारियों को उस घटना की विस्तार से जानकारी दूँ जिसने उन्हें व्यथित कर रखा था। कमरे में मौजूद

सभी की निगाहें मेरे चेहरे पर टिक गईं और मैंने भरसक अपनी आवाज़ को सहज बनाए रखते हुए संक्षेप में घटनाक्रम का विवरण देना शुरू किया। मेरे द्वारा बोले गए एक-एक वाक्य से कमरे का वातावरण बोझिल और अधिक ख़ामोश होता चला गया। चार-पाँच मिनट बाद ही जब मैंने अपनी बात समाप्त की तो मुझे ऐसा लगा कि जैसे एक युग बीत चुका है और उस बड़े कमरे का सन्नाटा इतना गहरा हो गया था कि आप साँसों की आवाज़ें भी स्पष्ट सुन सकते थे। सभी ख़ामोश थे और मुख्यमंत्री की प्रतिक्रिया की प्रतीक्षा कर रहे थे। मंजे हुए राजनीतिज्ञ वीर बहादुर सिंह अपने स्वभाव के अनुसार चुप थे और दूसरों को बोलते हुए सुनना चाहते थे। उन्होंने फिर वही छोटा सवाल दागा...'पी.ए.सी. ने मारा क्यों?' और ख़ामोश हो गए।

इसके बाद उस कमरे में अगले दो-तीन घंटों के दौरान जो कुछ हुआ वो किसी दुखांत नाटिका से कम नहीं था। भारतीय नौकरशाही की परम्परा के अनुसार चाटुकारिता, अवसरवादिता और अपनी चमड़ी बचाते हुए दूसरों पर ज़िम्मेदारियाँ डालने का एक दिलचस्प सिलसिला आरंभ हुआ, जिसमें छोटे-छोटे वाक्यों के साथ मुख्यमंत्री उपस्थित थे और उन वाक्यों के निहितार्थ पकड़ कर लम्बी दलीलों के साथ नौकरशाह थे, जो लगातार अपने लम्बे-छोटे वाक्यों का असर कनखियों से मुख्यमंत्री के चेहरे पर भांपने में मशगूल थे। एक बात सबकी समझ में आ गई थी कि जो कुछ हुआ है वह राजनैतिक रूप से मुख्यमंत्री के लिए नुकसानदेह होने जा रहा था और इस मुसीबत से मुख्यमंत्री को बचाना उनका परम कर्तव्य था।

पच्चीस साल से अधिक हो गए हैं इस वार्तालाप को, अत: यह अपेक्षा करना तो अनुचित होगा कि मैं शब्दश: वहाँ हुए विचार-विमर्श को यहाँ प्रस्तुत कर सकूँगा। पर उस कमरे में चल रही बातचीत की केन्द्रीय चिन्ता मुझे अब तक याद है। सबसे पहले जो सवाल पूछे गए उनका आशय यह था कि मैं कैसे विश्वास के साथ कह सकता हूँ कि जिन्होंने इस घटना को अंजाम दिया वे पी.ए.सी. कर्मी ही थे?...बाबूदीन की बात पर कैसे यक़ीन किया जा सकता है?...क्या वह पुलिस और फ़ौज का फ़र्क़ समझता है?...अगर हाशिमपुरा से इतनी बड़ी संख्या में लोग उठाए गए थे तो आठ-दस घंटे हो जाने के बाद भी अभी तक वहाँ से कोई शिकायत दर्ज कराने क्यों नहीं आया? मेरे यह कहने पर कि इस घटना में पी.ए.सी. की भागीदारी में शक की कोई गुंजाइश

नहीं है, क्योंकि ख़ुद थानाध्यक्ष लिंक रोड वी.बी. सिंह ने पी.ए.सी. की ट्रक को घटना-स्थल से भागते हुए देखा था तथा मैंने और ज़िला मजिस्ट्रेट ने भी पी.ए.सी. की इकतालीसवीं बटालियन के कैंपस में जाकर पर्याप्त साक्ष्य पाए थे, जिससे उनकी इस घटना में संलिप्तता निर्विवाद रूप से सिद्ध होती है। सवाल पूछने वाला पैतरा बदल देता और कोई दूसरा सवाल दाग देता पर मैं बिना धैर्य खोए जवाब देता रहा।

यह पाकर कि पी.ए.सी. के रोल को लेकर मेरे मन में कोई संशय नहीं है, किसी ने मुझसे पूछा कि अब क्या किया जाना चाहिए? मेरा उत्तर बड़ा सपाट था कि इकतालीसवीं बटालियन की जो ट्रक इस घटना में शरीक थी उस पर सवार लोग उसके बटालियन में धुलने के बाद मेरठ वापस भागे थे। यदि हम चाहें तो अभी भी उन लोगों को ट्रक के साथ पकड़ सकते हैं, क्योंकि वे कुछ ही देर पहले अपने कैंपिंग एरिया में पहुँचे होंगे और उन्हें इस बात का बहुत कम अन्देशा होगा कि इतनी जल्दी उन्हें पकड़ने का प्रयास हो सकता है।

स्वाभाविक था कि मेरे इस सुझाव पर कमरे में सन्नाटा खिंच गया। कोई भी जोखिम उठाने के लिए तैयार नहीं था। शहर में तीस के लगभग पी.ए.सी. की कम्पनियाँ तैनात थीं, और कमरे में उपस्थित ज़्यादातर लोगों के ज़ेहन में 1973 के पी.ए.सी. विद्रोह की स्मृतियाँ मौजूद थीं।[1] पी.ए.सी. कर्मियों के कैंप पर छापा मारने और उनकी गिरफ़्तारी के प्रयास पर शहर में मौजूद दूसरे पी.ए.सी. कर्मियों पर क्या प्रतिक्रिया होगी, इसके बारे में कोई भी आश्वस्त नहीं था। पता नहीं यह पी.ए.सी. कर्मियों की प्रतिकूल प्रतिक्रिया की आशंका थी, अथवा उनके मन में दबी-ढकी यह भावना कि मुसलमानों को ऐसा सबक़ सिखाया ही जाना चाहिए, किसी ने भी मेरे प्रस्ताव का समर्थन नहीं किया और सभी अपनी छोटी-बड़ी टिप्पणियों से मुख्यमंत्री को पी.ए.सी. की संभावित प्रतिकूल प्रतिक्रिया से डराते रहे। स्वाभाविक था कि राजनीति के ज़मीनी यथार्थ से जुड़े वीर बहादुर सिंह को यह आसानी

1. 1973 में भारत के कई केन्द्रीय और राज्य पुलिस बलों ने बग़ावत की थी। बग़ावत के पीछे प्रमुख माँगों में से एक यूनियन बनाने के अधिकार से सम्बन्धित थी। पी.ए.सी. विद्रोह को कुचलने के लिए सेना बुलानी पड़ी और इस प्रक्रिया में दोनों तरफ़ के काफ़ी लोग मारे गए और घायल हुए। बड़ी संख्या में पी.ए.सी. कर्मी बरख़ास्त किए गए और उन पर मुक़दमे चलाए गए।

से समझ में आ गया कि ऐसे समय में जब प्रदेश साम्प्रदायिक दावानल में झुलस रहा है, पी.ए.सी. विद्रोह जैसी स्थिति उनकी अन्तिम कामना होगी। मैंने साहस कर मुख्यमंत्री से यह निवेदन किया कि मेरठ एक बड़ी छावनी है और हमें ज़रूरत पड़ने पर फ़ौज को भी मदद के लिए बुलाने से नहीं हिचकना चाहिए, पर मैंने पाया कि मुख्यमंत्री के भावशून्य चेहरे ने मेरे इस सुझाव को कोई तवज्जो नहीं दी।

शीघ्र ही उस बड़े कमरे में छोटे-छोटे समूह बन गए और उन्होंने सम्भावनाओं पर बातें करनी शुरू कर दीं। नौकरशाही के आंतरिक गुणों के अनुकूल ही वहाँ मौजूद अधिकारियों में सबकी चिन्ता के केंद्र में एक ही विषय था कि कैसे संकट से मुक्ति पाई जाए। बार-बार इन समूहों के भागीदारों में से किसी एक की आँख या हाथ का इशारा मिलता और मुझे उनके विमर्श का हिस्सा बनने का मौक़ा मिलता। मैं जितना कुछ नौकरशाही के चरित्र को जानता था, उससे मुझे ज़रा भी आश्चर्य नहीं हो रहा था कि वहाँ मौजूद किसी भी व्यक्ति को आज़ादी के बाद की सबसे बड़ी कस्टोडियल किलिंग में किसी भी संवैधानिक, क़ानूनी या नैतिक ज़िम्मेदारी का एहसास नहीं हो रहा था और कोई भी मुख्यमंत्री की आँख में आँख डालकर यह कहने का साहस नहीं कर पा रहा था कि यदि कोई पलटन ग़ैरक़ानूनी काम करने से रोकने पर बग़ावत को उतारू हो तो उसे सख़्ती से कुचल दिया जाना चाहिए। छोटे-छोटे समूहों में जिन सम्भावनाओं पर विचार हो रहा था, वे सिर्फ़ इसी चिन्ता के इर्द-गिर्द घूम रही थीं कि कैसे अगले दिन सूरज निकलने के बाद दुनिया को इस जघन्य हत्याकांड की जानकारी न मिल सके। मैं स्पष्ट रूप से तो नहीं याद कर पा रहा हूँ कि किस समूह में कौन-कौन से अधिकारी थे अथवा कौन-सा सुझाव किस व्यक्ति द्वारा दिया गया, किन्तु मुझे सुझावों की मंशा अभी तक याद है। मसलन, कई बार घुमा-फिराकर और कई बार बहुत स्पष्ट शब्दों में यह कहा गया कि शव नहर में बह सकते हैं। मेरठ के ही मलियाना नामक मोहल्ले में यह हुआ भी कि वहाँ मारे गए ज़्यादातर मुसलमानों के शव गंग नहर में बहा दिए गए। एक दुस्साहसिक सुझाव यह भी था कि जैसे इतने लोग मरे हैं, वैसे ही पुलिस की संरक्षा में मौजूद तीनों लोग भी मर सकते हैं। इस सुझाव में अन्तर्निहित था कि इन तीनों को भी मार कर नहर में बहा दिया जाए। वहाँ उपस्थित मेरे और ज़िला मजिस्ट्रेट नसीम जैदी सहित किसी को यह नहीं

पता था कि तीन बचे जीवित लोगों के अतिरिक्त कुछ और लोग भी हैं, जो पी.ए.सी. के चंगुल से बच निकले हैं और उनमें से एक ज़ुल्फ़िकार नासिर तो अगले कुछ घंटों में ही अख़बार वालों के सामने पेश भी किया जाने वाला है। आज जब पीछे मुड़ कर देखता हूँ, तो लगता है कि इस भयानक सुझाव को न मान कर हमने कितनी बड़ी जलालत से अपने को बचा लिया था। समय बीतता जा रहा था और सूर्योदय होने वाला था। मैंने और नसीम जैदी ने इस गहमागहमी के दौरान एक कोने में जाकर आपस में बातचीत की और दोनों की राय यही बनी कि हम अधिक देर नहीं कर सकते। दिन निकलते ही ग़ाज़ियाबाद में बीती रात की लोमहर्षक घटना आम हो जाएगी और ख़ासतौर से शवों के मार्चुरी पहुँचने पर ग़ाज़ियाबाद की बड़ी मुस्लिम जनसंख्या को अनियंत्रित होने से रोकना मुश्किल हो जाएगा। मेरठ की ख़बरें मिर्च-मसाला लगाकर दोनों समुदायों के बीच पहुँच रही थीं और हमारा हर पिछला दिन किसी न किसी अनिष्ट की आशंका में बीता था। ऐसे में अगर हम मेरठ में ही फंसे रहे तो ग़ाज़ियाबाद को बचाना ज़्यादा मुश्किल होता जाएगा। पर यह बात मुख्यमंत्री तक कैसे पहुँचाई जाए?

मैंने एक छोटे से समूह में खड़े मेरठ के आई.जी. जोन एस. के. मुखर्जी को आँखों से इशारा किया और वे मेरा इशारा समझ कर एक कोने में चले आए। मेरठ के पुलिस अधिकारियों में मैं उन्हें काफ़ी संवेदनशील मानता था और उनके सामने अपने मन की बात रखने में कभी भी संकोच नहीं करता था। मैंने उन्हें जो कुछ बताया उसका आशय यह था कि न तो लाशें नहर में बहाई जा सकती हैं और न ही पुलिस की संरक्षा में मौजूद किसी को मारा जा सकता है। इन सब कामों के लिए सरकार को ग़ाज़ियाबाद में नया पुलिस अधीक्षक नियुक्त करना पड़ेगा। मैंने उनसे एक झूठ ज़रूर बोला कि थाना लिंक रोड पर मौजूद एडिशनल एस.पी. कमलेन्द्र प्रसाद ने इस मामले में बाबूदीन की एफ.आई.आर. भी दर्ज करा दी है। हालाँकि तब तक मुझे कमलेन्द्र प्रसाद से इस बारे में कोई सूचना नहीं मिली थी। मैंने यह भी स्पष्ट कर दिया कि अब ग़ाज़ियाबाद के ज़िला मजिस्ट्रेट और पुलिस अधीक्षक को अधिक देर तक मेरठ में रोकने के फलस्वरूप ग़ाज़ियाबाद जल सकता है। मैं उनके चेहरे को ध्यान से देख रहा था और मेरी समझ में आ गया कि वे काफ़ी हद तक मेरी बात से सहमत थे। मुझे छोड़ कर वे सीधे मुख्यमंत्री की तरफ़ गए

जो तब तक अपने शयन कक्ष में जा चुके थे। आई.जी. जोन बन्द दरवाज़ा खोलते हुए उनके शयन कक्ष में घुसे और जैसा मैं अपेक्षा कर रहा था थोड़ी ही देर में वहाँ से मुझे बुलावा आ गया। मैं और ज़िला मजिस्ट्रेट लपकते हुए शयन कक्ष में घुस गए जहाँ तीन-चार लोग कुर्सियों पर बैठे या खड़े बिस्तर पर अधलेटे मुख्यमंत्री से बात कर रहे थे। कमरे का माहौल तनावग्रस्त ज़रूर था, किन्तु मुख्यमंत्री का बोलना शुरू करते ही मुझे यह समझ में आ गया कि आई.जी. जोन ने मेरी बात अच्छी तरह से उन्हें समझा दी है और वे भी यह मान चुके हैं कि इस पूरे मामले में हमारे पास कार्यवाही करने के सिवाय और कोई विकल्प नहीं है। अपने ख़ास अन्दाज़ में वीर बहादुर सिंह ने जो कुछ कहा उसका आशय सिर्फ़ यह था कि हमें फ़ौरन ग़ाज़ियाबाद रवाना हो जाना चाहिए और वहाँ जो भी कार्यवाही ज़रूरी है उसे अविलम्ब पूरा करना चाहिए। अन्त में था यह स्पष्ट आदेश कि वे ग़ाज़ियाबाद की शान्ति भंग होना सहन नहीं करेंगे। मैं भी तो यही चाहता था।

कमरे से बाहर निकल कर सबसे पहले मैंने डी.आई.जी. नत्थूलाल को एक किनारे ले जाकर मुख्यमंत्री के साथ हुई संक्षिप्त बातचीत से अवगत कराया, उन्होंने भी मुझे कुछ ज़रूरी परामर्श और निर्देश दिए और ग़ाज़ियाबाद रवाना होने के लिए कहा। तभी अन्दर से सन्देश आया कि मुख्यमंत्री ने ज़िला मजिस्ट्रेट को कुछ देर और रुकने के लिए कहा है, अत: उन्हें वहीं छोड़ कर मैं बाहर निकल आया। बाहर सूरज निकल चुका था और अभी तक उसकी किरणों में मई की तल्ख़ी नहीं आई थी। मेरठ के लम्बे-चौड़े सर्किट हाउस का परिसर पुराने और घने दरख़्तों से भरा हुआ था और मन्द-मन्द बहने वाली शीतल बयार में रात का तनाव और उमस ग़ायब थी। मैंने बाहर पोर्टिको में चन्द मिनट ही इंतज़ार किया होगा कि मेरे ड्राइवर ने कार लाकर वहाँ लगा दी। समय गंवाने का कोई मतलब नहीं था, मैं कार में बैठा तथा ग़ाज़ियाबाद के लिए रवाना हो गया। कार के चलते ही सबसे पहले मैंने वायरलेस से थाना लिंक रोड और मुरादनगर से बात की और यह स्पष्ट हो गया कि दोनों थानों पर सम्बन्धित मुक़दमे क़ायम हो गए हैं। मैंने पिछली सीट पर अपना सर टिका लिया और चुपचाप आँखें बन्द कर पिछली रात के तनाव और नींद के अभाव से मुक्ति पाने का प्रयास करने लगा। कार तेज़ी के साथ मेरठ से ग़ाज़ियाबाद की सड़क पर दौड़ने लगी।

दर्द से सर फटा जा रहा था, पर आराम करने का वक़्त नहीं था। रास्ते में ही मुझे वायरलेस से सूचना मिल गई थी कि दोनों घटनास्थलों से शव पोस्टमार्टम के लिए मार्चुरी रवाना होने लगे थे। शहर के नज़दीक आने पर मैंने ड्राइवर से सीधे मार्चुरी चलने के लिए कहा। हिंडन नदी के तट पर स्थित मार्चुरी पर अभी तक पहला शव नहीं पहुँचा था। स्थानीय थाने की एक छोटी-सी टुकड़ी वहाँ पहुँच चुकी थी। आस-पास खड़े लोगों के भिंचे चेहरों पर तनाव और तकलीफ़ साफ़-साफ़ पढ़ी जा सकती थी। आज तो हिंडन नदी के तट तक आबादी है, पर उन दिनों मेरठ तिराहे के बाद नदी तक कोई आबादी नहीं थी और नदी के दूसरे तट पर भी मोहन मीकिंस फ़ैक्टरी तक इमारतें भी नहीं थीं।

मार्चुरी, उत्तर प्रदेश के अन्य ज़िला मुख्यालयों की ही तरह यहाँ भी दो-ढाई कमरों और एक बरामदे की बदरंग ख़स्ताहाल इमारत थी, जिसके इर्द-गिर्द बढ़ी हुई झाड़-झंखाड़ और कूड़े-कचरे के ढेर के बीच छोटे-छोटे समूहों में लोग खड़े थे। देख कर साफ़ समझ में आ रहा था कि नहरों के किनारे लाशों के मिलने की ख़बर शहर के मुस्लिम इलाक़ों में पहुँच चुकी थी और दुखी तथा उत्तेजित मुसलमान सच्चाई जानने की गरज से वहाँ आने लगे थे। मेरी गाड़ी रुकते ही कुछ लोग उधर को लपके। वहाँ मौजूद पुलिस वालों ने उन्हें नियंत्रित किया। वे जानना चाहते थे कि हुआ क्या है और मेरे पास बताने के लिए कुछ नहीं था। जो कुछ हुआ था वह इतना भयानक था और मेरे पास अभी भी सारी सूचनाएँ नहीं थीं, इसलिए कुछ भी बोलना ख़तरनाक था। मैं जनता से बचता रहा और वहाँ मौजूद पुलिस कर्मियों को आवश्यक निर्देश देता हुआ पुलिस अधीक्षक निवास रवाना हो गया।

नींद और थकान का मारा शरीर आराम मांग रहा था, पर मैं जानता था कि अभी उसका वक़्त नहीं आया था। मैंने वायरलेस ऑपरेटर से ज़िले के संवेदनशील थानों के थानाध्यक्षों को बंगले पर एक घंटे बाद पहुँचने का सन्देश प्रसारित करने का आदेश दिया और ख़ुद एडिशनल एस.पी. से टेलीफ़ोन पर बातचीत में जुट गया। उन्हें लोकल इंटेलिजेंस अधिकारियों और पुलिस उपाधीक्षकों को लेकर आने के लिए कह कर मैं गुसलखाने में घुस गया। अगले डेढ़-दो घंटे हमने मगजमारी की और ज़िले में उपलब्ध फ़ोर्स को संवेदनशील स्थानों पर नियुक्त करने की योजना बनाकर और एक बार शहर की स्थिति का जायजा लेकर ही उठे। मैं देख रहा था की किसी को भी पिछली रात पूरी नींद नहीं मिली

थी और हर किसी की आँख बीच-बीच में मुंद जाती पर कोई चारा नहीं था। सब कुछ निपटा कर मुझे लगा कि थोड़ी पेट पूजा करके मुझे भी एक नींद ले लेनी चाहिए। अब शरीर और मस्तिष्क दोनों साथ देने से इनकार कर रहे थे।

देर शाम तक मैं सोता रहा और जब उठा तो बाहर आक्रामक अँधेरा पसरा हुआ था। अगले कुछ घंटों तक मैं शहर की हालत की जानकारी लेता रहा। यह ज़रूर समझ में आया कि जो मुक़दमे लिंक रोड और मुरादनगर थानों पर दर्ज हुए थे उन पर ध्यान देने का वक़्त किसी के पास नहीं था, जब-जब मैंने दोनों थानाध्यक्षों से बात की, मुझे यही पता चला कि वे और उनके थानों की पूरी फ़ोर्स शवों के पोस्टमार्टम, उन्हें दफ़नाने और अपने-अपने इलाक़ों में शान्ति व्यवस्था क़ायम करने जैसे कामों में व्यस्त थी। यह सही भी था इसलिए मैंने उन्हें छेड़ा नहीं।

कुछ रोशनी बाक़ी तो है हरचन्द कम है

अगला दिन यानी 24 मई, 1987। दोपहर का एक बजा होगा, मैं अपने दफ़्तर में बैठकर अपर पुलिस अधीक्षक कमलेन्द्र प्रसाद तथा लोकल इंटेलिजेंस यूनिट और स्पेशल ब्रांच के अधिकारियों से हाशिमपुरा घटना के ग़ाज़ियाबाद पर पड़ने वाले प्रभावों के बारे में विचार-विमर्श कर रहा था, तभी ज़िला मजिस्ट्रेट नसीम जैदी का फ़ोन आया कि मुख्यमंत्री वीर बहादुर सिंह मेरठ से ग़ाज़ियाबाद पहुँच रहे हैं। वे मेरठ में ही रुके थे और वहीं से आ रहे थे। जब हमें यह इत्तला दी गई, उनका हेलिकॉप्टर उड़ने ही वाला था। मेरठ पुलिस की तरफ़ से सूचना आई कि उनके साथ पुलिस महानिदेशक दया शंकर भटनागर भी आएँगे। हमारे पास समय बहुत कम था और हम तेज़ी के साथ पुलिस लाइंस स्थित हेलीपैड की तरफ़ भागे। लगभग अड़तालीस घंटे हो गए थे और हममें से कोई पूरी नींद नहीं सोया था। मुरादनगर और मकनपुर से पहुँचे शवों के पोस्टमार्टम हो चुके थे और पिछली रात उन्हें दफ़्न भी किया जा चुका था। ग़ाज़ियाबाद यद्यपि मेरठ जैसा संवेदनशील नहीं था और न ही यहाँ मेरठ की तरह नियमित होने वाले साम्प्रदायिक दंगों का कोई इतिहास था, पर फिर भी पिछले दो दिनों से शहर की फिजां में जो बदलाव आ रहा था उसे हम सभी जानते थे। ग़ाज़ियाबाद कभी भी मेरठ के रास्ते जा सकता था। जबसे मेरठ में दंगे शुरू हुए थे, ग़ाज़ियाबाद अफ़वाहों में झूम रहा था और हमारे लिए उसे शान्त रखना एक बड़े इम्तहान की तरह था। कोढ़ में खाज यह थी कि हमारे अपने पुलिस बल का काफ़ी बड़ा हिस्सा मेरठ जा चुका था, बाहर से कोई अतिरिक्त फ़ोर्स मिलना तो दूर, अपने पुलिस बल को मेरठ से वापस बुला पाने

की भी कोई सम्भावना नहीं थी। मैंने 22/23 तारीख़ की रात मेरठ सर्किट हाउस में मौजूद पुलिस महानिदेशक दया शंकर भटनागर को यह बात बताई भी थी, पर उनकी झिड़की खाकर चुप रह गया था। मुझे पता था कि इस समय सबका ध्यान मेरठ पर है और वहाँ से निकाल कर एक भी आदमी ग़ाज़ियाबाद भेजने के लिए कोई तैयार नहीं होगा। हमें ग़ाज़ियाबाद अपने सीमित संसाधनों से ही बचाना था। दफ़्तर से निकलते-निकलते मैंने अपने पेशकार को आदेश दिया कि वह हाशिमपुरा कांड के विवेचक लिंक रोड और मुरादनगर के थानाध्यक्षों को भी पुलिस लाइन पहुँचने के लिए कहे। मुझे उम्मीद थी कि मुख्यमंत्री वीर बहादुर सिंह दोनों थानों पर दर्ज मुक़दमों की तफ़तीश की प्रगति के बारे में भी जानना चाहेंगे। हालाँकि मुझे पता था कि 36 घंटे पहले दर्ज इन मुक़दमों की विवेचना में अभी तक कुछ ख़ास नहीं हुआ था। दोनों थानाध्यक्ष एफ.आई. आर. दर्ज होने के बाद से शवों को नहर से निकालने, उनका पंचनामा कराने, उन्हें पोस्टमार्टम के लिए मार्चुरी ले जाने और पोस्टमार्टम के बाद दफ़नाने और इन सबके साथ-साथ अपने-अपने इलाक़ों में शान्ति व्यवस्था बनाए रखने के काम में इतने मशगूल रहे थे कि उन्होंने तफ़तीश में कुछ ख़ास किया होगा, इसकी उम्मीद मुझे नहीं थी। हर दो-तीन घंटे बाद मेरी उनसे बातचीत होती रही थी और मुझे पता था कि इस समय तफ़तीश में दत्त-चित्त होने से ज़्यादा ज़रूरी शान्ति-व्यवस्था बनाए रखना था, इसलिए मैंने भी उनसे इस बारे में ज़्यादा पूछताछ नहीं की थी। मैंने उन्हें सिर्फ़ इसलिए पुलिस लाइन पहुँचने का आदेश दिया कि यदि मुख्यमंत्री दोनों घटनाओं के बारे में कुछ ऐसी जानकारी माँगें जो मेरे पास न हो तो मैं उनकी मदद ले सकूँ।

ग़ाज़ियाबाद पुलिस लाइन अभी बन ही रही थी। कई इमारतों पर निर्माण कार्य चल रहा था और सड़कों के किनारे लगाए गए वृक्ष अपने जीवन की शैशवावस्था में थे। परेड ग्राउंड एक समतल मैदान की तरह फैला हुआ था और आज जहाँ स्टेडियम दिखाई देता है वहाँ सिर्फ़ कुछ सीढ़ियाँ थीं, जिन पर सेरेमोनियल परेड या किसी अन्य कार्यक्रम के दौरान शामियाना लगा दिया जाता था। उसी मैदान में हम दस-बारह लोग खड़े होकर आकाश की ओर टकटकी लगाए देख रहे थे। अचानक दूर फड़फड़ाते डैनों के साथ एक चील दिखाई दी। शुरू में स्थिर सी लगती आकृति अचानक तेज़ रफ़्तार से हमारी तरफ़ झपटी। मैदान के किनारे खड़े जवानों ने स्मोक कैंडल जला दी। धुआँ ऊपर को उठा

ही था कि हेलिकॉप्टर हमारे सर पर मंडराने लगा। वह तेज़ आवाज़ करता हुआ और धूल तथा हवा के वेग से हमें झकझोरता हेलीपैड पर वृत्त के अन्दर लिखे एच शब्द पर उतर कर अपने पहियों पर खड़ा हो गया। जब उसके डैने पूरी तरह स्थिर हो गए, ज़िला मजिस्ट्रेट नसीम जैदी के साथ मैं आगंतुक का स्वागत करने के लिए आगे बढ़ा। हेलिकॉप्टर से पहले एक टेक्निशियन बाहर निकला और उसने पायलेट के बाईं तरफ़ अगली सीट का दरवाज़ा खींचकर खोल दिया। सबसे पहले मुख्यमंत्री वीर बहादुर सिंह बाहर निकले, फिर पिछली सीट से पुलिस महानिदेशक दया शंकर भटनागर और एक अन्य अधिकारी उतरे जिनका नाम मैं बहुत कोशिश करने पर भी याद नहीं कर पा रहा हूँ। मुख्यमंत्री और उनके साथ आए लोगों के चेहरे पर तनाव की रेखाएँ बड़ी स्पष्ट दिखाई दे रही थीं। मुख्यमंत्री ने हमारे अभिवादनों का जवाब दिया और प्रतीक्षा में खड़ी अपनी कार की तरफ़ बढ़े। अचानक वे ठिठके, वहाँ खड़े दूसरे अधिकारियों की भीड़ में से प्रतिसार निरीक्षक बृज राज सिंह सिसौदिया को इशारा किया एवं क़रीब आने पर उसके कंधे पर हाथ रखा और उसे एक तरफ़ ले गए। प्रतिसार निरीक्षक या रिजर्व इंस्पेक्टर पुलिस लाइन का इंचार्ज होता है।

जो लोग उत्तर प्रदेश में जाति का यथार्थ जानते हैं, उन्हें यह जानकर कोई आश्चर्य नहीं होगा कि मुख्यमंत्री ने तमाम वरिष्ठ नागरिक एवं पुलिस अधिकारियों को छोड़ कर एक जूनियर अधिकारी से एकांत में जाकर अलग से बात की। सिसौदिया वीर बहादुर सिंह की जाति का था और उनका बहुत नज़दीकी था। मुझे पता था कि मुख्यमंत्री ग़ाज़ियाबाद और आस-पास के इलाक़े की जानकारियाँ हासिल करने के लिए सरकारी चैनलों के अलावा कुछ अनौपचारिक चैनल भी इस्तेमाल करते थे और सिसौदिया उनमें से एक था। सिसौदिया मेरा भी वफ़ादार था और उसके ज़रिए कई बार मुख्यमंत्री के मन में क्या कुछ पक रहा है, इसकी जानकारी मुझे मिलती रहती थी। मेरठ के दंगों के दौरान अक्सर मुख्यमंत्री दिल्ली या मेरठ में आकर पड़े रहते थे और सिसौदिया उनसे मिलने जाया करता था। लौटकर मुझे उसके मुँह से बहुत सी ऐसी जानकारियाँ हासिल होती थीं, जिनके बारे में आधिकारिक दस्तावेज़ों में कोई उल्लेख नहीं होता था।

अचानक मुख्यमंत्री बातचीत ख़त्म करके मुड़े और अपनी कार की तरफ़ बढ़े। सिसौदिया मेरी तरफ़ दौड़ता हुआ आया और उससे मुझे मालूम हुआ

कि मुख्यमंत्री पुलिस लाइन के अर्दली रूम में जाएँगे। अर्दली रूम थोड़ी ही दूर पर था और मैंने सिसौदिया को भाग कर वहाँ पहुँचने का आदेश दिया। हम सबको लिए-दिए गाड़ियों का क़ाफ़िला एक घुमावदार सड़क से जब तक वहाँ पहुँचा, सिसौदिया और उसके कुछ सहकर्मी मैदान से दौड़ते हुए एक छोटे रास्ते से होकर मुख्यमंत्री का स्वागत करने के लिए वहाँ पहुँच चुके थे। अर्दली रूम दरअसल पुलिस लाइन के प्रभारी प्रतिसार निरीक्षक या रिजर्व इंस्पेक्टर का दफ़्तर होता है, जहाँ अँग्रेज़ों के समय से चली आ रही प्रथा के अनुसार हरे मेज़पोश वाली मेज़ के पीछे बैठकर पुलिस के वरिष्ठ अधिकारी जवानों को उनकी छोटी-मोटी ग़लतियों के लिए लघु दंड देते हैं। उस अपराह्न दो घंटे से अधिक चले विचार-विमर्श के दौरान जिसमें मुख्यमंत्री और उनके साथ आए आला अधिकारियों के अलावा मैं और ज़िला मजिस्ट्रेट नसीम जैदी भी मौजूद थे, काफ़ी कुछ ऐसा घटा जिसकी वजह से मुझे लगने लगा कि यदि मैंने गोपनीयता की बर्तानवी चादर अपने सर से नहीं उतार फेंकी तो हाशिमपुरा किसी अंधी सुरंग में समा जाएगा और देश में आज़ादी के बाद की सबसे बड़ी कस्टोडियल किलिंग का राज जनता के पास पहुँचने के पहले ही बस्ता ख़ामोशी में दफ़्न हो जाएगा। सबसे ज़्यादा तकलीफ़देह और असंगत बात यह थी कि अर्दली रूम में चल रही बहस तमाम विषयों पर हो रही थी पर उनमें समय रहते दोषी पी.ए.सी. कर्मियों के विरुद्ध तेज़ कार्यवाही करने का ज़िक्र कहीं नहीं था। यह तकलीफ़देह इसलिए था कि हर भागते क्षण के साथ इस जघन्य हत्याकांड के दोषियों को उपलब्ध सबूत मिटाने का समय मिलता जा रहा था और बाद में वे सभी बचे भी इसीलिए कि उन्हें नियंत्रित करने वाली सरकार अपने द्वारा निर्मित काल्पनिक भय के खोल में निष्क्रिय बैठी रही। असंगति यह थी कि यह सब उस कक्ष में हो रहा था जो दोषियों को दंड देने के लिए बना था।

मुझे अब तक याद है कि वीर बहादुर सिंह जैसा ज़मीनी यथार्थ से जुड़ा नेता बड़ी शिद्दत से पूरी बातचीत के दौरान समझने की कोशिश कर रहा था कि पी.ए.सी. इतनी अनुशासनहीन कैसे हो गई थी कि ढेरों निर्दोष लोगों को पकड़ कर ले गई और नृशंसतम तरीक़े से उन्हें मार डाला? पुलिस महानिदेशक दया शंकर भटनागर उन्हें यह समझाने की कोशिश कर रहे थे कि पी.ए.सी. का ज़रूरत से ज़्यादा इस्तेमाल और ट्रेनिंग की पूरी तरह उपेक्षा इस स्थिति

के लिए ज़िम्मेदार है। सभी जानते थे कि दया शंकर भटनागर ने महानिदेशक बनते ही प्रदेश भर में तैनात पी.ए.सी. की तमाम कम्पनियों को ट्रेनिंग के लिए वापस उनकी पलटनों में बुला लिया था। उस समय तक उत्तर प्रदेश पुलिस में उनके विरोधियों और मेरठ की विफलता के ज़िम्मेदार अफ़सरों ने यह कहना भी शुरू कर दिया था कि मेरठ में दंगों के भड़कने और बेक़ाबू होने के पीछे दया शंकर भटनागर का वह आदेश था, जिसके चलते मेरठ में आमतौर से उपलब्ध रहने वाली पी.ए.सी. की ज़्यादातर कम्पनियाँ ट्रेनिंग के लिए अपने-अपने बैरकों में वापस जा चुकी थीं। मैं भांप सकता था कि भटनागर का बार-बार ट्रेनिंग के महत्त्व को रेखांकित करना शायद उस आसन्न संकट से बचने का प्रयास था, जो मेरठ दंगों के समाप्त होने के बाद उनके ऊपर आने वाला था। भटनागर की गिनती कभी भी सफल पेशेवर पुलिस अधिकारियों में नहीं होती थी और वे अपनी बदज़ुबानी, चिड़चिड़ेपन तथा अव्यावहारिक ज़िद के लिए ही अधिक जाने जाते थे। यह बात अलग है कि उनका प्रयास सफल नहीं हुआ और मेरठ के दंगों की गाज उनके ऊपर गिरी और वे जल्द ही हटा दिए गए। कमरे में बैठे अलग-अलग लोग हाशिमपुरा के कारणों पर अपनी-अपनी राय दे रहे थे। मैं आश्चर्यचकित था कि उनमें से कोई भी घटना के मूल कारण में नहीं जा रहा था जो हाशिमपुरा जैसे जघन्य वारदातों के लिए ज़िम्मेदार थे। लगभग हर दंगे में जहाँ पी.ए.सी. का इस्तेमाल किया गया, उसके ऊपर साम्प्रदायिकता के आरोप लगे हैं। कभी भी राजनीति या पुलिस के शीर्ष नेतृत्व ने उन कारणों को समझने की कोशिश नहीं की और न ही गम्भीर और कई बार आपराधिक हदों को पार करने वाली भूलों के लिए पी.ए.सी. के किसी कर्मी को दंडित किया गया। हर साम्प्रदायिक दंगे की जाँच रिपोर्ट लीपा-पोती या खाना-पूरी बन कर रह जाती थी। मज़ेदार बात यह थी कि 1980 में जब विश्वनाथ प्रताप सिंह प्रदेश के मुख्यमंत्री थे, मुरादाबाद के ईदगाह में सूअर घुस जाने के कारण बड़े पैमाने पर दंगे भड़के थे और उसके प्रभाव से प्रदेश के एक दर्जन से ज़्यादा नगर, क़स्बे सुलग उठे थे। उन दंगों में भी पी.ए.सी. पर साम्प्रदायिक दुर्भावना से काम करने के आरोप लगे थे। आरोपों से विचलित विश्वनाथ प्रताप सिंह ने पी.ए.सी. के ढाँचे में बुनियादी परिवर्तन करने का फ़ैसला लिया था। इन परिवर्तनों में से एक पी.ए.सी. की हर बटालियन में पर्याप्त संख्या में अल्पसंख्यकों का प्रतिनिधित्व सुनिश्चित करना

भी था। विशेष सेवा दल के नाम से पी.ए.सी. की कुछ नई पलटनें खड़ी की गईं और यह समझा गया कि विशेष उपकरणों, अल्पसंख्यकों की मौजूदगी और ज़रूरी प्रशिक्षणों से लैस ये बटालियनें साम्प्रदायिक दंगों के दौरान उस तरह के आरोपों का मौक़ा नहीं देंगी जो आज़ादी के बाद के लगभग हर दंगे में उनके ऊपर लगते रहे हैं। यह प्रयोग कितना सफल रहा इसका अन्दाज़ इसी बात से लगाया जा सकता है कि जिस टुकड़ी ने हाशिमपुरा कांड किया, वह इसी योजना के तहत खड़ी की गई इकतालीसवीं बटालियन का अंग थी। सी.एल.वासन नामक एक अधिकारी को इन पलटनों को खड़ा करने का उत्तरदायित्व सौंपा गया था। मैं वासन का मातहत रह चुका था और भर्ती की प्रक्रिया के दौरान उनसे कई बार इस विषय पर बातचीत का मुझे मौक़ा मिला था। मुझे हमेशा यह जानकर दुख होता था कि विशेष सेवा दल के नाम से खड़ी होने वाली इन पलटनों में भी मुसलमानों का प्रतिनिधित्व कमोबेश पी.ए.सी. की अन्य बटालियनों जितना ही था। मुसलमानों की कम भर्ती के लिए वासन के पास भी वही सब कारण थे, जो आमतौर से पुलिस में उनके नगण्य प्रतिनिधित्व के लिए दिए जाते हैं—मसलन, मुसलमान शिक्षा पर ध्यान नहीं देते हैं, वे पुलिस की भर्ती में आते नहीं या कम उम्र में ही उनके बच्चे मोटर मेकेनिक जैसे कामों में लग जाते हैं वगैरह-वगैरह। बेमन से खड़ी की गई विशेष सेवा दल की पलटनें पी.ए.सी. की दूसरी बटालियनों की तरह ही काम करती रही और कालांतर में उत्तर प्रदेश के राजनैतिक नेतृत्व ने विशेष सेवा दल की यह विशिष्ट संज्ञा भी समाप्त कर दी।

मैंने कई लोगों के मुँह से यह सुना है कि आज़ादी के फ़ौरन बाद सरदार पटेल की तरफ़ से कोई ऐसा सरकुलर जारी हुआ था, जिसमें उत्तर प्रदेश पी.ए.सी. में मुसलमानों को न लेने की सलाह दी गई थी। मुझे नहीं पता इसमें कहाँ तक सचाई है। मैंने बहुत कोशिश की पर ऐसा कोई सरकुलर मुझे नहीं मिला और न ही किसी ऐसे अधिकारी से मेरी मुलाक़ात हुई है, जिसने इस सरकुलर को स्वयं पढ़ा हो। ज़्यादा सम्भावना है कि सरदार पटेल ने ऐसा कोई सरकुलर जारी ही न किया हो फिर भी यह भी एक सच है कि पी.ए.सी. में मुसलमानों की संख्या तीन-चार प्रतिशत से अधिक कभी भी नहीं रही। मैंने एक-दो बार कमरे में चल रही बहस में हस्तक्षेप कर इस तथ्य की तरफ़ मुख्यमंत्री का ध्यान खींचने की कोशिश की, पर एक तो वहाँ उपस्थित लोगों

में मैं सबसे जूनियर था और दूसरे इस तर्क में वहाँ मौजूद लोगों में किसी की दिलचस्पी नहीं थी, अत: मेरे पास मूक श्रोता बनकर रहने के अलावा दूसरा कोई विकल्प नहीं था। पर वहाँ उस अपराह्न जो कुछ घट रहा था, उसने अन्दर से मुझे बेचैन ज़रूर कर दिया। वहाँ पहला फ़ैसला यह किया गया कि हाशिमपुरा हत्याकांड के सिलसिले में दोनों एफ.आई.आर. की तफ़तीश सी.आई.डी. से कराई जाए। तफ़तीश पिछले अड़तालीस घंटों से हमारे पास थी और जैसा कि मैं ऊपर लिख चुका हूँ, शवों को निकालने, उनका पोस्टमार्टम कराने, उन्हें दफ़नाने और ग़ाज़ियाबाद में शान्ति व्यवस्था क़ायम रखने के दबाव में अभी तक मैं उधर ध्यान नहीं दे पाया था, लेकिन मुझे पूरी उम्मीद थी कि अगले कुछ दिनों में हम पूरी तरह से तफ़तीश में जुट सकेंगे और हत्यारों और उनसे यह जघन्य वारदात कराने वालों तक पहुँच सकेंगे। पर उस समय बहस करने का समय नहीं था। अर्दली रूम से ही एक रेडियो ग्राम पुलिस महानिदेशक दया शंकर भटनागर की तरफ़ से गृह सचिव माताप्रसाद के लिए भेजा गया, जिसमें मुख्यमंत्री का यह आदेश दर्ज था कि तफ़तीश ग़ाज़ियाबाद पुलिस से लेकर सी.आई.डी. की क्राइम ब्रांच को सौप दी जाए। इसके अलावा भी वहाँ जो बातें हो रही थीं, वे मुख्य रूप से डैमेज कंट्रोल की मुहिम जैसी ही थीं। कुछ घंटों बाद जब मुख्यमंत्री और उनके साथ आए अधिकारियों के समूह को लेकर हेलिकॉप्टर उड़ गया और मैं वापस अपने निवास के लिए चला, तब पिछले कई घंटों की थकान और अनिद्रा का बोझ तो मुझे शारीरिक रूप से तोड़ ही रहा था, एक ख़ास तरह के मानसिक तनाव ने भी मुझे अपने गिरफ़्त में ले लिया था। अर्दली रूम में जो कुछ हुआ था, उससे मुझे कहीं न कहीं यह एहसास हो रहा था कि किसी की दिलचस्पी दोषियों की शिनाख़्त करने और उन्हें दंडित करने में नहीं थी। वीर बहादुर सिंह एक राजनैतिक व्यक्ति थे और वे बख़ूबी जानते थे कि यदि इस मामले को दबाया नहीं गया तो इसके गम्भीर परिणाम होंगे। उनके साथ के सरकारी अमले से भी यह उम्मीद नहीं की जा सकती थी कि मुख्यमंत्री को कोई ऐसी सलाह देंगे जो उन्हें अप्रिय हो। मैंने आज सुबह के अख़बारों को इस उत्सुकता से खोला था कि उनमें हाशिमपुरा की घटना प्रमुखता से होगी, लेकिन ग़ाज़ियाबाद में दो स्थानों पर बड़ी संख्या में शव मिलने या हाशिमपुरा से कुछ लोगों को उठाए जाने या उनके लापता होने का कहीं कोई ज़िक्र नहीं था। मेरठ को लेकर जिस तरह

की रिपोर्टिंग हिन्दी और अँग्रेज़ी के अख़बार कर रहे थे, उसमें यह कोई बहुत आश्चर्यजनक नहीं था, पर फिर भी मुझे लगता था कि दिल्ली की सीमा पर घटी इस घटना पर राजधानी से छपने वाले अख़बारों की नज़र ज़रूर पड़ेगी और कम से कम वे तो इस पर टूट ही पडेंगे। पर ऐसा होता हुआ दिखाई नहीं दे रहा था। कुछ देर पहले अर्दली रूम में जो माहौल था, उससे मुझे यक़ीन होने लगा था कि ताक़तवर लोग इस पर पूरी तरह से पर्दा डालने और यदि यह सम्भव न हो तो इसकी गम्भीरता को कम से कम करने का प्रयास कर रहे थे।

सी.आई.डी. की क्राइम ब्रांच, जिसे आम बोलचाल में सी.बी. सी.आई.डी. कहा जाता है, एक ज़माने में बड़ी पेशेवर संस्था हुआ करती थी और जटिल मामलों की तफ़तीशें उसे सौंपी जाती थीं। एक बार सी.बी. सी.आई.डी. को तफ़तीश मिलने का मतलब था कि ऊँचे से ऊँचे रसूख वाले अपराधियों का बचना भी मुश्किल है। आम तौर से सी.बी. सी.आई.डी. में तैनाती तफ़तीश में माहिर और क़ानून के अच्छे जानकार अधिकारियों की होती थी। लेकिन पिछले कुछ दशकों से सी.बी.सी.आई.डी. ताक़तवर लोगों को बचाने की सबसे बड़ी एजेंसी के रूप में उभरी है। अक्सर विधायकों या सांसदों की मदद लेकर प्रभावशाली अपराधी अपने ख़िलाफ़ दायर मुक़दमों की तफ़तीशें सी.बी. सी.आई.डी. को स्थानांतरित करा देते हैं और एक बार ऐसे मामले, सी.बी. सी.आई.डी. को स्थानांतरित होते ही पुलिस की भाषा में 'बस्ता ख़ामोशी' में गुम हो जाते हैं। पिछले कुछ दशकों में सी.बी. सी.आई.डी. ऐसे अक्षम अधिकारियों की कब्रगाह बन गई है, जिन्हें बतौर सज़ा यहाँ भेजा जाने लगा है। ऐसे में मुझे यह स्वाभाविक चिन्ता हुई कि हाशिमपुरा कांड के तफ़तीश की क्या दुर्दशा होगी? बाद में जिस तरह से तफ़तीश हुई, उससे मेरी आशंका सही भी साबित हुई। तफ़्तीश की गुणवत्ता पर मैं आगे चल कर बात करूँगा।

पुलिस लाइन से अपने घर जाते समय तक मेरे मन में यही उधेड़बुन चलती रही। अगर दोषियों को सज़ा दिलानी है, तो सरकारी मशीनरी को झकझोर कर सक्रिय करना होगा। घर पहुँचकर भी मैं किसी नतीजे पर नहीं पहुँच पा रहा था। एक तरफ़ तो पुलिस जीवन का प्रशिक्षण था, जिसने चीज़ों को छिपाने और आवश्यकता भर उजागर करने की सीख दी थी और इसी के साथ उस जोखिम का एहसास भी था जिसके तहत प्रभावशाली लोगों की इच्छा के ख़िलाफ़ कोई सूचना लीक होने और उन्हें पता चलने पर

आपको उनके कोप का भाजन बनना पड़ सकता है। दूसरी ओर इस नृशंस हत्याकांड ने मुझे अन्दर तक इतना हिला दिया था कि मैं किसी भी क़ीमत पर हत्यारों को दंडित कराना चाहता था और उसके लिए कोई भी जोखिम उठा सकता था। घर पहुँचते-पहुँचते मैं शारीरिक और मानसिक रूप से इस बुरी तरह से थक गया था कि किसी फ़ैसले पर फ़ौरन पहुँचना सम्भव नहीं था। घर में स्थित अपने कार्यालय में बैठकर मैं थोड़ी देर शहर और देहात के थानाध्यक्षों से टेलीफ़ोन और वायरलेस सेट पर हालात की जानकारी लेने का प्रयास करता रहा पर नींद ने मुझे इस क़दर विवश कर दिया कि मुझे पता भी नहीं चला कि कब मैं अपनी कुर्सी से उठा और अन्दर जाकर बिस्तर पर लुढक गया। मैं पता नहीं कितनी देर तक गहरी नींद में सोता रहा और जब जगा बेडरूम की खिड़कियों से अँधेरा अन्दर झाँक रहा था। हड़बड़ा कर मैंने घड़ी देखी, साढ़े सात बज रहे थे।

मैं लगभग दो घंटे बेसुध सोया था। गहरी नींद ने शरीर को हलका कर दिया था। बिस्तर पर लेटे-लेटे मैंने पिछले दो दिनों में घटी घटनाओं को याद करने का प्रयास किया। 22/23 मई की रात मकनपुर में नहर की पटरी पर मृत शरीरों और ज़मीन पर पड़े ख़ून के थक्कों के बीच सँभालकर रखे गए क़दम याद आए, बाबूदीन की दास्तान याद आई और याद आई मुख्यमंत्री वीर बहादुर सिंह के साथ भोर का सूरज उगने तक मेरठ सर्किट हाउस के वी.वी.आई.पी. कक्ष में हुई चर्चा। 23 तारीख़ को दिन भर पागलों की तरह शहर में भागते हुए यह सुनिश्चित करना कि शवों का पोस्टमार्टम हो जाए और उन्हें बिना किसी विघ्न-बाधा के दफ़ना दिया जाए भी याद आया। इन सबके साथ-साथ यह भी देखना था कि अफ़वाहें शहर की फिजां न बिगाड़ पाएँ और ग़ाज़ियाबाद मेरठ के रास्ते पर न चल पड़े। सबसे महत्त्वपूर्ण स्मृतियाँ थीं आज अपराह्न में ग़ाज़ियाबाद पुलिस लाइन में हुए विचार- विमर्श की जिसमें इस घटनाक्रम की तफ़तीश को लेकर दूरगामी निर्णय लिए गए थे। मैं शान्ति के साथ बिस्तर पर पड़े-पड़े सब कुछ सोचता रहा और ठंडे दिमाग़ से उस फ़ैसले पर पहुँचने की कोशिश करता रहा, जिसमें जोखिम ज़रूर थे किन्तु मेरा मन बार-बार कह रहा था कि अगर मैंने जल्दी ही इस बारे में निर्णय नहीं लिया तो आज़ादी के बाद की सबसे बड़ी कस्टोडियल किलिंग पर पर्दा पड़ा रहेगा तथा इस मामले के अपराधी दंड से बच निकलेंगे। गहरी नींद ने मुझे निर्णय पर पहुँचने में मदद

की। मन में चल रही ऊहापोह ख़त्म हो चुकी थी और फ़ैसला लिया जा चुका था। मैं झटके से उठा। अगर इस पूरे मामले को तार्किक परिणति तक पहुँचाना है तो मीडिया को इस पूरे मामले में शामिल करना होगा।

सरकारी नौकरी ख़ास तौर से पुलिस में प्रवेश करते ही जो चीज़ सबसे पहले सिखाई जाती है और जो बाद में धीरे-धीरे आपके व्यक्तित्व का अंग बन जाती है, वह गोपनीयता को लेकर आपकी एक ख़ास तरह की समझ होती है। ऑफिशियल सीक्रेट्स एक्ट या इस तरह के तमाम दूसरे क़ानूनों के मकड़-जाल में लिपटी गोपनीयता की अवधारणा काफ़ी हद तक अमूर्त होती है। मुझे आज तक कोई ऐसा उदाहरण याद नहीं है जिसमें, दूसरे देशों के लिए जासूसी करने के मामलों को छोड़ कर, किसी व्यक्ति को गोपनीयता भंग करने के क़ानून के तहत सज़ा मिली हो। फिर भी एक अदृश्य भय की तलवार हमारे सरों पर लटकती रहती है। आमतौर से सरकारी कर्मचारी पत्रकारों या दूसरों के सामने सच बोलने से झिझकता है। शायद यही कारण है कि नौकरशाही की विश्वसनीयता बहुत कम है। ख़ास तौर से प्राकृतिक आपदा, दुर्घटना या दंगों में जान-माल के नुकसान के उसके आंकड़ों पर शायद ही कोई विश्वास करता हो। हाशिमपुरा के मामले में कुछ-कुछ ऐसा ही हुआ। मैं घंटों इसी ऊहापोह में रहा कि मुझे अपना मुँह खोलना भी चाहिए या नहीं। आज मुझे स्वीकार करने में कोई संकोच नहीं है कि मैं डरा हुआ भी था। किसी भी दूसरे नौकरशाह की तरह मेरे मन में भी डर था कि यह तथ्य उजागर होने पर कि इस जघन्य हत्याकांड की जानकारी मैंने प्रेस को लीक की है, मेरे अपने विभाग में तमाम दुश्मन बन सकते थे और सबसे बढ़कर मुख्यमंत्री वीर बहादुर सिंह यह जानते ही मेरा करियर बरबाद कर देते। पर जो कुछ हुआ था, वह इतना भयानक था कि मेरे लिए चुप रहना भी सम्भव नहीं रह गया था। काफ़ी देर तक स्वयं से संघर्ष करने के बाद मैंने तय किया कि मुझे कुछ न कुछ ऐसा करना है कि मामला बस्ता ख़ामोशी में दफ़्न न होने पाए।

मैं वापस अपने दफ़्तर में बैठा और टेलीफ़ोन का बजर देकर अर्दली से अरुण वर्धन को टेलीफ़ोन मिलाने के लिए कहा। मुझे पता था कि *नवभारत टाइम्स* का सम्पादकीय कार्यालय इस समय गतिविधियों से भरपूर होगा। अरुण वर्धन के रूटीन को जितना मैं जानता था, उसके अनुसार उन्हें इस समय अपनी डेस्क पर किसी न किसी स्टोरी पर काम करते होना चाहिए

था। मेरा अनुमान सही निकला और टेलीफ़ोन का बजर बज उठा। दूसरी तरफ़ अरुण वर्धन थे। अपने स्वर की उत्तेजना दबाते हुए मैं सिर्फ़ इतना कह पाया कि वे फ़ौरन मेरे पास आ जाएँ। मैं उन्हें एक ऐसी ख़बर देने जा रहा था जो उनके करियर में न जाने क्या-क्या जोड़ सकती थी। अरुण वर्धन ने कुछ सिर-पैर जानने की कोशिश की किन्तु मैंने सख़्ती से उन्हें स्पष्ट कर दिया कि टेलीफ़ोन पर कुछ भी बताना सम्भव नहीं है और अगर वे आज ही रात मेरे पास नहीं पहुँचे तो ऐसा कुछ खो देंगे जिसके लिए ज़िन्दगी भर पछताएँगे। अगर उन्हें इस ख़बर में दिलचस्पी नहीं है तो मैं किसी और से सम्पर्क कर लूंगा। इसके बाद कहने के लिए कुछ नहीं था। मुझे पता था कि अरुण वर्धन ज़रूर आएँगे।

अरुण वर्धन को मैं उनके इलाहाबाद के दिनों से जानता था। हिन्दी के महत्त्वपूर्ण कथाकार अमरकांत के पुत्र अरुण वर्धन एक बेचैन आत्मा की तरह थे। जल्दी आपा खो देने वाले और अपने दफ़्तर के सहयोगियों के साथ असहज सम्बन्धों के कारण उन्हें अक्सर अपने वरिष्ठों के सामने ख़ुद को साबित करना होता था। साबित करने की इस प्रक्रिया का एक तरीक़ा कुछ ऐसी ख़बरें लाना था, जिन्हें अख़बारी भाषा में ऐक्सक्लूसिव स्टोरी कहा जाता है और इन्हें हासिल करने वालों के नाम से अख़बार छापते हैं। मैंने अरुण वर्धन को पश्चिमी उत्तर प्रदेश के एक बड़े माफ़िया के बारे में कुछ सूचनाएँ दी थीं और उस पर आधारित स्टोरी से उनका ग्राफ़ अपने दफ़्तर में यकायक काफ़ी ऊपर चला गया था। वे अक्सर मुझसे फ़ोन कर इस तरह की दूसरी ख़बरों का आग्रह करते रहते थे। आज जिस तरह मैंने उनके मन में खलबली पैदा कर दी थी, उससे मुझे पूरा विश्वास था कि वे अगले कुछ घंटे में मेरे पास होंगे और वही हुआ।

दस बजते-बजते अरुण वर्धन पुलिस अधीक्षक निवास पहुँच गए। मैं उन्हीं का इंतज़ार कर रहा था। पता चला कि नौ बजे अपना काम ख़तम कर वे दफ़्तर से सीधे अपने पुराने लैम्ब्रेटा स्कूटर को तेज़ रफ़्तार से दौड़ाते हुए पहुँचे थे। धमाकेदार स्कूप हासिल करने की सम्भावना से उत्पन्न उत्तेजना उनके चेहरे पर साफ़ दिखाई दे रही थी। भोजन करते समय मैंने जो कुछ बताया उससे अरुण वर्धन के चेहरे की रंगत बदलती गई। प्लेट में बेमन से घूमती उनकी उंगलियाँ यह दर्शा रही थीं कि इस समय उन्हें खाना खाने से कहीं ज़्यादा

दिलचस्पी स्कूप हासिल करने में है। हमने जल्दी-जल्दी भोजन निपटाया और ऑफ़िस में बैठ गए। इसके बाद एक लम्बी रात के पाँच-छ: घंटे उस गाथा को टुकड़े-टुकड़े जोड़ने और उन्हें छोटे-बड़े काग़ज़ पर लिखने, फाड़ने और फिर से लिखने में बीते। यह गाथा सिर्फ़ मेरे लिए ही अविश्वसनीय हद तक दुखद नहीं थी, बल्कि अरुण वर्धन को भी यह यक़ीन करने में मुश्किल हो रहा था कि दिल्ली के क़रीब ऐसा कुछ हो सकता है। यदि यह कथा उन्होंने मेरे मुँह से न सुनी होती तो शायद वे इसे कपोल-कल्पित ही समझते। इस ड्राफ़्ट में बहुत सी चीज़ें जोड़ी-घटाई गईं। अन्त में 1400-1500 शब्दों की जो रिपोर्ट बनी उससे मैं सन्तुष्ट था और अरुण वर्धन उत्तेजित।

तीन बजे भोर तक जब हमारी रिपोर्ट तैयार हुई, हम दोनों की आँखें नींद से बोझल थीं और हमारे लिए और अधिक जगना लगभग असम्भव होता जा रहा था। मैंने अरुण वर्धन को गेस्ट रूम में पहुँचा दिया और ख़ुद अपने बेडरूम में चला गया। सुबह जब आठ बजे के क़रीब मैं उठा और गेस्ट रूम में गया तब तक अरुण जा चुके थे। बाहर निकल कर सन्तरी से पूछने पर पता चला कि वे तो सुबह पाँच बजे के आसपास ही जा चुके थे। इसका मतलब था कि स्कूप हासिल करने की बेचैनी ने उन्हें ठीक से सोने नहीं दिया था। पूरी रात जगे आदमी का स्कूटर चलाकर ग़ाज़ियाबाद की सड़कें पार करते हुए दिल्ली शहर के पश्चिमी इलाक़े में अपने घर राजौरी गार्डन जाने की सूचना आशंकाएँ उत्पन्न करती थीं और उन्हीं से चिन्तित होकर मैंने टेलीफ़ोन ऑपरेटर से अरुण के घर फ़ोन मिलाने के लिए कहा। मेरी जान में जान आई जब उधर से उनकी पत्नी ने यह सूचना दी कि वे छ: बजे के क़रीब घर पहुँच चुके थे और अब बेसुध सो रहे हैं। तीसरे पहर अरुण का फ़ोन आया। उन्होंने अपने सम्पादक राजेन्द्र माथुर को रिपोर्ट दिखाई थी और सम्पादक ने रिपोर्ट की ख़ूब तारीफ़ की थी। अरुण की आवाज़ से ख़ुशी झलक रही थी और हमने टेलीफ़ोन पर मज़ाक में पत्रकारिता के उन राष्ट्रीय-अन्तरराष्ट्रीय सम्मानों की चर्चा की जो उन्हें इस रिपोर्ट के छपने के बाद मिल सकते थे। मुझे भी अन्दर से गहरे सन्तोष का अनुभव हुआ कि मैंने एक ऐसा काम कर दिया है, जिससे अब किसी के लिए इस घटना को दबा पाना सम्भव नहीं हो सकेगा। इसके बाद मैं देर रात तक शहर में हाशिमपुरा के बाद की प्रतिक्रियाओं के सम्बन्ध में बन्दोबस्त में उलझा रहा।

रात बारह बजे के क़रीब घर लौटा तो बाहर ही सन्तरी ने बताया कि अरुण का फ़ोन आया था। मैंने फ़ौरन उनसे बात कराने के लिए कहा। थोड़ी देर में टेलीफ़ोन का बजर बजने पर जब मैंने फ़ोन उठाया तब उधर से अरुण की आवाज़ सुनाई दी—एक बार फिर रोमांच और उत्तेजना से भरी हुई। कल उनकी ख़बर *नवभारत टाइम्स* के मुखपृष्ठ पर आ रही थी और वे रातोरात स्टार बनने जा रहे थे। मैंने फिर मज़ाक में दो-तीन बड़े पुरस्कारों का हवाला दिया जो अन्तरराष्ट्रीय स्तर पर मिलते थे और इस ख़बर पर उन्हें मिलने वाले थे। हम दोनों ने हँसते हुए अपनी बात समाप्त की और मैं सोने चला गया। सवेरे उठते ही रोज की तरह मैंने अपना दिन अख़बारों से शुरू किया। बिस्तर के बगल में रखे स्टूल पर एक दर्जन से अधिक अख़बार पड़े थे, मैंने हाथ बढ़ा कर ढेर में से *नवभारत टाइम्स* निकाला। उतावली उत्सुकता से मैंने मुखपृष्ठ खँगाला। पहले बॉटमस्प्रेड देखा जहाँ पर इस ख़बर के होने की सबसे ज़्यादा सम्भावना थी, वहाँ से गुज़रती हुई मेरी निगाहें न सिर्फ़ मुखपृष्ठ के चप्पे-चप्पे पर फिसलीं, बल्कि उन्होंने अख़बार का एक-एक कॉलम छान डाला। कहीं भी हाशिमपुरा का ज़िक्र नहीं था, मुझे निराशा हुई। मैंने टेलीफ़ोन का बजर बजाया और अरुण वर्धन को फ़ोन लगाने के लिए कहा। उनकी आवाज़ में निराशा से अधिक आश्चर्य झलक रहा था। मेरा फ़ोन आने के पहले वे अपने सम्पादक से बात करने की असफल कोशिश कर चुके थे। उन्होंने मुझे आश्वस्त किया कि वे सम्पादक से बात कर स्टोरी न छपने का कारण मुझे बताएँगे। उन्हें आशंका थी कि जगह की कमी के कारण उस दिन ख़बर नहीं छप पाई है, लेकिन उन्हें पूरी उम्मीद थी कि दूसरे दिन ख़बर ज़रूर छपेगी। बहरहाल सब कुछ सम्पादक के हाथ में था और सम्पादक से बात कर ही कुछ भी अन्तिम रूप से कहा जा सकेगा।

अपराह्न चार बजे अरुण वर्धन का फ़ोन आया। उनकी सम्पादक राजेन्द्र माथुर से बात हो गई थी और उन्हें बताया गया था कि सम्पादक ने उनकी रपट किसी दूसरे वरिष्ठ सहयोगी को जाँचने और छपने के बाद उसके पड़ने वाले प्रभावों का आकलन करने के लिए दे दी थी। अरुण को यह आश्वासन दिया गया था कि यह एक औपचारिक प्रक्रिया थी और अख़बार में इस ख़बर के न छपने का तो सवाल ही नहीं उठता। दूसरे दिन भी मैंने उठ कर सबसे पहले *नवभारत टाइम्स* तलाशा और मुझे पहले की तरह ही निराशा हुई। यह

निराशा इसलिए और बढ़ गई थी, क्योंकि मैं सोचता था कि इतनी बड़ी घटना पर बिना मेरे बताए भी दिल्ली के अख़बारों की नज़र पड़ेगी ही और कोई न कोई अख़बार इसे उठाएगा ज़रूर। पर किसी भी अख़बार में ग़ाज़ियाबाद की नहरों में लाशें मिलने का कोई ज़िक्र नहीं था।

मैं अभी सोच ही रहा था कि टेलीफ़ोन का बजर बजा। दूसरी तरफ़ अरुण वर्धन थे। इस बार उनके स्वर में निराशा से अधिक चिन्ता थी। कहीं कोई दफ़्तर की राजनीति तो काम नहीं कर रही? जब से उनकी पश्चिमी उत्तर प्रदेश के माफ़िया वाली ख़बर छपी थी, दफ़्तर में बहुत से सहकर्मी उनसे ईर्ष्या करने लगे थे। उन्हें आशंका थी कि उन्हीं लोगों ने ही कोशिश कर यह ख़बर छपने से रुकवाई होगी। बहरहाल, वे आज दोपहर में सम्पादक से साफ़-साफ़ पूछेंगे कि उनकी स्टोरी छपेगी या नहीं। मैंने हलकी सी धमकी भी दी कि यदि कल भी उनके अख़बार में इस क़त्लेआम की ख़बर नहीं छपी तो मैं किसी और अख़बार में छपवा दूँगा। अगले दिन भी वही हुआ—मैंने उत्सुकता से *नवभारत टाइम्स* देखा, वहाँ कुछ नहीं था, दूसरे अख़बारों को खँगाला, हाशिमपुरा पर कहीं कुछ नहीं था। मुझे अन्दर से बेचैनी महसूस होने लगी थी। समय बीतता जा रहा था और हाशिमपुरा को लेकर मीडिया एक ख़ास तरह की आपराधिक चुप्पी अपनाए हुए था।

शायद 1987 का भारतीय समाज इसके लिए ज़िम्मेदार रहा हो। आज 24 साल बाद जब मैं उन दिनों के बारे में सोचता हूँ तो कई बार मुझे याद आता है कि राम जन्मभूमि-बाबरी मस्जिद आन्दोलन के चलते भारतीय समाज का बुरी तरह से साम्प्रदायिक ध्रुवीकरण हो गया था। शायद विभाजन के बाद का सबसे ख़राब समय था यह—ख़ास तौर से हिंदू मध्यवर्ग तेज़ी से साम्प्रदायिक दुष्प्रचारों का शिकार हो रहा था। समाज का कोई भी तबका चाहे वह पुलिस या प्रशासन में हो, पत्रकारिता से जुड़ा हो या खाता-पीता आम मध्यवर्ग हो, सभी जाने-अनजाने उस ज़हर के शिकार हो रहे थे, जो लगभग एक दशक से चल रहे राम जन्मभूमि आन्दोलन की उपज था। विश्व हिन्दू परिषद ने दस वर्षों के अथक परिश्रम से गाँव-गाँव में शिला-पूजन जैसे कार्यक्रमों के ज़रिए साम्प्रदायिक विभाजन को एक ऐसे हद तक पहुँचा दिया था, जहाँ वह स्वतंत्रता प्राप्ति के समय भी नहीं पहुँच सका था। जिन शहरों-क़स्बों में 1947 में भी दंगे नहीं हुए थे, उनमें भी मन्दिर निर्माण के लिए निकली रथयात्राओं

के दौरान दंगे हुए। यह वह समय था जब इलाहाबाद जैसे शहर में वकील गांधी मुर्दाबाद और गोडसे ज़िन्दाबाद के नारे लगा रहे थे। घरों, बसों, ट्रेनों, बाज़ारों, दफ़्तरों—हर जगह आपको उत्तेजित स्वरों में बहसें करते लोग मिल जाते। पूरा देश सनसनी और उत्तेजना से भरा हुआ था और हिंदू अक्सर यह सवाल पूछते नज़र आते कि अगर भारत में राम का मन्दिर नहीं बनेगा तो क्या सउदी अरब में बनेगा या पाकिस्तान में बनेगा? यह एक ऐसा भावुक तर्क था जिसका ज़मीनी यथार्थ से कोई लेना-देना नहीं था, पर औसत हिंदू मन को यह बड़ी आसानी से और बहुत गहरे तक छूता था। हिन्दुओं की विशाल संख्या थी जो किसी न किसी रूप में इस आन्दोलन से जुड़ी थी—इनमें से कुछ आन्दोलन में प्रत्यक्ष रूप से भाग ले रहे थे और बड़ी संख्या ऐसे लोगों की थी, जो ख़ुद तो आन्दोलन में सड़कों पर निकल कर लाठी-गोली का सामना नहीं कर सकते थे, पर अपने दफ़्तरों में बैठकर विश्व हिन्दू परिषद या आन्दोलन के पक्ष में माहौल बनाने का काम कर रहे थे। ऐसे लोगों में अख़बारों में कार्यरत पत्रकार भी थे, जिनमें बहुत से तो बाज वक़्त विहिप के स्वयंसेवकों जैसा आचरण कर रहे थे। हिन्दी अख़बारों में अपवाद स्वरूप ही कुछ थे जो निष्पक्ष रिपोर्टिंग कर रहे थे, ज़्यादातर रुझान में हिन्दू हो गए थे। जैसे-जैसे आन्दोलन ज़ोर पकड़ता गया, इस पक्षधरता के उदाहरण दिलचस्प होते गए। मसलन, हाशिमपुरा के ढाई साल बाद जब अक्तूबर/नवम्बर 1990 में अयोध्या में विश्व हिंदू परिषद ने पहली हिंसक चढ़ाई की थी, पुलिस फ़ायरिंग में 15-20 लोग मरे थे पर उस दिन के सांध्यकालीन और दूसरे दिन के प्रातःकालीन हिन्दी अख़बारों के मुताबिक़ मरने वालों की संख्या हज़ारों में थी, अयोध्या में कारसेवकों के रक्त से सरयू लाल हो गई थी, या पुलिस ने अपने ट्रकों में मृतकों के जूते-चप्पल भर कर नदी में बहाए थे। रिपोर्टिंग की इस प्रवृत्ति की शिकायत पर प्रेस काउंसिल ऑफ इंडिया ने हिन्दी कवि रघुवीर सहाय की अध्यक्षता में एक समिति गठित की थी, जिसके सामने बनारस की सुनवाई के दौरान मेरी भी पेशी हुई थी और मैंने उनका ध्यान वहाँ से छपने वाले एक महत्त्वपूर्ण हिन्दी दैनिक में छपी ख़बर की तरफ़ आकर्षित किया था। इस ख़बर के अनुसार बनारस सब्ज़ी मंडी की एक बुढ़िया की दूकान पर उन दिनों बिकने वाले बैगनों को ग्राहक जब घर ले जाकर काटता था तो उसके कटे टुकड़ों पर जय श्री राम लिखा मिलता था। इस तरह के

अनगिनत उदाहरण भरे पड़े थे, जिनसे आप प्रेस की पक्षधरता का अन्दाज़ा लगा सकते हैं। मैंने पहले एक प्रेस कॉन्फ्रेंस का ज़िक्र किया है, जिसे मेरठ के तत्कालीन ज़िला मजिस्ट्रेट राधेश्याम कौशिक ने सम्बोधित किया था, और जिसमें उनके साथ मेरठ के नवनियुक्त वरिष्ठ पुलिस अधीक्षक गिरधारी लाल शर्मा अपने पूर्वाधिकारी वी.के.बी. नायर के साथ मौजूद थे। यह प्रेस कॉन्फ्रेंस उस प्रेस कॉन्फ्रेंस के जवाब में हो रही थी, जिसे ज़ुल्फ़िकार नासिर को लेकर सैयद शहाबुद्दीन ने चन्द्रशेखर और सुब्रमणियम स्वामी जैसे वरिष्ठ नेताओं की उपस्थिति में घटना के आठ दिन बाद एक जून को आयोजित किया था। इस कॉन्फ्रेंस में ज़ुल्फ़िकार नासिर ने ख़ुद को दूसरे बहुत सारे लोगों के साथ हाशिमपुरा से पी.ए.सी. द्वारा उठाए जाने और गंग नहर पर लाकर गोली मारने की घटना का विस्तार से वर्णन किया था। उसने कपड़े उतार कर अपने ज़ख़्म भी पत्रकारों को दिखाए थे।

अगर ऐसी घटना किसी दूसरे सभ्य समाज में हुई होती तो इस प्रेस कॉन्फ्रेंस के बाद कितने सर लुढ़के होते! पर हमारे यहाँ ऐसा कुछ नहीं हुआ। सबसे पहले तो अख़बारों ने इसे बहुत कम तवज्जो दी, ज़्यादातर ने इसे अन्दर कोने-अतरों में छापा और सरकारी हलकों ने फ़ौरन इस तरह की किसी घटना से ही इनकार करने का राग अलापना शुरू कर दिया। अपनी प्रेस कॉन्फ्रेंस में राधेश्याम कौशिक ने ज़ुल्फ़िकार नासिर को झूठा करार देते हुए कहा कि इस नाम का कोई व्यक्ति हाशिमपुरा मोहल्ले में रहता ही नहीं। कौशिक और नायर दोनों 22/23 की रात मेरठ सर्किट हाउस में मुख्यमंत्री वीर बहादुर सिंह के कक्ष में मौजूद थे, जब मैंने और नसीम जैदी ने हाशिमपुरा से जुड़ा और चन्द घंटे पहले घटा वाक़िया बयान किया था। वे जानते थे कि हाशिमपुरा के काफ़ी लोग, जिन्हें हिरासत में लिया गया था, मार दिए गए है, पर बड़े आराम से पत्रकारों को उन्होंने बताया कि हाशिमपुरा से जिन लोगों को पकड़ा गया था, वे सभी जेलों में बन्द हैं। उनके अनुसार हाशिमपुरा में किसी ने भी अपने परिवारजन के ग़ायब होने की रिपोर्ट नहीं लिखवाई है, जबकि हक़ीक़त यह थी कि कर्फ़्यू के बावजूद लोगों के मारे जाने की अफ़वाहें मेरठ में गश्त कर रही थीं और हाशिमपुरा निवासी थानों चौकियों के चक्कर लगा कर अपने प्रियजनों के बारे में जानकारियाँ हासिल करने का प्रयास कर रहे थे। मैं अक्सर सोचता हूँ कि क्या यह सिर्फ़ अपनी नालायकी छिपाने का प्रयास था या इसके पीछे छिपी

वह साम्प्रदायिक दुर्भावना थी, जो हममें से अधिकांश अपने भीतर छिपाए रहते हैं और मौक़ा पाते ही जो बाहर निकल आती है। बहुत से साम्प्रदायिक दंगों से मुझे निपटने का मुझे मौक़ा मिला है, और मैंने दिलचस्पी से उस भाषा का अध्ययन किया है जिसके अन्तर्गत वहाँ तैनात पुलिस अधिकारी और मजिस्ट्रेट हिन्दुओं के लिए 'हम' और मुसलमानों के लिए 'वे' शब्द का प्रयोग करते हैं। हाशिमपुरा को लेकर मेरठ के प्रशासन और पुलिस का रवैया बहुत कुछ इसी दुर्भावना का नतीजा था। इस पर आगे मैंने विस्तार से लिखा है।

राम जन्मभूमि आन्दोलन के दौरान तो हिंदुओं और मुसलमानों के सम्बन्ध आज़ादी के बाद सबसे ख़राब दौर से गुज़र रहे थे। केवल एक उदाहरण से मैं इस प्रसंग को ख़त्म करूँगा। मेरठ के इन्ही दंगों के दौरान कुछ गिरफ़्तार लोगों को फर्रुखाबाद सेंट्रल जेल भेजा गया था। उनमें से एक जत्था जब वहाँ पहुँचा तो उस पर जेल के अन्दर हमला किया गया और इस हमले में जेल में पहले से बन्द क़ैदियों के अलावा जेलकर्मियों ने भी भाग लिया। इस घटना में छह मुसलमान मरे और काफ़ी ज़ख़्मी हुए थे।

ऐसे मुश्किल समय में बहुत कम लोग थे जो अपना विवेक बचा सके थे और यह सिर्फ़ पत्रकारिता के लिए ही सही नहीं था, अकादमिक जगत, न्यायपालिका, नौकरशाही, कारपोरेट सेक्टर—गरज यह कि कोई क्षेत्र इस अंधड़ से अछूता नहीं बचा था। तो क्या राजेन्द्र माथुर भी उसी भीड़ के अंग बन गए थे? मैं आज तक इस सवाल का जवाब नहीं ढूँढ़ पाया हूँ। मैं ख़ुद व्यक्तिगत रूप से उन्हें नहीं जानता था और दो-एक बार अलग-अलग कार्यक्रमों में हलकी-फुलकी मुलाक़ातों से अधिक कुछ भी उन्हें लेकर मेरी स्मृति में नहीं है। मैंने उन्हें जानने वाले और उनके साथ काम करने वाले कई लोगों से बातें की हैं और मुझे एक भी व्यक्ति ऐसा नहीं मिला जिसने उन्हें साम्प्रदायिक बताया हो, फिर क्यों इतनी बड़ी और जघन्य वारदात को वे पचा गए और क्यों उनके सम्पादन में देश के सबसे बड़े अख़बार ने सबसे पहले सूचना मिलने पर भी इस वाक़िये पर कुछ भी लिखना मुनासिब नहीं समझा? उनकी मृत्यु के बाद अख़बारों में छपे उनके आलेखों और सम्पादकीयों को पुस्तकाकार छापा गया है। मैंने ध्यान से उनके एक-एक लेख को पढ़ा, पर मुझे कई सौ पृष्ठों में फैले और अद्‌भुत वैविध्य वाले उनके लेखन में कहीं कोई ऐसा सूत्र नहीं मिला जिसमें धार्मिक कट्टरता के प्रति उनका रुझान झलकता हो। बहरहाल, यह

तथ्य तो अपनी जगह बना ही रहेगा कि राजेन्द्र माथुर के सम्पादन में छपने वाले और उस समय के देश के सबसे महत्त्वपूर्ण हिन्दी दैनिक में आज़ादी के बाद की सबसे बड़ी हिरासती हत्या की ख़बर नहीं छपी और मेरे मन की यह जिज्ञासा आज तक अनुत्तरित ही है कि कहीं राजेन्द्र माथुर भी तो उस समय उठने वाली साम्प्रदायिकता की उद्दाम लहरों में बह तो नहीं गए थे?

मै अरुण वर्धन के फ़ोन का इंतज़ार करता रहा पर न उनका फ़ोन आया और न ही मैंने उन्हें फ़ोन किया। पिछले कुछ दिनों की तरह एक बार फिर उस दिन भी दोपहर बाद अरुण का फ़ोन आया। पुरानी बेबसी, खीज और निराशा उनके स्वर में झलक रही थी। सम्पादक राजेन्द्र माथुर ने उनसे इस मामले में दर्ज एफ.आई.आर. की प्रतियाँ मांगी थीं। साथ ही बातचीत में कहीं यह भी संकेत दिया था कि इस तरह की ख़बरें छापने से पी.ए.सी. जैसी संस्थाओं का मनोबल टूटेगा और पहले से बंटा समाज और अधिक बंटेगा। वे मुझसे अन्तिम प्रयास करने के पहले चाहते थे कि मैं उन्हें एफ.आई.आर. की कॉपी उपलब्ध करा दूँ। मैने स्पष्ट कर दिया कि यह मेरे लिए सम्भव नहीं है। वीर बहादुर सिंह के लोग पुलिस समेत हर जगह मौजूद थे और जैसे ही बहुत प्रमाणिक किस्म की रपट छपेगी शक की सूई किसी अन्दर के व्यक्ति की ओर ही घूमेगी। आज यह लिखने में मुझे कोई संकोच नहीं हो रहा है कि मैं अन्दर से डरा हुआ भी था। मेरी मध्यवर्गीय चेतना मुझे बहुत बड़ा जोखिम लेने से रोक रही थी। एक तरफ़ तो मैं चाहता था कि आज़ादी के बाद की इस हिरासती हत्याकांड की ख़बर दुनिया को मिले और हत्यारों को दंडित किया जाए और दूसरी तरफ़ यह भी चाहता था मुख्यमंत्री या किसी वरिष्ठ अधिकारी को मेरी भूमिका का पता भी न चले। यह अलग बात है कि मेरे एक अख़बारी मित्र ने ही कुछ महीनों बाद वीर बहादुर सिंह तक यह बात पहुँचा दी और मुझे उनके कोप का भाजन बनना पड़ा पर उसका ज़िक्र बहुत प्रासंगिक नहीं है।

मैंने एक बार फिर धमकी दी कि अगर *नवभारत टाइम्स* में अगली सुबह यह ख़बर नहीं छपी तब मैं किसी दूसरे अख़बार में बैठे अपने मित्र को इसे लीक कर दूँगा। अरुण वर्धन बड़ी आजिजी से मुझसे यह वादा कराने की कोशिश करते रहे कि मैं इस ख़बर को किसी और को नहीं दूँगा क्योंकि यह उनके करियर का सबसे बड़ा ब्रेक होने जा रहा था। मैंने अगले दिन की समय सीमा बाँधते हुए उन्हें यह आश्वासन दे भी दिया कि अगर कल सुबह

नवभारत टाइम्स में हाशिमपुरा की ख़बर नहीं छपी तो मैं किसी दूसरे अख़बार में उसे प्लांट करने के लिए स्वतंत्र रहूँगा। तीन दिन से अधिक समय बीत चुका था और अब इससे ज़्यादा नहीं रुका जा सकता था।

उन दिनों मेरठ से दो, बड़ी प्रसार संख्या वाले हिन्दी दैनिक *अमर उजाला* और *दैनिक जागरण* छपते थे। मैं रोज़ सुबह बड़ी उत्सुकता से उन्हें छानता और रोज़ ही निराश होता। इन दोनों की रिपोर्टिंग पक्षपातपूर्ण और इकतरफ़ा होती थी। *अमर उजाला* में 26 मई, 1987 के संस्करण में मेरठ के दंगों से सम्बन्धित कई कॉलम की एक विस्तृत रिपोर्ट छपी, जिसमें एक पैराग्राफ हिंडन नदी में मिले 34 शवों के बारे में थी। ख़बर के अनुसार—'ग़ाज़ियाबाद के निकट हिंडन नदी से आज चौंतीस शव बरामद किए गए हैं। समझा जाता है कि ये शव मेरठ दंगों के शिकार लोगों के हैं। इन सभी शवों पर धारदार हथियार के घाव हैं।' इस छोटी सी ख़बर में कहीं भी हिरासती हत्या, पी.ए.सी. या हाशिमपुरा का ज़िक्र नहीं है, जबकि तब तक ग़ाज़ियाबाद में इस तरह की चर्चा होने लगी थी। ख़बर में भ्रम फैलाने के लिए 'धारदार हथियार के घाव' लिखा गया था, जबकि मृतकों के पोस्टमार्टम तब तक हो चुके थे और उनके शरीर पर लगी गोलियों का उल्लेख हो चुका था। 27 मई को इसी अख़बार ने एक छोटी सी रिपोर्ट—'पी.ए.सी. ने तीन ज़िन्दा लोगों को भी बहा दिया' शीर्षक से छापी, जिसमें थाना मुरादनगर को जीवित मिले तीन व्यक्तियों के बारे में एक भ्रामक और अधूरी रिपोर्ट छापी गई थी। *दैनिक जागरण* ने ज़रूर 26 मई 1987 के संस्करण में लीड लगाई—'गंग नहर से 34 शव मिले...' किन्तु कई कॉलम में फ़ैली इस ख़बर को पढ़ने से यह अनुमान नहीं लगाया जा सकता था कि मिलने वाले शव हिरासती हत्याकांड से सम्बन्धित थे। 28 मई को *अमर उजाला* में छपी एक ख़बर के मुताबिक़ 'लिंक रोड के मकनपुर गाँव के जंगल में पुलिस ने कुछ शव बरामद किए थे।'...इसी जगह से दो अन्य व्यक्ति भी मिले जो मकनपुर के जंगल में कैसे पहुँचे और वहाँ लाशें किस तरह पहुँची, रहस्यमय बना हुआ है। जाहिर है कि यह ख़बर पूरी तरह से बेबुनियाद थी और मकनपुर की नहर में मिली लाशों और मुरादनगर की गंग नहर से निकले जीवितों के बारे में भ्रम पैदा कर रही थी। इस तरह अब दुनिया को बताने के लिए वही रास्ता बचा था जिस पर मैं चल रहा था, पर दुर्भाग्य से उसमें भी सफलता मिलती नज़र नहीं आ रही थी।

अगले दिन सुबह एक बार फिर वही कहानी दोहराई गई। मैंने *नवभारत टाइम्स* का पन्ना-पन्ना छान मारा। मेरठ दंगों को लेकर लगभग आधे पृष्ठों पर सामग्री फैली हुई थी, किन्तु हाशिमपुरा का कहीं ज़िक्र तक नहीं था। मैंने तय कर लिया कि अब मैं अरुण वर्धन से बात नहीं करूँगा और किसी दूसरी जगह यह ख़बर छपेगी। दोपहर में एक बार फिर अरुण का फ़ोन आया, उनकी आवाज़ में छिपी थकान और हताशा बड़ी साफ़ झलक रही थी। एक बार फिर वही अनुनय कि मैं एक दिन और रुक जाऊँ और वे आज आख़िरी कोशिश करके देखेंगे। मैंने हाँ कह तो दिया पर मैं स्वयं नहीं जानता था कि मैं अब और रुक पाऊँगा या नहीं। मैंने बड़ी मुश्किल से अपने को रोका और एक रात और बीत गई। दूसरे दिन सुबह मैंने बेमन से *नवभारत टाइम्स* टटोला। मुझे पूरा यक़ीन था कि आज भी कुछ नहीं छपा होगा, क्योंकि यदि हाशिमपुरा के बारे में कुछ छपा होता तो अब तक अरुण वर्धन का फ़ोन आ चुका होता। अख़बार में कुछ न पाकर मुझे निराशा नहीं हुई और मैंने अपनी उस योजना को मूर्त रूप देना शुरू कर दिया जिस पर मैं पिछले दो दिनों से काम कर रहा था। उन दिनों देश के लगभग सभी बड़े दैनिक अख़बारों के दफ़्तरों में मेरे मित्र थे और उनमें से कोई भी इस ख़बर को पकड़ने के लिए लपकता, पर मैंने जिस अख़बार को चुना था, वह एक साप्ताहिक था। हालाँकि उसकी प्रसार संख्या कम ज़रूर थी, लेकिन उसमें तेज़-तर्रार और प्रतिभाशाली नौजवानों की अच्छी-ख़ासी संख्या काम कर रही थी और उनमें से कई आज अपने अख़बारों और चैनलों में शीर्ष पर बैठे हैं। सन्तोष भारती, रामकृपाल सिंह, कमर वहीद नकवी, धीरेन्द्र अस्थाना, वीरेन्द्र सेंगर, अजय, अर्चना झा, चंचल—सब एक से एक कमिटमेंट से भरे लिक्खाड़। लक्ष्मीनगर में *चौथी दुनिया* का दफ़्तर दिल्ली आते-जाते मेरा एक नियमित पड़ाव बन चुका था। इन लोगों से मेरी मुलाक़ात कार्टूनिस्ट/चित्रकार/कथाकार और इन सबसे बढ़कर दोस्तबाज और बैठकबाज चंचल ने कराई थी। लगभग हमउम्र इन लोगों से मेरी ख़ूब छनने लगी थी और अक्सर शामें ख़ास तौर से धीरेन्द्र अस्थाना और चंचल के साथ बीतती थीं। इसलिए बहुत स्वाभाविक था कि मुझे इन्हीं लोगों की याद आई। अभी कुछ दिनों पहले ही ये सभी लोग एक गाड़ी में भरकर मेरे यहाँ आए थे, शायद धीरेन्द्र अस्थाना के विवाह की दसवीं वर्षगाँठ थी या ऐसा ही कोई और मौक़ा। हापुड़ में मेरे एक मित्र के फ़ॉर्म

हाउस में देर रात तक उत्सव हुआ था। मुझे यह भी उम्मीद थी कि ये लोग गोपनीयता भंग नहीं करेंगे और इनमें से हर कोई साम्प्रदायिकता को लेकर लगभग मेरे वेवलेंथ पर था।

उस दोपहर पाँच बजे के आसपास मैं *चौथी दुनिया* के दफ़्तर पहुँचा। दफ़्तर दूसरी या तीसरी मंज़िल पर था और तंग सीढ़ियों से होते हुए आप उस बड़े हॉलनुमा कमरे में पहुँचते थे, जिसमें ये सारे लोग अपने-अपने कुर्सी-मेज़ों पर झुके काम कर रहे होते थे। चंचल की नज़रें मुझसे टकराईं और मैंने आँखों से उन्हें बाहर आने का इशारा किया। दूसरे लोग मुझे देखकर कुछ कहते, उससे पहले हम सीढ़ियों से नीचे उतर गए—आगे-आगे मैं और मेरे पीछे-पीछे चंचल। नीचे थोड़ी दूर पर मेरी गाड़ी खड़ी थी और मुझे देखकर ड्राइवर और गनर चौकन्ने हुए, लेकिन मैंने उन्हें हाथ हिलाकर रुकने के लिए कहा। मैं और चंचल फुटपाथ पर आगे बढ़ चले। उस समय का लक्ष्मीनगर आज की तरह ऊँचे-ऊँचे खंबों पर टिकी मेट्रो लाइनों और फ्लाईओवरों वाला लक्ष्मीनगर नहीं था, भीड़-भाड़ भी आज के मुक़ाबले बहुत कम थी। हम फुटपाथ पर चलते हुए एक रेस्तरां तक आए। चंचल मेरे चेहरे से समझ गए थे कि कोई गम्भीर मामला है, इसलिए बिना बोले वे मेरे पीछे-पीछे आ रहे थे। अपेक्षाकृत कम भीड़-भाड़ वाले इस रेस्तरां में हम घुसे और एक कोने की मेज़ पर जाकर बैठ गए। अगले पन्द्रह-बीस मिनटों तक मैं बोलता रहा और वे चुपचाप सुनते रहे। उनके चेहरे की गम्भीरता और उतार-चढ़ाव से यह साफ़ था कि वे न सिर्फ़ इस घटना की गम्भीरता को समझ रहे थे, बल्कि उन्हें इसके अख़बारी महत्त्व का भी एहसास था। मेरा विवरण और हमारी चाय एक साथ समाप्त हुई, हमने बिल अदा किया और वापस *चौथी दुनिया* के दफ़्तर पहुँचे। हमारे घुसते ही अन्दर बैठे लोगों की उत्सुक निगाहें हम पर टिक गईं, लेकिन उन सबकी उपेक्षा करते हुए चंचल मुझे लिए-दिए सीधे सम्पादक सन्तोष भारती के केबिन में प्रवेश कर गए। सौभाग्य से सन्तोष भारती ख़ाली बैठे थे। चंचल ने थोड़ी-सी भूमिका बांधी और फिर कमान मेरे हाथ में सौंप दी। मैंने कैफेटेरिया में चंचल को सुनाई गाथा एक बार फिर दोहराई। मुझे पता था कि चंचल की तरह सन्तोष भारती भी साम्प्रदायिकता के मुद्दे पर प्रगतिशील तरीक़े से ही सोचते हैं, इसलिए मुझे उन्हें समझाने में बहुत मेहनत नहीं करनी पड़ी कि यह एक

बहुत गम्भीर मामला था और अगर मीडिया ने मजबूती से इसे नहीं उठाया तो इसे दबा दिया जाएगा और हाशिमपुरा के हत्यारों को किसी तरह की सज़ा दिलाना नामुमकिन हो जाएगा।

सन्तोष भारती हर तरह से सहमत थे, उन्हें ख़बर का महत्त्व भी मालूम था और यह भी पता था कि इस ख़बर को सबसे पहले छापने पर उनके कम प्रसार संख्या वाले साप्ताहिक अख़बार को किस तरह का ब्रेक मिलने वाला था। एक बार यह तय हो जाने के बाद कि *चौथी दुनिया* इस स्टोरी को अपने अख़बार में छापेगा, दो समस्याएँ सामने आईं। पहली तो यह कि इस काम पर किसे लगाया जाए। चंचल और सन्तोष भारती ने आपस में विचार-विमर्श कर वीरेन्द्र सेंगर को चुना। मैं पिछले कुछ महीनों से वीरेंद्र सेंगर को देख रहा था और उनका लिखा पढ़ रहा था। मुझे यह चयन सर्वथा उपयुक्त लगा। दूसरी समस्या यह थी कि साप्ताहिक अख़बार *चौथी दुनिया* प्रति सप्ताह बृहस्पतिवार को छप कर आ जाता था और शुक्रवार तथा शनिवार तक स्टॉलों पर पहुँच जाता था। आज उसका मुखपृष्ठ छप रहा था और देर रात तक छपाई ख़त्म हो जाने वाली थी। अगर *चौथी दुनिया* को इस मामले में पहल लेनी थी तो तेज़ी से कार्यवाही की दरकार थी। सन्तोष भारती और चंचल दोनों सक्रिय हुए, कुछ लोग कमरे में आए गए और मैं चुपचाप बैठा इस कार्यवाही को देखता रहा। थोड़ी देर बाद जब मैं वहाँ से उठा, तब तक प्रेस को यह आदेश पहुँच चुका था कि कवर की छपाई फ़ौरन रोक दी जाए और यह भी तय हो गया कि उसी रात वीरेन्द्र सेंगर मेरे घर पर आएँगे और *चौथी दुनिया* एक दिन बाद स्टॉल पर पहुँचेगा।

रात लगभग साढ़े नौ-दस बजे वीरेन्द्र सेंगर मेरे घर पहुँचे और एक बार फिर वही सब हुआ जो कुछ दिनों पहले अरुण वर्धन के आने पर हुआ था। हमने तीन- चार घंटों तक बैठकर हाशिमपुरा की गाथा एक बार फिर से लिखी। इस बार काम करना आसान था क्योंकि अरुण वर्धन के साथ बैठकर लिखने की वजह से बहुत सारी चीज़ें साफ़ हो चुकी थीं। रिपोर्ट में कई टिप्पणियाँ मेरे और ज़िला मजिस्ट्रेट नसीम जैदी के ख़िलाफ़ भी डाली गईं ताकि किसी को शक न हो कि इसका स्रोत क्या है। रात में लगभग ढाई-तीन बजे वीरेन्द्र सेंगर मेरे घर से अपने काग़ज़-पत्र समेट कर गए और कई दिनों बाद पहली बार मैं निश्चिन्त होकर गहरी नींद सोया।

इक बाज़ू-ए-क़ातिल है कि ख़ूँरेज़ बहुत है

8 अक्टूबर, 1987 को सी.आई.डी. के डी.आई.जी. जंगी सिंह ने के.के. बख्शी, गृह सचिव उत्तर प्रदेश शासन को अपने अर्धशासकीय पत्रांक-सी.बी.-294/87 में लिखा—'अपराध शाखा द्वारा अत्यंत सूक्ष्म विश्लेषण से जो साक्ष्य एकत्र किया गया है उससे, थाना सिविल लाइंस के अभिलेखों की संनिरीक्षा तथा हिंडन नदी से प्राप्त 12 शवों की पहचान कराने से प्रथमदृष्ट्या यही विदित होता है कि मेरठ नगर में दिनांक 21-5-87 को हाशिमपुरा क्षेत्र से लगे हुए सरस्वती मन्दिर, सूरज कुण्ड रोड के एक मकान पर श्री प्रभात कुमार कौशिक की मृत्यु किसी अज्ञात की बन्दूक के फ़ायर से हुई थी। सम्बन्धित मृतक श्री प्रभात कुमार के साथ एक-दो लड़के और भी घायल हुए थे। श्री प्रभात कुमार स्थानीय सेना के मेजर श्री सतीश चन्द्र कौशिक के भाई हैं और श्रीमती शकुन्तला शर्मा के भांजे है, जो भारतीय जनता पार्टी की नेता हैं और उनका पुत्र भी इसी घटना में घायल होना बताया जाता है। इस सम्बन्ध में थाना सिविल लाइंस, जनपद मेरठ पर पंजीकृत अभियोग अपराध संख्या-224/87 धारा 307/302 भा.दं. वि. के अवलोकन से भी विदित होता है कि श्री प्रभात कुमार के पंचायतनामे व शवोच्छेदन परीक्षण की कार्यवाही नहीं हुई है। मेजर कौशिक के सम्बन्ध में यह साक्ष्य भी उपलब्ध हुआ है कि दिनांक 22-5-87 को वे भी सायं 5.00 बजे घटनास्थल हाशिमपुरा पर मौजूद थे, जहाँ से पीले रंग की ट्रक में लोगों को बिठाकर मुरादनगर नहर पर लाया गया था तथा कुछ को मुरादनगर नहर में और कुछ को हिंडन नहर में मार कर फेंक दिया गया था।'

एस.के. रिजवी, पुलिस अधीक्षक, क्राइम ब्रांच, सी.आई.डी. ने 22 जून 1989 को अँग्रेज़ी में हाशिमपुरा घटनाक्रम के सम्बन्ध में एक विस्तृत नोट

प्रधानमंत्री कार्यालय के लिए तैयार किया था। तैंतीस पृष्ठों में टाइप इस नोट के पैरा 11 और 12 में अंकित है—

'इस सम्बन्ध में यह उल्लेख किया जा सकता है कि घटना के फ़ौरन बाद अख़बारों में यह अनुमान लगाया गया था कि उसी इलाक़े में तैनात मेजर सतीश चन्द्र कौशिक का एक भाई 21.5.87 को हाशिमपुरा मोहल्ले में बन्दूक की गोलियों से लगे घावों से मरा था। यह कहा गया कि अपनी व्यक्तिगत क्षति के कारण मेजर सतीश चन्द्र शर्मा ने हाशिमपुरा के निवासियों की हत्या अपर गंगा और हिंडन नहरों पर कराई थी। इस सन्दर्भ में मृतक प्रभात कौशिक के पिता श्री दीप चन्द्र शर्मा का भी परीक्षण किया गया। श्री दीप चन्द्र शर्मा, निवासी सरस्वती मन्दिर, सूरजकुंड रोड, मेरठ शहर ने बयान दिया कि उनके पुत्र प्रभात कौशिक को लगभग साढ़े नौ बजे गोली लगी, जब वह उसी इलाक़े में अपनी मौसी के घर की छत पर खड़ा था। प्रतीत हुआ कि गोली पड़ोसी मोहल्ला अब्दुल वाली से आई थी। श्री दीप चन्द्र शर्मा ने यह भी बयान दिया कि उनके पुत्र प्रभात कौशिक के शव का कोई पोस्टमार्टम नहीं कराया गया, क्योंकि दंगों के दौरान पोस्टमार्टम में बहुत ज़्यादा देर हो रही थी।'[1]

---

1. " In this connection it may be pointed out that soon after the incident there was some speculation in the press that a brother of a locally posted Major Satish Chandra Kaushik had died of gunshot injuries on 21.5.87 in Mohalla Hashimpura. It was said that as a consequence of this personal tragedy Major Satish Chandra Kaushik engineered the murder of residents of Hashimpura on the Upper Ganga and Hindan Canals. In this connection Sri Deep Chandra Sharma father of the deceased Prabhat Kaushik, was also examined.
Sri Deep Chandra Sharma r/o Saraswati Mandir, Suraj Kund road, Meerut City stated that his son Prabhat Kaushik received bullet injuries on 21-5-87 at about 9.30 while standing on the roof his aunty's house in the same locality. The bullet appeared to have come from the direction of the neighbouring Mohalla Abdul Wali. Sri Deep Chandra Sharma also stated that no postmortem was conducted on the dead body of his son Prabhat Kaushik because of the long delay occurring in postmortem during the riot period." Extract from the note prepared for Prime Minister Office by S K Rizvi, S.P. C.B. C.I.D. dated 22nd June 1989

सी.बी.सी.आई.डी. लखनऊ के अधिकारी जंगी सिंह ने प्रथम प्रगति आख्या संख्या सी.बी.294/87, सी.बी.-311/87 जो 2 जून 1987 को माता प्रसाद, प्रमुख सचिव गृह विभाग, उत्तर प्रदेश को भेजी, उसमें मेजर सतीश चन्द्र कौशिक के भाई प्रभात कुमार की हत्या का कोई ज़िक्र नहीं है। यह बहुत सरसरी सी रिपोर्ट है। इसके फ़ौरन बाद सी.बी.सी.आई.डी. ने एक और संक्षिप्त रिपोर्ट तैयार की और इसे पुलिस महानिदेशक कार्यालय को भेजा गया। इस रिपोर्ट के पैरा 2 पर अंकित है कि—

'अभी तक की जाँच से यह विदित होता है कि मेरठ नगर में 21-5-87 को हाशिमपुरा क्षेत्र से लगे हुए सरस्वती मन्दिर,सूरजकुण्ड रोड के एक मकान पर भी प्रभात कुमार कौशिक की मृत्यु किसी अज्ञात बन्दूक के फ़ायर से हुई थी। इस घटना में एक-दो लड़के और भी घायल हुए थे। श्री प्रभात कुमार भारतीय जनता पार्टी की नेता शकुन्तला शर्मा के भांजे तथा स्थानीय सेना के मेजर श्री सतीश चन्द्र कौशिक के भाई थे। जाँच से यह साक्ष्य उपलब्ध हुआ है कि दि. 22-5-87 को श्री सतीश चन्द्र कौशिक घटनास्थल हाशिमपुरा पर उपस्थित थे, जहाँ से पीले रंग की ट्रक में बिठाकर कुछ लोगों को मुरादनगर नहर पर तथा कुछ को हिंडन नहर में मार कर फेंक दिया गया था। अभी तक जाँच से लगभग 30 व्यक्तियों को गोली मार कर हत्या किया जाना तथा इस घटनाक्रम से 7 व्यक्तियों का जीवित बचना पाया गया है।'

सी.बी.सी.आई.डी. की द्वितीय प्रगति आख्या,जो अपर पुलिस अधीक्षक सुदामा लाल अग्रवाल द्वारा 24-9-1987 को हस्ताक्षरित है तथा 8 अक्तूबर 1987 को भेजी गई है, के निष्कर्ष में बहुत स्पष्ट लिखा गया है—'अपराध शाखा ने प्रश्नगत प्रकरण में बहुत ही गहराई और सूझबूझ से जो साक्ष्य उपलब्ध किए हैं अथवा हिंडन नहर से मिले 12 शवों की पहचान कराई है तथा थाना सिविल लाइन के अभिलेखों की जो संनिरीक्षा की है, उनसे प्रथम दृष्ट्या यही विदित होता है कि नगर में दिनांक 21-5-87 को हाशिमपुरा क्षेत्र से लगे हुए सरस्वती मन्दिर, सूरजकुण्ड रोड के एक मकान पर श्री प्रभात कुमार कौशिक की मृत्यु किसी अज्ञात की बन्दूक के फ़ायर से हुई थी। सम्बन्धित मृतक श्री प्रभात कुमार के साथ एक-दो लड़के और भी घायल हुए थे। श्री प्रभात कुमार स्थानीय सेना के मेजर श्री सतीशचन्द्र कौशिक का भाई है और श्रीमती शकुन्तला शर्मा का भांजा है, जो भारतीय जनता पार्टी की नेता हैं। उनका पुत्र

भी इस घटना में घायल होना बताया जाता है। इस प्रकार समाचार-पत्रों आदि के माध्यम से यह अफ़वाह है कि मेजर श्री सतीश चन्द्र कौशिक की पूर्व नियोजित योजना से ही बदले की भावना से ये हत्याएँ हुई हैं। इस सम्बन्ध में थाना सिविल लाइंस, मेरठ पर पंजीकृत अभियोग अपराध संख्या 224/87 धारा307/302 भा.दं.वि. के अवलोकन से भी विदित होता है कि श्री प्रभात का पंचायतनामा व शवोच्छेदन परीक्षण की कार्यवाही नहीं हुई है। मेजर कौशिक के सम्बन्ध में यह भी साक्ष्य आया है कि दिनांक 22-5-87 को वे भी सायं पाँच बजे घटनास्थल पर मौजूद थे।'

यहाँ यह उल्लेख करना आवश्यक है कि प्रभात कुमार और मेजर सतीश कुमार के नाम के साथ कहीं शर्मा और कहीं कौशिक शब्द का प्रयोग हुआ है, इसी तरह भाजपा नेत्री शकुन्तला के साथ भी दोनों टाइटिल इस्तेमाल की गई हैं।

एस.के.रिजवी., पुलिस अधीक्षक, सी.बी.सी.आई.डी. के हस्ताक्षर से 29.2.1988 को भेजी गई तृतीय प्रगति आख्या में अब्दुल हमीद पुत्र अब्दुल गफ्फूर के बयान का ज़िक्र है, जिसमें उसने अपनी गिरफ़्तारी के दौरान एक फ़ौजी अफ़सर सतीश की उपस्थिति का उल्लेख किया है।

3-8-1094 को सी.आई.डी. ने अपनी अन्तिम प्रगति आख्या उत्तर प्रदेश सरकार को भेजी। 130 फुलस्केप पृष्ठों में टाइप की गई यह आख्या एक लचर और गैर-पेशेवर तफ़तीश का जीता-जागता नमूना है। जाँच-आख्या में जगह-जगह फ़ौज, ख़ास तौर से भाग लेने वाली टुकड़ी के कमाण्डर मेजर बी.एस.पठानिया की अनधिकृत गतिविधियों का ज़िक्र है, किन्तु पूरी तफ़तीश में कहीं भी उनकी इस असाधारण सक्रियता को हाशिमपुरा कांड में दोषी पाए गए पी.ए.सी. कर्मियों की करतूतों से जोड़ने का प्रयास नहीं किया गया है। इस आख्या के पृष्ठ 54 पर पुलिस उपाधीक्षक अरुण कुमार गुप्ता, जो मेरठ दंगों के दौरान हाशिमपुरा में सेक्टर आफ़िसर के तौर पर नियुक्त थे, के बयान में एक बार 21-5-87 को प्रभात शर्मा की हत्या का ज़िक्र है, पर इस हत्या का हाशिमपुरा कांड से क्या सम्बन्ध हो सकता है, इसकी पड़ताल करने का कोई गम्भीर प्रयास नहीं किया गया। जाँच आख्या के पृष्ठ 70 पर यह टिप्पणी उल्लेखनीय है–'अपराध शाखा की जाँच के मध्य सेना के अधिकारियों एवं कर्मचारियों के उक्त कथनों से यह परिलक्षित होता है कि सेना के अधिकारी एवं कर्मचारी सन्दर्भित मामले की जाँच कार्य में पूर्ण सहयोग नहीं कर रहे थे।'

अन्तिम आख्या, जिसके माध्यम से सी.बी.सी.आई.डी. ने अपनी तफ़तीश का निचोड़ प्रस्तुत किया है और इस तफ़तीश में दोषी पाए गए व्यक्तियों के विरुद्ध अदालत में अभियोग-पत्र दाख़िल करने की तैयारी की है, के पृष्ठ 125 पर अंकित सी.आई.डी. का यह निष्कर्ष बड़ा ही दिलचस्प है—'विवेचना में ऐसी कोई साक्ष्य उपलब्ध नहीं हुआ है जिससे यह पता लगता कि उपरोक्त गिरफ़्तार व्यक्तियों की हत्या का आदेश किसी वरिष्ठ अधिकारी द्वारा दिया गया है। साक्ष्य से यह हत्या करने का अपराध केवल उन्हीं लोगों के विकृत मानसिक प्रवृत्ति का द्योतक ही प्रतीत होता है जिसके लिए केवल कर्ता(करने वाले) को ही उत्तरदायी ठहराया जा सकता है अन्य किसी को नहीं।'

मेजर बी.एस.पठानिया ने मेरठ के दंगों के दौरान रोज़ सेना मुख्यालय को अपनी कारगुज़ारियों की रिपोर्टिंग की जो यूनिट वार डायरी के रूप में हाशिमपुरा से सम्बन्धित दस्तावेज़ों में उपलब्ध है। पठानिया की सभी रपटें ग़ैरक़ानूनी हरकतों की स्वीकारोक्तियाँ हैं। क़ानून के बारे में एक कम जानकारी रखने वाले फ़ौजी अफ़सर से आप यह उम्मीद कर सकते हैं कि वह उन हरकतों में लिप्त रहे जो भारतीय संविधान और क़ानूनों के अन्तर्गत अपराध की श्रेणी में आते हों और शेखी बघारते हुए अपने मुख्यालय को इसकी रिपोर्टिंग भी करे, पर क्या सी.आई.डी. के पेशेवर अधिकारियों से यह अपेक्षा नहीं की जानी चाहिए थी कि वे इस बड़बोले और क़ानून तोड़ने वाले अधिकारी को उसकी लिखित स्वीकारोक्तियों के आधार पर अदालत के सामने खड़ा कर दें? सी.आई.डी. ने ऐसा कुछ नहीं किया। वे मेजर पठानिया तथा दूसरे फ़ौजी अधिकारियों को तफ़तीश के दौरान बयान देने के लिए बुलाते रहे, पर सालोसाल उनमें से कोई विवेचकों के समक्ष उपस्थित नहीं हुआ। यह तब जब शुरुआती दौर में ख़ुद राजीव गांधी के नेतृत्व में प्रधानमंत्री कार्यालय इस जांच की निगरानी कर रहा था। कभी भी सी.आई.डी. ने प्रधानमंत्री कार्यालय को यह सूचित नहीं किया कि फ़ौजी अधिकारी जांच में सहयोग नहीं दे रहे हैं। बाद में जब मेजर पठानिया सी.आई.डी. के समक्ष उपस्थित हुआ तो उसने उन सभी तथ्यों से इनकार कर दिया जिनके बारे में उसने स्वयं लिखित रूप से सेना मुख्यालय को सूचित किया था। सबसे महत्त्वपूर्ण बात तो यह है जिस मेजर सतीश चन्द्र कौशिक की भूमिका को लेकर सी.आई.डी. ने अपनी पहली रिपोर्ट से ही एक सन्देह का माहौल बना रखा था उससे पूरी तफ़तीश के दौरान कोई पूछताछ नहीं हुई।

कौन था यह रहस्यमय व्यक्ति मेजर सतीश चन्द्र कौशिक, जिसके बारे में सी.आई.डी. ने अपने पहले पत्र से ही यह ज़िक्र करना शुरू कर दिया था कि वह 22 अगस्त 1987 को हाशिमपुरा की तलाशियों के समय घटनास्थल पर देखा गया था? उस समय मेजर बी.एस.पठानिया सेना का कालम कमांडर था और सेना तथा पुलिस के दस्तावेज़ों के मुताबिक़ वहाँ मेजर कौशिक की ड्यूटी नहीं थी। इससे भी अधिक एक दिन पहले ही उसके छोटे भाई प्रभात कुमार कौशिक की हत्या हुई थी और इस हत्या के अज्ञात हत्यारों के हाशिमपुरा में होने की सम्भावना थी। 22 मई 1987 के सायंकाल तो उसे अपने मां-बाप को सांत्वना देने के लिए घर पर होना चाहिए था जिनका, उसकी मौसी शकुन्तला शर्मा की आत्मकथा में दर्ज विवरण के अनुसार, अपने अट्ठारह साल के बेटे की हत्या के कारण रो-रोकर बुरा हाल था। यहाँ यह भी जानना बहुत आवश्यक है कि कौन थीं शकुन्तला शर्मा, जिनका सी.आई.डी. की अलग-अलग रिपोर्टों में बार-बार भाजपा की नेत्री के रूप में ज़िक्र आता है और शुरू से ही यह कहा जाता रहा है कि 22 मई, 1987 की घटना के पीछे प्रभात कुमार कौशिक की हत्या और शकुन्तला शर्मा तथा मेजर सतीश चन्द्र कौशिक का हाथ है। अचानक ऐसा कैसे हुआ कि तफ़तीश की प्रगति के साथ इन दोनों का उल्लेख कम होता जाता है और सी.आई.डी. की अन्तिम आख्या में तो एक हलके से उल्लेख के अलावा उनका ज़िक्र ही ग़ायब हो जाता है। कहीं इसके पीछे लखनऊ की सरकार तो नहीं थी? तफ़तीश के दौरान लखनऊ में सरकारें बदलती रहीं और हर बदलाव के साथ विवेचकों का रुख़ भी बदलता रहा।

शकुन्तला शर्मा से मेरी दो बार लम्बी मुलाक़ातें हुईं। यदि आप अस्सी वर्ष की इस महिला को बातचीत में हलके से उत्तेजित कर दें और बोलते समय उसके साथ टोका-टाकी न करें तो यह महिला आपको घृणा, प्रतिहिंसा, धार्मिक अस्मिता और घात-प्रतिघात की एक अनोखी दुनिया में ले जाती है। जिन दिनों मैं इस महिला से मिल रहा था वह अपनी आत्मकथा लिखने में व्यस्त थी। साफ़-सुथरी हस्तलिपि में लिखी जा रही इस डायरीनुमा आत्मकथा में वे सारी छोटी-बड़ी घटनाएं दर्ज हैं जिनका इस महिला के मन पर गहरा असर पड़ा था और जिन्होंने उस की वैचारिकी निर्मित करने में विशेष योगदान किया था। ख़ास तौर से देश के विभाजन और उस समय हुए साम्प्रदायिक दंगों ने उस पर ख़ासा असर डाला था। इन घटनाओं और पिता के प्रभाव से

वह राष्ट्रीय स्वयंसेवक संघ की महिला शाखा में सक्रिय हुई और फिर यह यात्रा जनसंघ, भारतीय जनता पार्टी तथा विश्व हिन्दू परिषद तक चलती चली गई। इस आत्मकथा में मेरठ के साम्प्रदायिक इतिहास और वहाँ की जनसंघ/भारतीय जनता पार्टी की इकाई में व्याप्त अन्तर्विरोधों पर भी अच्छी-ख़ासी सामग्री है। दिलचस्प बात यह थी कि आत्मकथा का पहला ड्राफ़्ट 21 मई, 1987 पर आकर रुका हुआ था।

21 मई हमारे लिए बहुत महत्त्वपूर्ण इसलिए है कि उसी दिन सूर्योदय के एक दो-घंटे बाद जब सूरज पूरी तरह से उग चुका था और हाशिमपुरा की सीमा पर स्थित सरस्वती मन्दिर, सूरज कुण्ड रोड वाले शकुन्तला कौशिक के मकान की छत पर, अपने जानमाल की हिफ़ाज़त के लिए रात भर पहरा देने के कारण प्रात: देर से जगे पाँच नौजवानों में से एक की आँख में एक गोली आकर टिक गई थी। भाजपा नेत्री शकुन्तला शर्मा का घर मोहल्ला अब्दुल वाली से सटा हुआ था। इसलिए साम्प्रदायिक दंगों के दौरान अपने लोगों की सुरक्षा का ज़िम्मा वे लोग ख़ुद ही उठाते थे। शकुन्तला शर्मा और उनकी बहन, जो उनके घर के नज़दीक ही रहती थीं, के बच्चे बारी-बारी से छत पर पहरा देते थे। यद्यपि आँख में गोली लगने के बाद इस नौजवान को आनन-फानन मेरठ मेडिकल कालेज पहुँचाया गया, लेकिन वहाँ पहुँचते-पहुँचते उसकी मौत हो चुकी थी। पाँच भाइयों में सबसे छोटा प्रभात कुमार शर्मा नाम का यह युवक शकुन्तला कौशिक की बहन का बेटा था और उसका सबसे बड़ा भाई सतीश चन्द्र शर्मा मेरठ छावनी में ही मेजर के पद पर तैनात था। उसके साथ दो और लड़के भी इस हादसे में घायल हुए, जिनमें एक उसका मौसेरा भाई अर्थात शकुन्तला कौशिक का बेटा अंबुज था। इस सम्बन्ध में मेरठ के थाना सिविल लाइंस में मुक़दमा अपराध संख्या 224/87 धारा 307/302 भा.दं. वि. दर्ज हुआ। नेता शकुन्तला कौशिक और मेजर सतीश शर्मा के रसूख़ का अन्दाज़ा इसी से लगाया जा सकता है कि बिना पोस्टमार्टम कराए परिवारवाले, ज़बरदस्ती और पुलिस की आपत्तियों को नज़रअंदाज़ करते हुए प्रभात का शव अस्पताल से उठा ले गए। इसी वारदात तक आकर शकुन्तला शर्मा की हस्तलिखित आत्मकथा ठिठक कर रुक जाती है। क्या उथलपुथल रही होगी लेखिका के मन में और क्यों उसने इस बिंदु पर आकर अपनी डायरी बन्द कर दी, इसे समझना बहुत ज़रूरी है।

हुए तुम दोस्त जिसके दुश्मन उसका आसमाँ क्यूँ हो

भारत में क़ानून व्यवस्था क़ायम करने का पूरा ढाँचा बर्तानवी मॉडल पर खड़ा किया गया है। इस ढाँचे की ख़ासियत यह है कि इसमें पुलिस और फ़ौज की भूमिकाओं को बड़े स्पष्ट और अलग-अलग खानों में रखा गया है। ब्रिटिश परम्परा के अनुरूप इसमें फ़ौज पूरी तरह से नागरिक प्रशासन के अधीन रखी गई है। सौभाग्य से आज़ादी के फ़ौरन बाद हमें एक ऐसा राजनैतिक नेतृत्व मिला जिसने, यदि कभी उनके मन में ऐसी इच्छा रही भी हो, फ़ौजी अफ़सरों को सख़्ती के साथ नागरिक प्रशासन में दख़ल देने से रोका। हमारे पड़ोसी और हमसे कटकर बने पाकिस्तान ने नागरिक वर्चस्व क़ायम नहीं रखा और अपने अस्तित्व का आधा समय उसने फ़ौजी हुकूमतों के अन्दर काटा है। सैनिक शासकों ने उसकी क्या गत बनाई है यह किसी से छिपा नहीं है। हम अगर एक लोकतंत्र बने हुए हैं तो इसके पीछे सबसे बड़ा कारण नागरिक और सैनिक गतिविधियों के बीच 1947 में खींची गई लक्ष्मण रेखा का बना रहना है। नागरिक और सैनिक प्रशासन के बीच वर्चस्व की पहली निर्णायक मुठभेड़ आज़ादी की पूर्व संध्या में ही हुई। यह उल्लेख करने की ज़रूरत नहीं है कि भारतीय सेना में अधिकारियों को भर्ती करने की ब्रिटिश नीति के कारण 15 अगस्त 1947 में पर्याप्त वरिष्ठता और अनुभव वाले ऐसे भारतीय अफ़सरों की बेहद कमी थी, जिन्हें विभिन्न स्तरों की कमान सौंपी जा सके। इसलिए शुरुआती वर्षों में वरिष्ठ कमान और स्टाफ़ पदों पर गोरे अधिकारी बने रहे। इन्हीं में से सबसे महत्त्वपूर्ण कमांडर इन चीफ़ जनरल लाकहार्ट ने 15 अगस्त, 1947 को लाल किले पर झंडारोहण के दौरान

सामान्य जनता को समारोह में भाग लेने से रोकने का आदेश जारी कर दिया था। प्रधानमंत्री जवाहरलाल नेहरू को जब यह पता चला तो उन्होंने न सिर्फ़ यह आदेश रद्द कराया बल्कि लाकहार्ट को सख़्त लहजे में याद दिलाया कि : 'सेना में लागू की जाने वाली किसी भी नीति में भारत सरकार की राय और उसके द्वारा निर्धारित नीतियों का वर्चस्व रहेगा।'[1]

इसके कुछ ही दिनों बाद जब जूनागढ़ में फ़ौज भेजने का सवाल उठा और अंग्रेज़ सेनाध्यक्षों ने इसका विरोध किया तब भी पंडित नेहरू और सरदार पटेल ने उनकी आपत्ति को नज़रअंदाज़ कर दिया। यहाँ प्रारम्भिक वर्षों की ही एक और घटना का उल्लेख प्रासंगिक होगा, जिसमें भारतीय मूल के एक जनरल को लक्ष्मण-रेखा का बोध कराया गया। सेना के प्रथम, भारतीय मूल के कमांडर इन चीफ़ जनरल करियप्पा ने आर्थिक विकास जैसे नीतिगत मसलों पर सार्वजनिक रूप से अपनी राय देनी शुरू कर दी थी, और जैसे ही मंत्रिमंडल के कुछ सदस्यों ने प्रधानमंत्री का ध्यान इस तरफ़ आकर्षित किया, पंडित नेहरू ने करियप्पा को पत्र लिख कर स्पष्ट कर दिया कि यह उनका क्षेत्र नहीं है और उन्हें इन टिप्पणियों से बचना चाहिए। इन अनुभवों से फ़ौज ने सबक़ लिया और नागरिक प्रशासन की सर्वोच्चता स्वीकार करते हुए नीतिगत निर्णय सरकार पर छोड़ दिए। उपरोक्त घटनाओं का उल्लेख मैं सिर्फ़ इसलिए कर रहा हूँ कि यह स्पष्ट हो सके कि 1987 में मेरठ दंगों में फ़ौज ने जो कुछ किया, वह न सिर्फ़ उसके अधिकार क्षेत्र के बाहर था, बल्कि देश के क़ानूनों का स्पष्ट उल्लंघन भी था।

1860 के आस-पास बनाए गए क़ानूनों में से सबसे महत्त्वपूर्ण भारतीय दंड प्रक्रिया संहिता (आई.पी.सी.), कोड ऑफ़ क्रिमिनल प्रोसीजर (सी.आर.पी.सी.) और इंडियन पुलिस ऐक्ट के प्राविधानों के तहत ही मुख्य रूप से गम्भीर शान्ति-व्यवस्था की स्थिति से निपटा जाता है। आज़ादी के बाद लागू हुए भारतीय संविधान ने भारतीय नागरिकों को बहुत सारे मौलिक अधिकार दिए हैं और अब ये सारे क़ानून संविधान द्वारा निर्धारित सीमाओं के अन्दर रहकर ही काम कर सकते हैं। क़ानूनों के तहत राज्य सरकार, ज़िला मजिस्ट्रेट या

---

1. In any policy that is to be pursued in the Army or otherwise, the views of the Government of India and the policy they lay down must prevail.

पुलिस कमिश्नर नागरिक अधिकारियों की सहायता के लिए सेना को तलब करते हैं। इसकी क़ानूनी व्याख्या यह हो सकती है कि यदि किसी क्षेत्र में शान्ति व्यवस्था की गम्भीर समस्या उत्पन्न हो जाए और उपरोक्त अधिकारियों को यह विश्वास हो कि उनके पास उपलब्ध पुलिस बल शान्ति व्यवस्था क़ायम करने में समर्थ नहीं है, तो वे नागरिक अधिकारियों की मदद के लिए सेना को बुला सकते हैं। इस मामले में क़ानून बहुत स्पष्ट है। ऊपर उल्लिखित प्रावधानों के तहत सेना नागरिक अधिकारियों की सहायता के लिए ही बुलाई जाती है। उसे किसी को भी गिरफ़्तार करने अथवा तलाशी लेने जैसे पुलिस अधिकार ख़ुद-ब-ख़ुद हासिल नहीं होते हैं। यहाँ सी.आर.पी.सी. की धाराएँ 130 और 131 हमारे लिए प्रासंगिक हैं। धारा 130 में व्यवस्था है कि यदि कोई ग़ैरक़ानूनी भीड़ किसी अन्य तरीक़े से तितर-बितर न की जा सके, तो मौक़े पर मौजूद वरिष्ठतम कार्यकारी मजिस्ट्रेट उसे सशस्त्र सेनाओं द्वारा भंग करा सकता है। ऐसी स्थिति में यह मजिस्ट्रेट किसी सैनिक टुकड़ी के कमान अधिकारी को बल प्रयोग कर इस ग़ैरक़ानूनी भीड़ को भंग करने का आदेश देगा, जिसके अन्तर्गत गिरफ़्तारी का अधिकार भी होगा। सैनिक अधिकारियों को धारा 131 सी.आर.पी.सी. के तहत बिना मजिस्ट्रेट के आदेश के भी यह सब कुछ करने का अधिकार है। धारा 131 में प्रावधान है कि किसी ग़ैरक़ानूनी मजमे को सशस्त्र बल का कमीशंड या राजपत्रित अधिकारी भंग करा सकता है और उसमें भाग लेने वाले किसी व्यक्ति को गिरफ़्तार कर सकता है। पर इसमें एक पेच है। धारा 131 में स्पष्ट किया गया है कि इस अधिकार का उपयोग उसी स्थिति में किया जा सकता है, जब उस अधिकारी का सम्पर्क किसी कार्यकारी मजिस्ट्रेट से हो सकना सम्भव न हो सके।

इसी धारा के अन्तर्गत यह व्यवस्था भी की गई है कि अपनी कार्यवाही के दौरान जैसे ही सैनिक अधिकारी का मजिस्ट्रेट से सम्पर्क सम्भव हो जाता है, उसकी कार्यवाही मजिस्ट्रेट के नियंत्रण के अधीन हो जाती है। क्या 18 मई से 22 मई, 1987 तक मेरठ में ऐसे हालात थे, जहाँ फ़ौजी अधिकारियों के लिए मजिस्ट्रेट से सम्पर्क करना नामुमकिन था? यदि आप मेरठ शहर का भूगोल जानते हैं, और आपको यह तथ्य पता हो कि हर दंगे की तरह इन दंगों के दौरान भी इस भूभाग को छोटे-छोटे सेक्टरों में बाँटा गया था और हर सेक्टर में चौबीसों घंटे कोई न कोई कार्यकारी मजिस्ट्रेट मौजूद रहता था, तो आप

इसे स्वीकार नहीं करेंगे। 22 मई, 1987 तक तो मेरठ पूरी तरह से छावनी में तब्दील हो चुका था। शकुन्तला शर्मा के भांजे और मेजर सतीश चन्द्र कौशिक के छोटे भाई प्रभात की हत्या एक दिन पहले ही हुई थी और जैसा ख़ुद सी.आई.डी. के डी.आई.जी. जंगी सिंह और एस.पी. एस.के. रिजवी ने उत्तर प्रदेश शासन और प्रधानमंत्री कार्यालय को भेजी रिपोर्टों में लिखा था, इस हत्या और हाशिमपुरा कांड के मध्य गहरे अन्तर्सम्बन्ध थे। 22 मई की सुबह के मेरठ के अख़बारों की सुर्खियों में यह हत्याकांड छाया हुआ था। ऐसे किसी भी मौक़े पर जैसा कि स्वाभाविक था, इस बार भी हुआ। पूरे शहर को छोटे-छोटे सेक्टरों में बाँटकर मजिस्ट्रेटों और राजपत्रित पुलिस अधिकारियों से पाट दिया गया था। ऐसे में यदि कोई फ़ौजी अधिकारी धारा 131 सी.आर.पी.सी. के अनुरूप किसी कार्यकारी मजिस्ट्रेट से सम्पर्क करना चाहता तो उसे अधिकतम दस से पन्द्रह मिनट लगते। मुझे मेरठ पुलिस कंट्रोल रूम के दस्तावेज़ों का परीक्षण करने का मौक़ा मिला था और मैं इतना कह सकता हूँ कि 20 मई, 1982 के बाद से मेरठ की मुख्य सड़कें पुलिस और प्रशासनिक अधिकारियों से पटी पड़ी थीं और कोई भी फ़ौजी अधिकारी आसानी से दस-पन्द्रह मिनट में मजिस्ट्रेट से सम्पर्क कर सकता था। इसके अतिरिक्त हर मजिस्ट्रेट की गाड़ी पर पुलिस का वायरलेस सेट लगा था जिसके माध्यम से वह कंट्रोल रूम से जुड़ा था। फ़ौजी कालम के कमांडर का भी, पुलिस द्वारा दिए गए वायरलेस सेट के माध्यम से, कंट्रोल रूम से निरंतर मिलाप बना हुआ था।

मेरठ में दंगों का यह दौर 16 मई को शुरू हुआ। पिछले अनुभवों से सबक़ लेते हुए तीसरे ही दिन मेरठ प्रशासन ने सेना बुला ली। मेरठ छावनी से 18 ग्रेनेडियर की बी कम्पनी इस ड्यूटी के लिए भेजी गई। सी.आई.डी. की रिपोर्टों में जगह-जगह मेजर बी.एस.पठानिया नामक सैनिक अधिकारी का ज़िक्र आता है और उन्हें ध्यान से पढ़ने से यह स्पष्ट हो जाता है कि हाशिमपुरा में तलाशी लेते समय मौजूद फ़ौजी टुकड़ी की कमांड मेजर पठानिया के पास थी। मेजर पठानिया या दूसरे सैनिक अधिकारियों ने अपनी कारगुज़ारियों की जो रपटें अपने उच्चाधिकारियों को भेजी थीं, उनमें कहीं भी इस बात का उल्लेख नहीं था कि जिन तलाशियों, गिरफ़्तारियों अथवा बरामदगियों का दावा वे कर रहे हैं, वे किसी मजिस्ट्रेट के आदेश पर या उसकी उपस्थिति में अंजाम दी गई हैं। यूनिट की वार डायरी में दिनांक 22-5-87 को मेजर पठानिया द्वारा

भेजा गया सन्देश अंकित है, जिसके माध्यम से सूचित किया गया कि उस दिन मोहल्ला हाशिमपुरा का कंट्रोल एस.डी.एम. ने सेना के सुपुर्द कर दिया। क़ानूनन ऐसा नहीं किया जा सकता और ज़ाहिर है यह सूचना मेजर पठानिया द्वारा क़ानून की अधकचरी समझ की वजह से ही भेजी गई थी।

गम्भीर शान्ति व्यवस्था की स्थिति में सेना को मुख्य रूप से बलवाइयों के मन में भय पैदा करने के लिए इस्तेमाल किया जाता है। इस लक्ष्य को हासिल करने के लिए ज़िले के नागरिक अधिकारी उपलब्ध सैन्य टुकड़ियों का इस्तेमाल मुख्य रूप से फ्लैग-मार्च, पेट्रोलिंग और तलाशियों के दौरान इलाक़ों की घेराबन्दी के लिए करते हैं। अमूमन होता यह है कि किसी इलाक़े की फ़ौज अथवा पी.ए.सी. जैसे सशस्त्र पुलिस बल द्वारा घेराबन्दी कराकर सिविल पुलिस के लोग घरों के अन्दर तलाशी के लिए घुसते हैं। कई बार चुनौतियों और ख़तरों का आकलन कर फ़ौजी जवानों को घनी आबादी वाले मोहल्लों में ऊँची छतों पर तैनात किया जाता है, ताकि वे वहाँ से आस-पास के इलाक़े की निगरानी कर सकें और आवश्यकता पड़ने पर किसी आसन्न संकट से निपट सकें। ज़रूरी होने पर वे तलाशी लेने वाले समूह के साथ घरों के अन्दर भी घुसते हैं, किन्तु इनका मुख्य काम तलाशी लेने वालों की हिफ़ाज़त तथा बलवाइयों के हृदय में भय उत्पन्न करना होता है। वे किसी भी स्थिति में भारतीय संविधान और सी.आर.पी.सी. सेना के लिए शान्ति व्यवस्था की बहाली के दौरान एक स्वतंत्र भूमिका की कल्पना नहीं करते। इसका एकमात्र अपवाद आर्म्ड फ़ोर्सेस स्पेशल पावर्स एक्ट है, जिसके अन्तर्गत सेना को तलाशी लेने एवं गिरफ़्तारी करने जैसे पुलिस के अधिकार दिए गए हैं। किन्तु आर्म्ड फ़ोर्सेस स्पेशल पावर्स एक्ट सिर्फ़ उन्हीं क्षेत्रों में लागू किया जा सकता है, जिन्हें डिस्टर्ब्ड एरिया घोषित किया गया हो। ऐसा इस क़ानून के बनने के बाद मुख्य रूप से कश्मीर तथा उत्तर-पूर्व के राज्यों में ही किया गया है, जहाँ होने वाले उपद्रव सामान्य शान्ति व्यवस्था की श्रेणी में नहीं आते और आधुनिकतम हथियारों से सुसज्जित तथा फ़ौजी प्रशिक्षण प्राप्त विद्रोहियों से निपटना नागरिक पुलिस के बूते का नहीं है। अत: वहाँ सेना को आर्म्ड फ़ोर्सेस स्पेशल पावर्स एक्ट के तहत विशेष अधिकार देकर भेजना कुछ हद तक तर्कसंगत है। निश्चित रूप से 22 मई, 1987 के सायं 5 बजे जब हाशिमपुरा में तलाशियाँ चल रही थीं, तब न तो मेरठ को डिस्टर्ब्ड एरिया घोषित किया गया था और न ही वहाँ आर्म्ड फ़ोर्सेस स्पेशल पावर्स एक्ट

के प्रावधानों के तहत फ़ौज को तलाशियों और गिरफ़्तारियों का कोई अधिकार प्राप्त था। अत: 22 मई, 1987 को मेजर पठानिया द्वारा भेजा गया सन्देश कि एस.डी.एम. ने हाशिमपुरा का कंट्रोल सेना को सौप दिया है, न सिर्फ़ भ्रामक है, बल्कि उस ख़ास मानसिकता का द्योतक है, जिससे सैनिक अधिकारी पीड़ित रहते हैं और जिसका थोड़ा सा ज़िक्र करना अप्रासंगिक नहीं होगा।

सेना मुख्यालय की इसी वार डायरी में दिनांक 22-5-87 को 17 बजे यह भी उल्लेख है कि पाइंट थ्री नॉट थ्री राइफ़ल जो हेड कांस्टेबल शंकर, चौबीसवीं वाहिनी, पी.ए.सी. से छीनी गई थी, उनके कॉलम द्वारा बरामद कर ली गई है। सेना मुख्यालय की डायरी से यह भी स्पष्ट होता है कि दिनांक 22-5-87 को शान्ति व्यवस्था हेतु ली गई तलाशी एवं की गई गिरफ़्तारियाँ सेना के मार्गदर्शन में ही हुई थीं। 22-5-87 की वार डायरी में सैन्य ऑपरेशन के समय लगभग एक हज़ार मकानों की तलाशी, 600 व्यक्तियों को बन्दी बनाए जाने तथा बन्दूक व राइफ़ल, डैगर व एसिड आदि के बरामद होने का उल्लेख है।

यहाँ मेरठ के तत्कालीन वरिष्ठ पुलिस अधीक्षक जी.एल.शर्मा का सी.आई.डी. के समक्ष दिया गया यह बयान भी उल्लेखनीय है कि 'उन्हें यह नहीं मालूम कि तलाशियों का संयुक्त अभियान किसके आदेश पर चला था, किन्तु यह पता चला था कि यह कार्य सेना के लोगों ने तय किया था।...सेना मुख्यालय में इस बारे में मीटिंग होती थी। आर्मी वाले ही तय करते थे कि कहाँ-कहाँ पर तलाशियाँ होनी हैं।...तलाशी के निर्देश केवल मौखिक रूप से मीटिंग में दिए जाते थे। गिरफ़्तारी के समय गिरफ़्तार लोगों की सूची सेना अधिकारी तैयार करते थे और वे अपने रिकॉर्ड तैयार करके आर्मी हेडक्वार्टर, नई दिल्ली भेजते थे। आर्मी वाले अपने रिकॉर्ड में यह लिखते थे कि कितने लोग पकड़े गए,उनमें कितने हिंदू हैं और कितने मुसलमान।'

एक दर्जन से अधिक गवाहों ने सी.आई.डी. के सामने बयान देते हुए यह बताया है कि मेजर पठानिया के हाथ में एक लाउड हेलर था जिससे वे लगातार लोगों को घरों से बाहर निकलने का निर्देश दे रहे थे। लाउड हेलर से ही वे तलाशियों में लगे पुलिस तथा सेना के कर्मियों के लिए भी ऑपरेशनल निर्देश प्रसारित कर रहे थे। सी.आर.पी.एफ. की महिला यूनिट के कमाण्डर ने अपने बयान में कहा कि मेजर पठानिया ने उन्हें महिलाओं की तलाशी के लिए आदेश दिया था।

कई वर्षों बाद जब लम्बे पत्राचारों और कई स्तरों पर हुई कोशिशों के फलस्वरूप फ़ौजी अधिकारी एवं जवान सी.आई.डी. के सामने बयान देने के लिए आए तो वे उन सारे दावों से पलट गए जो ख़ुद उन्होंने सेना के विभिन्न मुख्यालयों को भेजे गए अपने अभिलेखों में कहे थे। मेजर पठानिया ने यह तो स्वीकारा कि उसके पास एक लाउड हेलर था और जिस पर वह समय-समय पर घोषणाएँ कर रहा था, किन्तु उसने इस बात से इनकार किया कि उसने लाउड हेलर पर लोगों को घरों से निकलने के लिए कहा अथवा वहाँ तैनात सुरक्षा बलों को कोई ऑपरेशनल कमाण्ड दिए। उसने इस बात से भी इनकार किया फ़ौज ने तलाशियों और गिरफ़्तारियों में भाग लिया। अपने ही द्वारा किए गए इस दावे को भी उसने ख़ारिज कर दिया कि पी.ए.सी. की लूटी गई राइफ़ल फ़ौजियों द्वारा बरामद की गई थी। हालाँकि इस बात का उसके पास कोई जवाब नहीं था कि उसने समय-समय पर वरिष्ठ सैनिक अधिकारियों को भेजे गए सिटरेप (सिचुएशन रिपोर्ट) और वार डायरी में क्यों सेना द्वारा गिरफ़्तारियों और तलाशियों के दावे किए थे, और कैसे 21 अगस्त को लूटी गई पी.ए.सी. की राइफ़ल सैनिक अधिकारियों द्वारा थाना सिविल लाइंस में जमा की गई।

मेजर पठानिया के रुख़ में यह बदलाव अचानक नहीं आया होगा। सी.आई.डी. के सामने बयान देने के लिए उपस्थित होने के पहले निश्चित रूप से उसने और दूसरे फ़ौजी अधिकारियों ने क़ानूनी सलाह ली होगी और उन्हें यह सलाह मिली होगी कि सिटरेप और वार डायरी में अपनी कारगुज़ारियों को बयान करने वाले उनके दावे क़ानून के बारे में बहुत कम जानकारियाँ रखने वाले फ़ौजी अधिकारियों से शाबाशी और तमगे तो दिला सकते हैं, लेकिन क़ानून की नज़रों में पूरी तरह से अवैध हैं और अगर साबित हो जाएँ तो अदालतें उन्हें दंडित कर सकती हैं। हाशिमपुरा हत्याकांड की सुनवाई के दौरान बार-बार तलब किए जाने के बावजूद मेजर पठानिया अदालत में हाज़िर नहीं हुआ। भारतीय न्याय व्यवस्था की असहायता का इससे बड़ा उदाहरण और क्या हो सकता है कि अपनी तमाम कोशिशों के बावजूद अभियोजन मेजर पठानिया को अदालत में हाज़िर नहीं करा सका।

क़ानून द्वारा स्पष्ट विभाजन रेखा खींचे जाने के बावजूद क्यों बढ़-चढ़ कर फ़ौजी अधिकारियों ने वह भूमिका निभानी शुरू कर दी जो उनके लिए निर्धारित नहीं थी और क्यों मेरठ के नागरिक तथा पुलिस प्रशासन ने अपनी

भूमिका सीमित करनी शुरू कर दी और उन मामलों में सैनिक अधिकारियों के सामने समर्पण करना शुरू कर दिया, जो पूरी तरह उनके अधिकार क्षेत्र में आते थे? इसे समझने के लिए मेरठ के तत्कालीन पुलिस और नागरिक प्रशासन के मनोबल तथा भारतीय सेना की मानसिक बुनावट को समझना बहुत आवश्यक होगा। पहले मेरठ के तत्कालीन नागरिक एवं पुलिस प्रशासन की बात करें।

अट्ठारह मई 1987 को मेरठ में साम्प्रदायिक दंगों की शुरुआत हुई। इसके कुछ महीने पहले ही साम्प्रदायिक दंगों का एक दौर होकर गुज़र चुका था और मेरठ के पिछले अनुभव यह बताते थे कि अब कुछ महीनों या वर्षों के लिए वहाँ पर शान्ति रहेगी। उन दिनों मेरठ में नियुक्त वरिष्ठ पुलिस अधीक्षक वी.के. बी. नायर से 22 मार्च 2011 को केरल स्थित उनके गाँव में रात में देर तक उन दिनों के मेरठ के बारे में बातचीत हुई और मई 1987 की घटनाओं को याद करते हुए उन्होंने हँसते हुए यह कहा था कि उनकी तैनाती के कुछ महीने पहले हुए दंगों के कारण उन्हें और ज़िला मजिस्ट्रेट को यह यक़ीन हो गया था कि अब अगले कुछ दिनों तक मेरठ में साम्प्रदायिक दंगे नहीं होंगे और वे लोग शान्ति के साथ अपना समय काट सकेंगे। मेरठ शहर का इतिहास बताता था कि एक बार दंगे की आग में झुलसने के बाद शहर कुछ दिन सुस्ताता था। उत्तर प्रदेश की राजनीति और प्रशासनिक परंपराओं को जानने वाले लोगों को पता है कि किसी भी ज़िले के ज़िला मजिस्ट्रेट और पुलिस कप्तान को डेढ़-दो वर्ष से अधिक रहने का अवसर अपवादस्वरूप ही मिलता है। साल बीतते-बीतते हर अधिकारी की उलटी गिनती शुरू हो जाती है। इसलिए वी.के. बी. नायर का यह सोचना बहुत स्वाभाविक था। पर परिस्थितियों ने उनकी इन उम्मीदों पर पानी फेर दिया।

मुझे अभी तक 19 मई, 1987 की वह सुबह अच्छी तरह याद है, जब मेरठ से डी.आई.जी. रेंज के नत्थूलाल की उत्तेजित आवाज़ टेलीफ़ोन पर सुनाई दी। सुबह के आठ बजे थे और अमूमन इस समय मैं उनके फ़ोन की उम्मीद करता था। इस समय तक उनके पास रेंज भर के ज़िलों से पिछले 24 घंटों में घटित अपराधों की सूचनाएँ पहुँच चुकी होती थीं और वे उनके आधार पर अलग-अलग ज़िलों के पुलिस अधीक्षकों से उनके ज़िलों के बारे में बात करते थे। हार्ड टास्क मास्टर और कई बार बदज़ुबानी की हद तक कड़क नत्थूलाल पुलिस अधीक्षकों के बीच ख़ासे अलोकप्रिय थे और कोई भी उनके टेलीफ़ोन

का बहुत ख़ुशी से इंतज़ार नहीं करता था। उस दिन उनका स्वर उत्तेजना से भरा हुआ था और वे जल्दी-जल्दी जो कुछ बोल रहे थे उससे यह समझ में आया कि पिछली रात मेरठ में बड़े पैमाने पर साम्प्रदायिक हिंसा की घटनाए हुई हैं और वे दूसरे ज़िलों से पुलिस बल मँगा रहे हैं। उन्होंने मुझे पुलिस अधिकारियों और कर्मचारियों की जो सूची पढ़ कर सुनाई, उसके अनुसार फ़ोर्स भेजने का मतलब था अपना आधा ज़िला ख़ाली कर देना। मैंने उनसे बहस करने की कोशिश भी की कि यदि मेरठ में कुछ हो रहा है तो उसका असर ग़ाज़ियाबाद पर भी पड़ेगा, क्योंकि ग़ाज़ियाबाद न सिर्फ़ मेरठ से लगा हुआ ज़िला था, बल्कि काफ़ी हद तक संवेदनशील भी। मैं जानता था कि मेरी दलीलों का कोई असर नहीं होगा और यही हुआ। नत्थूलाल ने यह कहते हुए टेलीफ़ोन पटक दिया कि लिखित आदेश वायरलेस से पहुँच रहा है और मैं फ़ौरन फ़ोर्स रवाना करना शुरू करूँ। उसके बाद हर आधे एक घंटे के बाद उन्होंने फ़ोन कर यह मालूम करना शुरू किया कि कितनी फ़ोर्स रवाना हो चुकी है। शाम तक मेरा आधा ज़िला ख़ाली हो चुका था। मैं जानता था कि मेरठ रेंज के दूसरे ज़िलों का भी यही हाल होगा, पर चारों तरफ़ से इकट्ठी की गई इस फ़ौज का हुआ क्या, यह जानना बड़ा दिलचस्प होगा।

मैं दंगा शुरू होने के दो-तीन दिन के अन्दर ही भारत सरकार के गृह राज्यमंत्री चिदंबरम को एस्कॉर्ट करके सिटी कंट्रोलरूम मेरठ ले गया और वहाँ मैंने पाया कि उस परिसर में दूसरे ज़िलों से आए हुए पुलिसकर्मी भटक रहे थे। इनमें से कुछ तो पिछले 24 घंटों से पर्याप्त आराम या खाए-पिए बिना पड़े थे और कोई उन्हें उनकी ड्यूटी बताने वाला नहीं था। उनमें से कुछ ग़ाज़ियाबाद से भी आए थे और मुझे देखकर अपना दुखड़ा सुनाने मेरे पास आ गए। वहाँ अफ़रा-तफ़री का आलम यह था कि केंद्रीय गृह राज्यमंत्री जब सीनियर अधिकारियों से बातचीत करने के लिए एक कमरे में बन्द हो गए, उसी समय कोतवाली के बरामदों में हुड़दंगियों का समूह दरवाज़ों-खिड़कियों को पीटता हुआ उनकी तलाश में पिल पड़ा। वे इस सूचना पर वहाँ आए थे कि केंद्रीय गृह राज्यमंत्री वहाँ आए हुए हैं और उनके सामने हंगामा कर वे अपने उन परिचितों और रिश्तेदारों को छुड़ाना चाहते थे, जिन्हें पुलिस ने पिछली रात दंगों में भाग लेने के आरोप में गिरफ़्तार किया था। मैं चूँकि बाहर से आया एक अधिकारी था, अत: बैठक में न शरीक होकर कोतवाली के एक-दूसरे

कमरे में चिदंबरम के साथ आए उनके निजी स्टाफ़ के साथ बैठा हुआ बात कर रहा था। भीड़ का हल्ला-गुल्ला सुनकर जब मैं बाहर निकला, तब मैंने इस उत्पाती भीड़ को कोतवाली की पूरी इमारत पर लगभग क़ब्ज़ा किए हुए देखा। कोतवाली में मौजूद मेरठ तथा बाहर से आए हुए पुलिसकर्मी असहाय से इस भीड़ को देख रहे थे। स्पष्ट था कि स्थानीय पुलिस का नेतृत्व पूरी तरह से विफल हो गया था। वरिष्ठ अधिकारी गृह राज्यमंत्री के साथ कमरे में बन्द थे और मंझोले दर्जे के अधिकारी कोई फ़ैसला नहीं ले पा रहे थे। मैंने अपने साथ गए ग़ाज़ियाबाद के पुलिसकर्मियों को ललकारा और हम सबने मिलकर डंडे फटकारते हुए भीड़ को उस परिसर से बाहर खदेड़ा। मैं इस घटना का उल्लेख केवल यह स्पष्ट करने के लिए कर रहा हूँ कि दंगों के दौरान मेरठ का नागरिक एवं पुलिस प्रशासन पूरी तरह से हतोत्साहित हो चुका था और वह सही समय पर निर्णय लेने की क्षमता पूरी तरह से खो चुका था।

यही कारण था कि सैनिक अधिकारियों के बड़बोलेपन को छोड़ भी दें, तो ख़ुद हमें मेरठ में तैनात नागरिक और पुलिस अधिकारियों के बयानों में यह आभास मिलेगा कि वहाँ गिरफ़्तारियों और तलाशियों के सारे बड़े फ़ैसले सेना के अधिकारी ले रहे थे। मैं पुस्तक के अन्तिम अध्याय में इनका विश्लेषण करूँगा। यहाँ तो सिर्फ़ सिटी कंट्रोल रूम के एक सन्देश का उल्लेख करना ही पर्याप्त होगा, जो भ्रम की पूरी स्थिति को उजागर करने में समर्थ है। दिनांक 21-5-87 के इस सन्देश में दर्ज है कि 13 बजकर 14 मिनट पर हाशिमपुरा भारतीय सेना के सुपुर्द कर दिया गया है और ऑपरेशन शुरू होने वाला है। यह सन्देश क़ानून की ग़लत समझ पर आधारित था और मेरठ प्रशासन की हताशा का द्योतक है। इसी तरह का एक उदाहरण 21 मई 1987 के *अमर उजाला* के मुखपृष्ठ पर छपी वह ख़बर है, जिसका शीर्षक था 'मेरठ किसी भी क्षण सेना के हवाले'। निश्चित रूप से इस ख़बर का स्रोत कोई वरिष्ठ अधिकारी रहा होगा। दुर्भाग्य से उससे किसी ने नहीं पूछा कि किस भारतीय क़ानून के तहत मेरठ सेना के हवाले किया जा सकता था?

कभी हम भी तुम भी थे आशना

मुझे शुरू से यह प्रश्न मथता रहा है कि क्योंकर हुआ होगा हाशिमपुरा? यदि आप मानसिक रूप से विक्षिप्त नहीं हैं, तो कैसे किसी जीवित व्यक्ति के सीने पर बन्दूक रखकर उसका घोड़ा दबा सकते हैं? मनुष्य की हत्या करने के लिए सबसे ज़रूरी शर्त है कि आपके पास इसके लिए कोई बहुत मजबूत कारण हो। मरने वाले ने आपके साथ कुछ ऐसा किया हो कि आप ग़ुस्से से बलबला रहे हों अथवा उसकी हत्या करने से आपको कोई बड़ा आर्थिक या आत्मिक तोष मिलने वाला हो, तभी आप उसे मारेंगे। हाशिमपुरा में तो प्रथम-दृष्ट्या ऐसा कुछ भी नहीं था। जिन्हें मारा गया था और जिन्होंने मारा था वे एक-दूसरे से पहली बार मिल रहे थे, उनकी आपस में कोई दोस्ती-दुश्मनी नहीं थी और न ही हत्यारों को अपने कृत्य के बाद कोई इनाम मिलने की ही सम्भावना थी। 22/23 मई की उस अँधेरी रात से, जब मैं मकनपुर में हिंडन नहर के किनारे मृतकों में जीवन के चिह्न तलाश रहा था और लाशों के बीच पहला जीवित बाबूदीन मिला था, मुझे यही सवाल परेशान करता रहा है। कैसे मार पाए होंगे सब इंस्पेक्टर सुरेन्द्र पाल सिंह और उसकी टुकड़ी के अन्य कर्मी उन 42 मुसलमान नौजवानों को, जिनसे किसी व्यक्तिगत दुश्मनी तो दूर जिन्हें इसके पहले उन्होंने कभी देखा तक नहीं था?

22 मई 1987 की उस उमस भरी दोपहरी में हाशिमपुरा के छह-सात सौ लोगों को सेना, सी.आर.पी.एफ., पी.ए.सी. और पुलिस के लोग घरों से निकाल कर गुलमर्ग टॉकीज़ के सामने वाली सड़क पर ले आए और फुटपाथ की पटरियों पर छोटे-छोटे समूहों में बैठे लोगों के बीच से कुछ को ही

ट्रक न. यू.आर.यू.1493 पर बैठने के क़ाबिल समझा गया था। इसी पर लादकर उन्हें मक़तल ले जाया गया था। क़त्ल के लिए चुने जाने का एकमात्र आधार उनकी उम्र और तंदुरुस्ती थी। वे सभी नौजवान और हट्टे-कट्टे थे। कई बार तो ऐसा हुआ कि कोई एक इस ट्रक की तरफ़ हुर्रियाया गया और तभी हत्यारों में से किसी को लगा कि बन्दा बूढ़ा या बीमार है तो उसे दूसरी तरफ़ खदेड़ दिया गया। लगभग वैसे ही जैसे कसाई किसी बैल को ख़रीदने के पहले उसकी काँख में उँगली कोंच-कोंच कर मुतमइन होना चाहता है कि जानवर उसके मतलब का है या नहीं। हत्यारों ने उस दोपहर हाशिमपुरा में अपने शिकार भी सोच-समझ कर छांटे। हत्या के लिए चुने गए स्वस्थ नौजवान स्वाभाविक रूप से अपने समुदाय की शक्ति थे, उन्हें मार कर 'क्रूर' मुसलमानों को सामूहिक सबक़ सिखाया जा सकता था।

मरने वालों को चिह्नित करने का काम जिन्होंने किया, वे मारने वालों से भिन्न थे। सालों की उबाऊ और गैर पेशेवर तफ़्तीश के बाद सी.आई.डी. उन लोगों तक नहीं पहुँच सकी, जिन्होंने 21 मई, 1987 की सुबह हुई प्रभात की हत्या और उसके पहले पी.ए.सी. जवान से राइफ़ल लूटने जैसे जुर्म के लिए हाशिमपुरा के मुसलमानों को दंडित करने का फ़ैसला किया था और उसने अदालत के सामने सिर्फ़ 19 लोगों को पेश किया जिनकी, आरोप पत्र के अनुसार, 'दूषित मानसिकता'[1] ही इस जघन्य हत्याकांड के लिए ज़िम्मेदार थी। कई जगह 21 और 22 मई को मेरठ में हुई उन रहस्यपूर्ण बैठकों का ज़िक्र आया है, जिनमें मेरठ के तमाम आला सिविल तथा पुलिस अधिकारी शरीक थे और जिनमें बढ़-चढ़ कर फ़ौजी अधिकारियों ने भी भाग लिया था। इस बैठक में ही उन लोगों का चयन किया गया था, जिन्हें हत्यारों की भूमिका निभानी थी और वे भी चुने गए थे, जिन्हें शिकार चिह्नित करने थे।

हाशिमपुरा को समझने के लिए ज़रूरी है कि भारतीय समाज की उस मानसिकता को समझा जाए जो साम्प्रदायिक हिंसा के पीछे काम करती है। ज़रूरी नहीं है कि यह हिंसा भौतिक ही हो। सामाजिक रिश्तों में हिंसा कई बार मानवीय व्यवहारों की इतनी बारीक़ परतों में छिपी होती है कि ऊपर से सब कुछ सामान्य लगते हुए भी अन्दर से आपको छील सकती है। जातियों

1. सी.आई.डी. द्वारा अदालत में दाख़िल आरोपपत्र का अंश।

और धर्मों में बटे भारतीय समाज में यह हिंसा खान-पान की छुआछूत, आपसी अविश्वास और भाषिक प्रयोगों के ज़रिए हमारी रोज़मर्रा की ज़िन्दगी में दिखाई देती रहती है। 1987 के दौरान मेरठ में कई चरणों में होने वाली मारकाट, जिसमें कई सौ लोगों को अपनी जानें गँवानी पड़ी थीं, अन्दर छिपी इसी घृणा के समय-समय पर होने वाले भौतिक अभिव्यक्ति के प्रस्फुटन का एक उदाहरण है। यह देखना दिलचस्प होगा कि दंगों को लेकर एक औसत हिन्दू या एक औसत मुसलमान कैसे सोचता है? इस पुस्तक पर काम करते समय मैंने अक्सर एक समय पर एक इलाक़े में हुई एक ही घटना के बारे में दोनों समुदायों के सदस्यों से बातें की हैं, और यह देखकर बड़ा कुतूहल हुआ है कि दोनों के विवरणों में ज़मीन-आसमान का फ़र्क़ है। कई बार तो दोनों तरफ़ के प्रत्यक्षदर्शी इतने विपरीत तथ्य रखते हैं कि उनके कथनों में से सच तलाशना मुश्किल हो जाता है। मेरठ के इन्ही दंगों की स्थानीय हिन्दी और उर्दू के अख़बारों में रिपोर्टिंग इतनी भिन्न थी कि कई बार एक ही हादसे का विवरण दोनों में पढ़ते समय आपको लग सकता है कि आप दो अलग वारदातों के बारे में पढ़ रहे हैं। इस पृष्ठभूमि में हाशिमपुरा का सच जानने के लिए यह समझना उपयोगी होगा कि बहुसंख्यक समाज दंगों को लेकर कैसे सोचता है।

औसत हिन्दू यह मान कर चलता है कि दंगों की शुरुआत मुसलमान करते हैं और उनमें मरने वालों में ज़्यादा हिन्दू होते हैं। दंगों की शुरुआत के बारे में बहस की गुंजाइश है, लेकिन मरने वालों की तादाद के बारे में तो कतई नहीं। सरकारी आंकड़ों के अनुसार ज़्यादातर दंगों में मरने वालों में न सिर्फ़ मुसलमानों की संख्या ज़्यादा होती है, बल्कि आधे से ज़्यादा में तो यह संख्या 90 प्रतिशत से भी अधिक रही है। 1960 के बाद हमारे देश में जो साम्प्रदायिक दंगे हुए हैं, उनका चरित्र सन् 47 के आसपास हुए विभाजन से सम्बन्धित दंगों से भिन्न है। तब तक विभाजन से उत्पन्न कारण लगभग समाप्त हो चुके थे और तत्कालीन पूर्वी पाकिस्तान से भाग कर आने वाले हिन्दुओं के मुँह से सुनी हुई ज़्यादतियों की प्रतिक्रिया में होने वाले कुछ दंगों को छोड़ दें, तो हम पाएँगे कि अधिकतर दंगों के कारण विभाजन की स्मृतियों से एकदम परे हट कर थे। इनमें से ज़्यादातर विभाजन के फ़ौरन बाद क्षीण हुए मुस्लिम और हिन्दू साम्प्रदायिक संगठनों के पुनर्संगठित होने और राजनीतिक हितों के लिए दंगे कराने की बढ़ती प्रवृत्ति के कारण ही हुए। सरकारी आँकड़ों के

अनुसार नष्ट हुई सम्पत्ति में भी लगभग 75 प्रतिशत मुसलमानों की होती है। ऐसा नहीं है कि यह कोई गोपनीय तथ्य है, पर इसके बावजूद पूर्वाग्रह इतने गहरे बैठे हैं कि विपरीत तथ्य सामने रखने पर भी औसत हिन्दू मन यह मानने से इनकार कर देगा कि दंगों के लिए हमेशा मुसलमानों को ही दोषी नहीं ठहराया जा सकता है।

भारतीय पुलिस का औसत सदस्य इसी बहुसंख्यक समाज से आता है, और साधारणतया बल का अंग बनते समय उसकी आयु 18 से 25 वर्ष के बीच होती है। इस उम्र तक हिन्दू-मुसलिम रिश्तों को लेकर उसकी समझ पुख़्ता हो चुकी होती है और अपने समाज की तरह उसका मानना भी यही होता है कि दंगे मुसलमानों की बदमाशी की वजह से होते हैं। एक बार रोग का 'कारण' पता चल जाने के बाद उसका 'निदान' तलाशना भी मुश्किल नहीं है। अगर दंगों के पीछे मुसलमान हैं, तो उन्हें रोकने के लिए उनके ही ख़िलाफ़ कार्यवाही भी करनी पड़ेगी। यह धारणा इतनी पुष्ट है कि उन दंगों समेत, जिनमें नुकसान उठाने वालों में अधिकांश मुसलमान होते हैं, लगभग सभी में पुलिस की कार्यवाही का ठीकरा मुसलमानों पर ही टूटता है। गिरफ़्तार लोगों में अधिकतर वे ही होते हैं, ज़्यादातर उन्हीं के घरों की तलाशियाँ होती हैं, यहाँ तक कि पुलिस की गोलियाँ भी उन्हीं को शिकार बनाती हैं। जिन्हें दंगों के दौरान कंट्रोल रूम में पुलिस अधिकारियों और मजिस्ट्रेटों की बैठकों में भाग लेने का मौक़ा मिला होगा, उनका ध्यान मेरी तरह 'हम' और 'वे' शब्दों पर ज़रूर गया होगा। आमतौर से वहाँ मौजूद अधिकारी हिन्दुओं के लिए 'हम' और मुसलमानों के लिए 'वे' का प्रयोग करते हैं। 'हम' और 'वे' का फ़र्क़ कर्फ़्यू के दौरान भी दिखाई पड़ता है। यदि आप किसी कर्फ़्यूग्रस्त शहर से गुज़र रहे हों और किसी इलाक़े में मुख्य सड़कों से हट कर गलियों में बच्चे क्रिकेट खेलते दिखें तो मान लीजिए कि यह हिन्दुओं की आबादी वाला इलाक़ा है और इसके विपरीत इससे लगे मुसलिम इलाक़ों में सख़्ती से लगा कर्फ़्यू देख सकते हैं।

यह बहुत अस्वाभाविक नहीं है कि भारत में साम्प्रदायिक दंगे अक्सर हिन्दू बनाम मुसलमान के स्थान पर पुलिस बनाम मुसलमान में तब्दील हो जाते हैं। हिंसा के दौरान इक्का-दुक्का पुलिस वाले मुस्लिम मोहल्ले में जाते हुए अपने आपको उसी तरह असुरक्षित महसूस करते हैं, जिस तरह औसत हिन्दू। इसके

विपरीत हिन्दू मोहल्लों में अमूमन उनका स्वागत होता है। आप एक आम दृश्य के रूप में हिन्दुओं को दंगों के दौरान घंटों ड्यूटी पर खड़े थके-माँदे, भूखे-प्यासे पुलिसकर्मियों के लिए भोजन और आराम की व्यवस्था करते देख सकते हैं। हाशिमपुरा घटने के कुछ ही वर्षों बाद, एक फेलोशिप के तहत, मैं साम्प्रदायिक दंगों के दौरान पुलिस की छवि पर शोध कर रहा था, तो मेरे लिए यह बड़े कौतुक का विषय था कि मेरे दंगा पीड़ितों में बाँटी गई प्रश्नावली के एक प्रश्न का उत्तर दोनों समुदायों ने एकदम विपरीत दिया था। यह पूछे जाने पर कि साम्प्रदायिक दंगों के दौरान वे पुलिस को दोस्त या दुश्मन किस रूप में पाते हैं, ज़्यादातर हिंदुओं ने दोस्त वाले विकल्प पर निशान लगाया, जबकि उनसे भिन्न लगभग सभी मुसलमान दंगों के दौरान पुलिस को दुश्मन के रूप में देखते थे। इस प्रश्न के उत्तर में, कि दंगों के दौरान जब उनका जान-माल ख़तरे में हो क्या वे पुलिस के पास सुरक्षा के लिए जाना चाहेंगे, सभी हिन्दुओं के उत्तर 'हाँ' में थे, जबकि अधिकांश मुसलमानों ने 'न' कहा। पुलिस की यह छवि दोनों समुदायों के मन में अपने-अपने ज़मीनी अनुभवों के आधार पर निर्मित हुई थी। मेरा अनुभव यह कहता था कि सामान्य परिस्थितियों में हिन्दू भी पुलिस को अपना मित्र नहीं कहेंगे। एक कहावत लगभग सभी भारतीय भाषाओं में प्रचलित है जिसके अनुसार पुलिस की दोस्ती और दुश्मनी दोनों ख़राब है। फिर क्योंकर दंगों के दौरान एक औसत हिन्दू पुलिस को अपने रक्षक और मित्र के रूप में देखता है? सम्भवत: इसके पीछे एक ही कारण है कि औसत पुलिसकर्मी खाकी कपड़ों के नीचे भी अपनी हिन्दू पहचान बनाए रखता है। उसे भी कहीं न कहीं यह लगता है कि अगर वह हस्तक्षेप नहीं करेगा तो 'बर्बर' मुसलमान 'अहिंसक' हिन्दुओं का जीना मुहाल कर देंगे।

बहुसंख्यक हिन्दुओं के मन में गहरी पैठी धारणा को, कि दंगे आम तौर से मुसलमान शुरू करते हैं, यदि आप इस तथ्य से चुनौती देने की कोशिश करें कि आज़ादी के बाद के लगभग हर दंगे में ज़्यादातर मरने वाले मुसलमान हैं और यह कोई गोपनीय तथ्य नहीं है, फिर क्यों वे दंगे शुरू करते हैं, तो आपको एक बहुत दिलचस्प उत्तर सुनने को मिलेगा। औसत हिन्दू यह कहेगा कि 'स्वभाव से क्रूर और बर्बर' मुसलमान दंगा शुरू तो कर देता है और 'अहिंसक तथा उदार' हिन्दू प्रारम्भ में नुकसान उठाता है पर पुलिस के मौक़े पर पहुँचते ही स्थिति बदल जाती है। 'मित्र' पुलिस न सिर्फ़ हिन्दुओं की रक्षा

करती है, वरन 'दुष्ट' मुसलमानों को दंडित भी करती है और मुसलमानों का अधिक नुकसान इसी वजह से होता है। यदि पुलिस न हो तो 'अपने ही देश' में हिन्दुओं का रहना मुश्किल हो जाए। 1987 का मेरठ भी 'मिनी पाकिस्तान' बन गया था और अगर पी.ए.सी. ने सबक़ न सिखाया होता तो मुसलमान हिन्दुओं की ज़िन्दगी दूभर कर देते।

दंगों के दौरान छपी दो रिपोर्टें इस मानसिकता को भलीभांति स्पष्ट कर सकती हैं। 28 मई को *अमर उजाला* की टिप्पणी थी कि 'पी.ए.सी. हटाना मेरठ को विनाश के कगार पर बिठाना होगा'। दूसरे दिन 29 मई को *दैनिक जागरण* ने लिखा 'समय पर पी.ए.सी. न आती तो तबाह हो जाते'। इसी धारणा के तहत हिन्दू साम्प्रदायिक हिंसा के दौरान पुलिस को अपना मित्र पाता है। समान स्थिति में मुसलमान उसे अपना शत्रु क्यों समझता है? 1860 के दशक में पारित विभिन्न क़ानूनों के अन्तर्गत एक आधुनिक संस्था के रूप में गठित पुलिस ऐसा क्या करती है कि साम्प्रदायिक हिंसा के दौरान उसकी छवि किसी निष्पक्ष अम्पायर की नहीं बन पाती? यह जानने से अधिक ज़रूरी इस बात की पड़ताल है कि वह ऐसा क्यों करती है? हाशिमपुरा की गुत्थी सुलझाने के लिए हमें इन प्रश्नों का उत्तर तलाशना होगा और उस मानसिकता की तह तक पहुँचने का प्रयास करना होगा, जिसके तहत खाकी वर्दी पहने उन्नीस पुलिसकर्मी बयालीस अपरिचित नौजवानों के सीनों से सटाकर अपनी बन्दूकों के ट्रिगर सिर्फ़ इसलिए दबा सकते हैं कि मरने वाले स्वस्थ थे, नौजवान थे और मुसलमान थे।

दोनों समुदायों की एक-दूसरे से सम्बन्धित समझ कई शताब्दियों तक साथ रहने के दौरान हासिल अनुभवों की उपज है, और किसी भी समाजशास्त्री के लिए एक दिलचस्प अध्ययन का विषय हो सकती है। यहाँ विस्तार में जाने की गुंजाइश नहीं है, पर भारतीय समाज को समझने का प्रयास करने वाले एक जिज्ञासु की हैसियत से मैं इतना ही कह सकता हूँ कि दोनों समुदायों की समझ एक-दूसरे के बारे में बहुत ही गहरे पैठे पूर्वाग्रहों पर आधारित है।

भारतीय समाज की संरचना एक जटिल रासायनिक सम्मिश्रण का परिणाम है। कई सौ वर्षों से साथ रहने वाले दो बड़े धार्मिक समुदायों—हिन्दुओं और मुसलमानों के आपसी सम्बन्धों के बारीक़ रेशों को पकड़ पाना किसी गम्भीर समाजशास्त्री के लिए भी एक बड़ी चुनौती से कम नहीं है। शताब्दियों के

सहअस्तित्व के दौरान दोनों के बीच अद्भुत आदान-प्रदान हुआ है। इस लेन-देन का परिणाम हम उन कलात्मक ऊँचाइयों में देख सकते हैं, जो इनके संसर्ग से निर्मित पेंटिंग, स्थापत्य और मूर्तिकला जैसी दृश्य कलाओं तथा नृत्य, नाट्य और संगीत जैसी रंग कलाओं में निहित है। पर यह कहना कि इनका साथ सिर्फ़ सौहार्दपूर्ण था, सच को झुठलाना होगा। हिन्दुस्तान के असंख्य गाँवों-नगरों में साथ-साथ रहने वाले इन दोनों धर्मावलम्बियों के सम्बन्ध हमेशा शान्तिपूर्ण रहे हों ऐसा नहीं था। दोनों के बीच आपसी लड़ाई-झगड़ों का भी लम्बा इतिहास रहा है।

यद्यपि यह कहा जा सकता है कि अँग्रेज़ों के भारत विजय के पूर्व हमें ऐसे उदाहरण कम मिलेंगे, जिनमें आम हिन्दू और मुसलमान नागरिक आपस में लड़े हों। ज़्यादातर संघर्ष हिन्दू तथा मुसलमान राजाओं के बीच होते थे। कारण भी अक्सर धार्मिक कम राजनैतिक ज़्यादा होते थे और इन युद्धों में इस महत्त्वपूर्ण तथ्य को भी हम नज़रअंदाज़ नहीं कर सकते कि आम तौर से एक-दूसरे से लड़ने वाली सेनाओं में दोनों तरफ़ हिन्दू और मुसलमान होते थे। हिन्दू अस्मिता के दो बहुचर्चित मध्यकालीन प्रतीक राणा प्रताप और शिवाजी इसके सबसे बड़े उदाहरण हैं। दोनों के विरुद्ध लड़ने वाली सेनाओं की कमान राजपूत सेनानायकों के हाथों में थी और दोनों की ही सेनाओं की प्रमुख भूमिकाओं में मुसलिम सिपहसालार थे। भारतीय उपमहाद्वीप में प्रभावी ब्रिटिश हुकूमत क़ायम हो जाने के बाद ही हमें नियमित रूप से हिन्दू-मुस्लिम प्रजा के बीच हिंसक झड़पों के उदाहरण मिलने शुरू होते हैं और लगातार इसके प्रमाण भी मिलते हैं कि ब्रिटिश राज न सिर्फ़ इन झड़पों को प्रोत्साहित करता था, बल्कि अपने अस्तित्व के लिए उपयोगी 'फूट डालो और राज्य करो' नीति की सफलता के लिए ज़रूरी औजार की तरह इस्तेमाल भी करता था। साम्प्रदायिक हिंसा के दौरान पुलिस समेत राज्य की दूसरी संस्थाओं के पक्षपातपूर्ण आचरण के उदाहरण अंग्रेज़ शासन के दौरान प्रचुरता से उपलब्ध हैं। इस दौर में नागरिक प्रशासन, फ़ौज या पुलिस में वरिष्ठ पदों पर यूरोपीय होते थे, पर उनके मातहत जो लाखों कर्मचारी नियुक्त थे, उनमें अधिकांश हिन्दू या मुसलमान भारतीय थे। सामान्य जन से अपने रोज़मर्रा के व्यवहार में ये सरकारी नौकर उन्हीं मूल्यों में विश्वास करते थे, जिन्हें उन्होंने तत्कालीन भारतीय समाज से ग्रहण किया था और

यही मूल्य उनके रोज़मर्रा के आचरण का आधार होते थे। यहाँ तक कि एक सरकारी कर्मी अपने सहकर्मी के साथ व्यवहार करते समय भी जाति और धर्म पर आधारित छुआछूत, अविश्वास या पूर्वाग्रहों से मुक्त नहीं होता था। इस आचरण के कारण यह बहुत स्वाभाविक ही था कि एक नई बन रही और काफ़ी हद तक धर्मनिरपेक्ष राज्य व्यवस्था में उसके कर्मचारी अपने अपने धर्मों की अनुयायी प्रजा के प्रति अधिक उत्तरदायी महसूस करते थे, और प्रजा की अपेक्षाएँ भी उनसे भिन्न होती थीं। हाशिमपुरा को समझने के लिए हमें ख़ासतौर से पुलिस से की जाने वाली अपेक्षाओं को समझना होगा।

भारतीय समाज पुलिस से एक ख़ास तरह की साम्प्रदायिक अपेक्षा करता रहा है। हिन्दू और मुसलमान दोनों अपने समुदाय के पुलिसकर्मियों को अपने रक्षक के रूप में देखते हैं और दूसरे समुदाय का पुलिसकर्मी उनके मन में विश्वास पैदा नहीं कर पाता। सम्भवत: यह लम्बे ऐतिहासिक अनुभवों की उपज है। इनके कारण साथ-साथ रहते हुए भी दोनों एक-दूसरे के प्रति अविश्वास से भरे रहते हैं। यहाँ बहुत विस्तार में जाने की गुंजाइश नहीं है, पर मैं सिर्फ़ उन दो दस्तावेज़ों का ज़िक्र करना चाहूँगा जो हिन्दू-मुसलिम दंगों के दौरान पुलिस की भूमिका पर शोध करते समय मेरे हाथ लगे थे और जिनसे यह समझने में आसानी होगी कि किस तरह, आज़ादी से पहले, एक औसत हिन्दू या मुसलमान पुलिसकर्मी अपने समुदाय के हितों के रक्षक के रूप में देखा जाता रहा है। इन दस्तावेज़ों से हमें यह भी समझने में मदद मिलेगी कि कैसे साम्प्रदायिक संघर्षों के दौरान पुलिस थाने पर जाने वाला पीड़ित हिन्दू या मुसलमान स्वधर्मी पुलिसकर्मी के साथ अधिक सहजता से संवाद क़ायम कर लेता है या क्यों उसे दूसरे धर्म के पुलिस की हर हरकत अविश्वसनीय तथा शत्रुतापूर्ण लगती है। दुर्भाग्य से आज़ाद भारत में भी स्थितियाँ बहुत नहीं बदली हैं।

पहले उदाहरण के रूप में मैं बीसवीं शताब्दी के प्रारम्भिक दशकों में होने वाली पूर्वी बंगाल की हिंसक घटनाओं का ज़िक्र करना चाहूँगा। मुख्य रूप से ये दंगे हिन्दू ज़मींदारों और सूदखोर महाजनों की ज़्यादतियों के विरुद्ध ग़रीब मुसलमान किसानों के विद्रोह की अभिव्यक्ति थे, लेकिन जल्दी ही इनका नेतृत्व कट्टरपंथी मुल्लाओं के हाथ में आ गया। इस दौर के कई दस्तावेज़ मेरे हाथ लगे, जिनमें यह झूठा दावा किया गया था कि ढाका के नवाब और ब्रिटेन की महारानी के बीच एक समझौता हुआ है, कि एक निश्चित अवधि

के दौरान हिन्दुओं पर किए गए हमलों के लिए किसी मुसलमान के ख़िलाफ़ कोई मुक़दमा नहीं चलाया जाएगा। दस्तावेज़ों के मुताबिक़ उपरोक्त अफ़वाहों को फैलाने तथा उनकी प्रामाणिकता की छाप भोले-भाले ग्रामीणों के मन में बैठाने का काम मुस्लिम पुलिसकर्मियों ने किया था। एक मुक़दमे के दौरान एक ग्रामीण मुसलमान ने, जिस पर हिंदुओं के विरुद्ध हिंसा में भाग लेने का आरोप लगाया जा रहा था, बड़ी मासूमियत से अदालत में मौजूद एक सिपाही की तरफ़ उंगली उठाते हुए कहा कि उसी ने बताया था हिन्दुओं पर इस अवधि के दौरान किया गया हमला राजभक्ति का काम माना जाएगा और ब्रिटिश महारानी तथा ढाका के नवाब के बीच हुए समझौते के मुताबिक़ इस कृत्य के लिए आम माफ़ी मिली हुई है।[1]

इलाहाबाद से प्रकाशित *दैनिक लीडर* के सम्पादक सी.वाई.चिन्तामणि द्वारा संयुक्त प्रांत (आज का उत्तर प्रदेश) के मुख्य सचिव बोम्फोर्ड के साथ 1936 में हुआ पत्र-व्यवहार बहुत दिलचस्प है, जिसमें उन्होंने कानपुर के एक संभ्रांत नागरिक पंडित रघुबर दयाल भट्ट वैद्य की इस चिंता की ओर सरकार का ध्यान आकर्षित करने का प्रयास किया है कि कानपुर के थानों में हिन्दुओं की अपेक्षा अधिक मुसलमानों की नियुक्ति से कानपुर का साम्प्रदायिक सौहार्द ख़तरे में पड़ गया है और वहाँ के हिन्दू अपने को असुरक्षित महसूस कर रहे हैं।[2]

उक्त दोनों उदाहरण हमें यह समझने में सहायता करते हैं कि किस तरह भारतीय समाज अपनी पुलिस से साम्प्रदायिक अपेक्षा रखता रहा है। हाशिमपुरा पर किताब लिखने की तैयारी के दौरान मैंने अलग-अलग स्तरों के पुलिस अधिकारियों एवं कर्मचारियों से विस्तार से बातें की हैं, और उस मनोविज्ञान को समझने का प्रयास किया है, जिसके चलते 1987 में हाशिमपुरा और मलियाना जैसी दो दुर्भाग्यपूर्ण घटनाएँ हुई थीं। इस दौरान मेरठ में तैनात अधिकांश पुलिसकर्मी यह मानते थे कि दंगा मुसलमानों की शरारत से हो रहा है। वे यह भी सोचते थे कि मुसलमानों का मन बढ़ जाने से मेरठ मिनी पाकिस्तान बन गया है और यहाँ स्थायी शान्ति क़ायम रखने के लिए मुसलमानों को सबक़

1. सुरजन दास, कम्यूनल रायट्स इन बंगाल—1905-1947
2. फ़ाइल—379, बॉक्स-41, पुलिस डिपार्टमेंट 1936, स्रोत: उत्तर प्रदेश स्टेट आर्काइव्स।

सिखाना आवश्यक है। यह सोच सिर्फ़ निचले स्तर के पुलिसकर्मियों की ही नहीं थी, बल्कि शीर्ष पर बैठे नागरिक और पुलिस अधिकारी भी यही सोचते थे। इसीलिए अगर लखनऊ में बैठे उच्चाधिकारी या मुख्यमंत्री यह आदेश देते कि बलवाइयों के साथ सख़्ती के साथ निपटा जाए तो मेरठ में नियुक्त अधिकारी उसका अर्थ लगाते कि मुसलमानों के साथ सख़्ती की जाए। तलाशियों और गिरफ़्तारियों के लिए जारी आदेशों का आशय मुसलमानों के घरों की तलाशियाँ या मुसलमानों की गिरफ़्तारियाँ होती थीं।

पुलिस का शीर्ष नेतृत्व पी.ए.सी. की उस टुकड़ी की करतूतों को लेकर कितना गम्भीर था, जिसने हाशिमपुरा के मुसलमानों को मारा था, इसका अन्दाज़ा तो सिर्फ़ इस तथ्य से लग जाता है कि दोषियों को सिर्फ़ निलम्बित करने में उसने सालों लगा दिए और कुछ ही दिनों में उन्हें फिर से बहाल कर दिया गया। पुलिस महानिदेशक, सी.आई.डी. और पी.ए.सी. मुख्यालयों में बैठे वरिष्ठ अधिकारियों के बीच आदान-प्रदान हुए पत्र इस बात के प्रमाण हैं कि हर स्तर पर दोषियों को निलम्बित करने का फ़ैसला दरअसल भरसक टालने का प्रयास भर था।

साम्प्रदायिकता और उसके भौतिक प्रस्फुटन साम्प्रदायिक हिंसा को हमेशा वैधता की तलाश रहती है। वैधता को हासिल करने के लिए समुदाय इतिहास और मिथकों का सहारा लेकर ऐसे नैरेटिव बुनता है, जिनसे स्वयं तथा दूसरों को यह आश्वस्त किया जा सके कि वह एक शान्तिप्रिय समूह है, तथा इसके बरअक्स उसके प्रतिद्वंद्वी अपनी आंतरिक बुनावट में ही क्रूर और हिंसक हैं। हर बार की साम्प्रदायिक हिंसा के लिए वह इसी नैरेटिव में ऐसे कारण तलाशता है, जिनसे स्वयं तथा अन्य लोगों को यह आश्वस्त किया जा सके कि उसने अपने मुख़ालिफ़ पर जो हाथ उठाया था उसके लिए उसे मजबूर किया गया था।

31 अक्तूबर 1984 को इंदिरा गांधी की हत्या के बाद सिक्खों के व्यापक संहार के पहले अफ़वाह फैलाई गई कि हत्या की ख़बर सुनकर उन्होंने मिठाइयाँ बाँटी हैं। यह अफ़वाह कहीं भी सच नहीं पाई गई। 1946 में बिहार में तीस हज़ार मुसलमानों (ग़ैर सरकारी अनुमान चालीस से पचास हज़ार) की हत्या को नोआखाली में मुसलमानों द्वारा हिन्दुओं के नरसंहार की प्रतिक्रिया बताया गया, जबकि नोआखाली में सरकारी आंकड़ों के मुताबिक़ 139 (ग़ैर सरकारी

अनुमान 200) हिन्दू मारे गए थे। पाकिस्तान हिस्टॉरिकल सोसायटी द्वारा प्रकाशित 'ए हिस्ट्री ऑफ द फ्रीडम मूवमेंट' भाग चार में शरीफ-अल-मुजाहिद के लेख 'कम्यूनल रायट्स'[1] के मुताबिक़ भारत के साम्प्रदायिक दंगे हिन्दुओं की बर्बरता और मुसलमानों की शान्तिप्रियता के उदाहरण हैं। इस लेख की मानें तो हिन्दू स्वभाव से ही झूठा, मक्कार और दग़ाबाज होता है, जबकि मुसलमान स्वभावतः ठीक इसके विपरीत है। उपरोक्त उदाहरण मैंने यह समझने के लिए दिए हैं, कि सिर्फ़ साम्प्रदायिक शक्तियाँ ही अपने समुदाय को हिंसा के लिए उत्तेजित करने हेतु दूसरे समुदाय की क्रूरता का अतिरंजित वर्णन नहीं करतीं, बल्कि अपेक्षाकृत उदार बुद्धिजीवी तबक़ा भी अपने समुदाय की हिंसा को वैध ठहराने के लिए ऐसे तर्क गढ़ता है। बहुसंख्यक हिन्दू मन में पैठी यह धारणा कि स्वभाव से मुसलमान क्रूर और हिन्दू उदार होते हैं, उस आत्मतुष्टता का परिचायक है जो उनकी हिंसा को वैधता प्रदान करती है।

मुझे याद है कि 1987 में, ग़ाज़ियाबाद में एक अफ़वाह बड़े ज़ोर-शोर से फैली हुई थी। पूरा शहर यह मानता था कि शास्त्री नगर में, जो तब के मेरठ का बाहरी हिस्सा था और जहाँ शहर का मध्यवर्ग एक नियोजित आवासीय कालोनी बना कर बस रहा था, रहने वाली हिन्दू औरतों के स्तन काटे गए हैं, उनके घरों में लूट-पाट हुई है और ज़्यादातर हिन्दू वहाँ से भाग गए हैं। सचाई इसके ठीक विपरीत थी। दंगों के दौरान यहाँ रहने वाले लगभग सारे मुसलिम परिवार घर छोड़ कर भाग गए थे और ज़्यादातर तो हिंसा थमने के बाद भी वापस नहीं लौटे और औने-पौने दामों में अपने घर बेच कर वापस तंग गलियों वाले उन्हीं मुस्लिम इलाक़ों में चले गए जहाँ से खुली हवा, चौड़ी सड़कों और पार्कों वाली रिहाइशी कालोनियों में रहने की चाहत उन्हें शास्त्री नगर लेकर आई थी। इनमें से एक उर्दू के शायर बशीर बद्र भी थे जो ख़ानाबदोश होने के बाद काफ़ी दिनों तक अपने मित्र घनश्याम सिंह राजा के घर में ग़ाज़ियाबाद में रहे थे। इस प्रवास के दौरान कई बार उनसे लम्बी बातचीत का मौक़ा मिला और साम्प्रदायिकता से जुड़े भारतीय समाज के एक महत्त्वपूर्ण पक्ष को मैं समझ सका।

---

1. अ हिस्ट्री ऑफ़ द फ्रीडम मूवमेंट भाग चार / प्रकाशक : पाकिस्तान हिस्टॉरिकल सोसाइटी/ भारत में रेनेसा पब्लिशिंग हाउस, दिल्ली 110051 द्वारा प्रकाशित।

यह एक तथ्य है कि 1947 में देश विभाजन के बाद मुसलमानों के मध्यवर्ग का बड़ा हिस्सा पाकिस्तान चला गया था और इस क्षति की पूर्ति करने में उन्हें तीन से अधिक दशक लग गए। 1970 के बाद हालात बदले और शहरी रोज़गार के नए अवसरों ने एक बड़े मुस्लिम मध्यवर्ग को पनपने के लिए अनुकूल स्थितियाँ पैदा कीं। इस नए मध्यवर्ग के मन में भी जीवन को लेकर वही सपने थे, जो आम तौर से किसी मध्यवर्ग के हो सकते हैं। इनमें से एक साफ़-सुथरी बसावटों में रहने की उनकी इच्छा भी थी। अभी तक मुसलमान आम तौर से शहर के पुराने हिस्सों में तंग गलियों और अपर्याप्त नागरिक सुविधाओं वाले मोहल्लों में रहते चले आए थे। आबादी बढ़ने के साथ इन हिस्सों में नागरिक सुविधाएँ उत्तरोत्तर कम ही हुई हैं। असुरक्षा-बोध और अविश्वास के माहौल के चलते चाहते हुए भी वे इस दौर में तेज़ी के साथ विकसित हो रहे शहरों के नए इलाक़ों का अंग नहीं बन पाए थे। आठवें दशक में उन्होंने शहर के पुराने इलाक़ों से निकल कर इन नई आबादियों में बसना शुरू किया—प्रारम्भ में झिझकते हुए और आशंका के साथ। शास्त्री नगर भी ऐसा ही एक अनुभव था। बशीर बद्र, जिनकी तब एक महत्त्वपूर्ण उर्दू शायर के रूप में पहचान बन ही रही थी, उन शुरुआती मुसलमानों में से थे, जिन्होंने शास्त्री नगर में बसने का इरादा किया था। उनके आगे-पीछे कई मुस्लिम परिवारों ने शास्त्री नगर में छोटे-बड़े प्लॉट ख़रीदे और अपने सपनों के घर बनाए। पुराने मोहल्लों से निकल कर आते समय उनके मन में जितनी आशंकाएँ थीं, उनसे अधिक उन्हें अपने पड़ोसियों के ताने सता रहे थे। पड़ोसियों के अनुसार वे जा तो रहे थे पर जल्द ही उन्हें 'अपनों' के बीच वापस आना पड़ेगा। पड़ोसी सही साबित हुए। 1987 के दंगों में बशीर बद्र का घर जला दिया गया, वे सिर्फ़ इसलिए बच सके कि हमले के वक़्त वे वहाँ नहीं थे। उनके अलावा शास्त्री नगर के दूसरे मुसलमान बाशिंदों का भी अनुभव कमोबेश ऐसा ही था। ज़्यादातर वापस मुस्लिम बहुल इलाक़ों में चले गए।

मैंने बशीर बद्र के अनुभव को कुछ विस्तार के साथ इसलिए लिखा है, ताकि हम साम्प्रदायिक हिंसा के पहले ज़रूरी वैधता की चाह को समझ सकें, जिसके चलते शास्त्री नगर में एकतरफ़ा मुस्लिम विरोधी हिंसा के बावजूद वहाँ से साठ किलोमीटर से भी कम दूरी पर स्थित ग़ाज़ियाबाद के हिन्दू बेबुनियाद अफ़वाहों को सही मानते रहे। मेरठ में नियुक्त पुलिसकर्मी भी इन अफ़वाहों से बुरी तरह प्रभावित थे। सी.आई.डी. के सामने हाशिमपुरा के एक मुसलमान

बन्दी ने बयान दिया कि उनकी ट्रक के थाना सिविल लाइंस पहुँचने पर वहाँ मौजूद पुलिसकर्मियों ने कहा था कि 'छाती काटने वाले आ गए'। बावजूद इसके कि मेरठ में एक भी ऐसा मामला किसी भी थाने में दर्ज नहीं हुआ था, जिसके अन्तर्गत किसी हिन्दू औरत का स्तन मुसलमानों ने काटा हो, पुलिसकर्मी इस अफ़वाह में विश्वास करते थे कि मुसलमान दंगों में स्तन काट रहे हैं। वे यह भी मानते थे कि दंगा मुसलमानों की वजह से चल रहा है और उसे रोकने के लिए उन्हें सबक़ सिखाना ज़रूरी है। हाशिमपुरा वस्तुत: सबक़ सिखाने की इसी प्रक्रिया का अंग था।

मैंने मेरठ के इन दंगों और इनसे इतर बहुत से दंगों के दौरान तैनात पुलिस अधिकारियों और मजिस्ट्रेटों से बात की है, और दंगों से निपटने के लिए बनाए गए कंट्रोल रूमों में चलने वाली बैठकों की भाषा को रीकंसट्रक्ट करने की कोशिश करते हुए हिंसा को कुचलने के लिए नियुक्त विभिन्न स्तरों के पुलिसकर्मियों के व्यवहारों का अध्ययन करने का प्रयास किया है। हाशिमपुरा का नायक या खलनायक सुरेन्द्र पाल सिंह उत्तर प्रदेश पी.ए.सी. का सब इंस्पेक्टर था, और घटना के दौरान पी.ए.सी. की इकतालीसवीं बटालियन में सूबेदार या प्लाटून कमांडर के रूप में नियुक्त था। उसमें ऐसा क्या था कि उसे इस नरसंहार के लिए चुना गया? मैंने ऊपर लिखा है कि चूँकि सुरेन्द्र पाल सिंह अब मर चुका है, इसलिए मैं उससे हुई लम्बी बातचीत का उपयोग इस पुस्तक में बहुत ज़रूरी होने पर ही करूँगा। अपने सर्विस रिकॉर्ड और उसमें हर साल दर्ज होने वाली प्रवृष्टियों के मुताबिक़ सुरेंद्र पाल सिंह एक अच्छी कदकाठी वाला जवान था, जो अपनी यूनिट की विभिन्न गतिविधियों में उत्साह के साथ भाग लेता था। एक अप्रैल 1946 को जन्मा सुरेन्द्र पाल सिंह 21 साल की उम्र में कांस्टेबल के रूप में भरती हुआ और तरक्की हासिल करते हुए 22 मई 1982 को सब इंस्पेक्टर बना था। उसके सर्विस रिकॉड्र्स खँगालते हुए ख़ासतौर से मैं सब इंस्पेक्टर बनने की तारीख़ पर ठिठका। क्या अजीब संयोग था कि इस ओहदे पर पहुँचने के ठीक पाँच साल बाद इसी तारीख़ को वह हाशिमपुरा का सूत्रधार बना।

सुरेन्द्र पाल सिंह से हुई कई मुलाक़ातों में से सिर्फ़ एक का मैं ख़ास तौर पर ज़िक्र करना चाहूँगा। यह एक अपेक्षाकृत लम्बी मुलाक़ात थी, जो बिना किसी तैयारी के अनायास ही हो गई थी। तारीख़ तो नहीं याद है, पर सन 1999

की हलकी सर्दियों के दिन थे—आख़िरी नवम्बर या शुरुआती दिसम्बर रहा होगा जब वह एक शाम मुझे ग़ाज़ियाबाद शहर के नवयुग मार्केट में दिख गया। उन दिनों वर्तमान साहित्य वहीं से छपता था और मैं सम्पादन के सिलसिले में बीच-बीच में वहाँ जाता रहता था। उस दिन भी इसी सिलसिले में वहाँ से गुज़र रहा कि वह मुझे सड़क के किनारे किसी से बात करता दिखा। कार रुकवा कर मैं उसकी तरफ़ लपका तो मुझे देख कर वह थोड़ा चौंका ज़रूर, पर मैं उसके सामने पहुँच चुका था, इसलिए अब कुछ नहीं कर सकता था। इसके पहले दो-तीन बार ऐसा हुआ था कि वह मुझे झांसा दे कर निकल गया था, पर इस बार वह बच नहीं पाया। वह जानता था कि मैं उसे क्यों तलाशता रहता हूँ, इसलिए हमेशा बचने की कोशिश करता था। शायद अपने किए को ऐसे किसी के सामने दोहराने में उसे असुविधा होती होगी, जो उसके कृत्य को नैतिक समर्थन न देता हो। थोड़ी दिक़्क़त ज़रूर हुई पर मैं उसे वर्तमान साहित्य के दफ़्तर तक लाने में सफल हो गया।

यह मुलाक़ात कई अर्थों में विशिष्ट थी। दस मिनट की प्रस्तावित मुलाक़ात लगभग दो घंटे चली। प्रारम्भिक हिचक के बाद जब वह खुला तो फिर ज़्यादातर वही बोलता रहा। पिछली मुलाक़ातों की तरह मैं बारीक़ी से उसके व्यक्तित्व का अध्ययन करने की कोशिश करता रहा और हर बार की तरह उसकी आँखों की चमक और भावभंगिमा से मुझे लगा कि इसमें कुछ तो है जो इसे दूसरों से अलग करता है। उसकी भाषा में छिपी दृढ़ता और सवालों के जवाब देते समय एक ख़ास तरह का शातिरपना आपका ध्यान आकर्षित कर सकते थे। वह कम पढ़ा-लिखा था और उसे सम्प्रेषण में बहुत प्रवीण नहीं कह सकते, पर साम्प्रदायिकता के मसले पर उसका दृष्टिकोण बड़ा साफ़ था। उसके अन्दर मुसलमानों को लेकर जो ज़हर भरा था, उसका एक नमूना हम ऊपर कांस्टेबल ड्राइवर इफ़्तख़ार के मामले में देख चुके हैं। मैंने उसे टोका नहीं और ज़्यादातर वही बोलता रहा। मैं बार-बार घुमा-फिरा कर यह जानना चाहता था कि किसके आदेश से उसने इतना बड़ा कांड कर डाला या कैसा लगा होगा उसे जब उसने इतने सारे लोगों को मारने का हुक्म अपने मातहतों को दिया था, और ख़ास तौर से इसलिए भी कि उनमें से किसी से भी उसकी कोई व्यक्तिगत दुश्मनी नहीं थी। हर मुलाक़ात की तरह इस बार भी कभी वह सीधे मुद्दे पर नहीं आया और अपनी प्रिय स्थापना को दोहराता

रहा कि मेरठ मिनी पाकिस्तान बन गया है, मुसलमानों ने हिंदुओं का जीना मुहाल कर रखा है और दंगों पर नियंत्रण करने का एकमात्र तरीक़ा है कि उन्हें ऐसी सज़ा दी जाए कि वे भविष्य में दंगा करने की जुर्रत न कर सकें। यह ज़रूर था कि धाराप्रवाह बोलते समय भी वह इतना असावधान नहीं होता था कि मेरे इस सुझाव को स्वीकार कर लेता कि हाशिमपुरा के मुसलमानों को, सही या ग़लत, उसके हुक्म पर सज़ा दी गई। हिरासत में मारे जाने का प्रसंग आते ही वह बात बदल देता। जब वह मुझे यह समझाने की कोशिश कर रहा था कि हिंसक मुसलमानों को सबक़ सिखाने के लिए यह ज़रूरी था कि उनके साथ हाशिमपुरा जैसी घटना की जाए, मैंने उसका ध्यान इस तथ्य की ओर आकर्षित किया कि 1987 के मेरठ दंगों के दौरान मरने वालों में अधिकतर मुसलमान थे। उसके चेहरे पर अविश्वास की लकीरें साफ़ दिखाई दे रही थीं। खाकी वर्दी पहनने के बावजूद वह भी उन असंख्य हिंदुओं में से एक था जो यह मानते हैं कि दंगों के दौरान मरने वालों में अधिकतर हिन्दू ही होते हैं। कारण भी बड़ा साफ़ है—एक क्रूर, हिंसक और गोश्तखोर समुदाय, जिसके घरों में हथियारों का जखीरा होता है, और जो पहले हमला करने का आदी है, कैसे अधिक नुकसान उठा सकता है? मेरा यह समझाना भी व्यर्थ था कि ख़ुद एक पुलिस अधिकारी होने के नाते आंकड़ों तक उसकी पहुँच आसान थी और वह मेरठ के थानों या कंट्रोल रूम से दंगों के दौरान हताहतों की संख्या मालूम कर सकता था।

सुरेन्द्र पाल सिंह की सोच दुर्भाग्य से उस सरकारी मशीनरी के बहुलांश की सोच है, जिसे साम्प्रदायिकता के प्रस्फुटन साम्प्रदायिक दंगों से निपटने की ज़िम्मेदारी सौंपी गई है। हाशिमपुरा क्यों हुआ? इसका उत्तर सिर्फ़ 1987 के मेरठ में नहीं तलाशा जा सकता। उत्तर की खोज में हमें इतिहास जैसे कई समाजशास्त्रीय अनुशासनों से होकर गुज़रना होगा। यह एक विषय है जिसे मैं प्रशिक्षित समाजशास्त्रियों के लिए छोड़ना चाहूँगा। एक जिज्ञासु छात्र की हैसियत से, जो वैविध्यपूर्ण भारतीय उपमहाद्वीप के अन्तर्धामिक और अन्तर्जातीय सम्बन्धों की बारीक़ियों को पकड़ने की कोशिश करता रहता है, मैं इतना ही कहना चाहता हूँ कि हाशिमपुरा एक बड़ी व्याधि का लक्षण है और इसे किसी शून्य में नहीं समझा जा सकता, और जैसी कहावत है कि बिना मर्ज पकड़े उसका इलाज भी नहीं हो सकता।

बृहत्तर सन्दर्भों में हिंदू-मुस्लिम रिश्तों की झलक नौकरशाही और राजनीति में मौजूद हिन्दू-मुस्लिम चरित्रों की भूमिकाओं के अन्तर्विरोधों में भी दिखती है। भारतीय समाज अपनी सारी संवैधानिक गारंटियों के बावजूद ऐसी ग्रंथियों से ग्रस्त है, जो इन्हें सहज बनने से रोकती हैं। ख़ास तौर से बहुसंख्यक और सबसे बड़े अल्पसंख्यक समुदाय के दीर्घकालीन रिश्तों का प्रेत, कहीं न कहीं उनके आचरण में ज़रूर दिखाई देता है। मैंने ऊपर इतिहास और समाजशास्त्र जैसे अनुशासनों के माध्यम से दोनों के बीच के सम्बन्धों को समझने का प्रयास किया था, यहाँ मैं संक्षेप में उस विचलन का ज़िक्र करना चाहूँगा, जो राजनैतिक और प्रशासनिक नौकरशाही के व्यवहार में हिन्दू-मुस्लिम तनाव के क्षणों में जाने-अनजाने उत्पन्न हो जाता है। यह विचलन लगभग वैसा ही है, जैसा हमें आज़ादी के शुरुआती दशकों में औसत मुस्लिम व्यवहारों में दिखाई देता था। उन दिनों के सामान्य अनुभवों में एक यह भी था कि आप किसी मुसलमान को हिन्दू श्रोताओं के सामने बिना किसी प्रसंग के पाकिस्तान की बुराई करते पा सकते थे। यह ख़ुद को देशभक्त भारतीय साबित करने का उसका प्रयास था। साठ-सत्तर साल बीतने के बाद इतनी प्रौढ़ता तो आई है कि अब इस तरह के दयनीय प्रयास की ज़रूरत नहीं रह गई है, पर अब भी हिन्दू-मुस्लिम तनाव के क्षण में आप किसी राजनेता या नौकरशाह को किंकर्तव्यविमूढ़ और लड़खड़ाते देख सकते हैं। हाशिमपुरा पर काम करते समय मेरा साबका ऐसे तीन चरित्रों से पड़ा, जिनकी ख्याति और प्रतिष्ठा अपने-अपने क्षेत्रों में ठीक-ठाक थी और जो हाशिमपुरा प्रकरण में सकारात्मक हस्तक्षेप कर दोषियों को चिह्नित और दण्डित करा सकते थे। पर वे सम्भवतः सिर्फ़ इसलिए ख़ामोश रह गए कि वे मुसलमान थे और शायद उन्हें कहीं यह लगता था कि उनकी ख़ामोशी उन्हें देशभक्त और धर्मनिरपेक्ष मुसलमान सिद्ध करने में मदद होगी और इससे उनके करियर में मदद मिलेगी। ये थे सी. आई. डी. के पुलिस अधीक्षक सैयद खालेद रिजवी, जिन्हें तफ़्तीश के पर्यवेक्षण की ज़िम्मेदारी सौंपी गई थी, ग़ाज़ियाबाद के ज़िला मजिस्ट्रेट नसीम जैदी और मेरठ से संसद सदस्य तथा केन्द्रीय मंत्रिमंडल में कैबिनेट मंत्री मोहसिना किदवई।

एक अच्छे पुलिस अफ़सर के रूप में ख्यात, सैयद खालेद रिजवी की नियुक्ति, हाशिमपुरा तफ़्तीश की विवेचना का पर्यवेक्षण करने के लिए इसीलिए

की गई होगी, कि बाद में विवेचकों पर साम्प्रदायिक दुर्भावना के आरोप न लगाए जा सकें, पर दुर्भाग्य से वे इस उम्मीद पर खरे नहीं उतर सके। उनका इस पूरे प्रकरण में बड़ा महत्त्वपूर्ण रोल हो सकता था और इसे समझने के लिए हमें सी.आई.डी. के काम करने का तरीक़ा समझना होगा। सी.आई.डी. में आमतौर से किसी मुक़दमे की तफ़्तीश या विवेचना एक इंस्पेक्टर करता है। उसे विवेचक, विवेचनाधिकारी या इन्वेस्टिगेटिंग ऑफ़िसर कहते हैं। विवेचक के काम के पर्यवेक्षण की ज़िम्मेदारी पुलिस अधीक्षक की होती है, जो हर चरण पर विवेचक का मार्गदर्शन करता है। विवेचक समय-समय पर उससे सलाह और सहायता लेता रहता है। पुलिस अधीक्षक ही उच्चाधिकारियों को विवेचना की प्रगति से अवगत भी कराता है। आगे हम देखेंगे कि कैसे प्रारम्भ से ही विवेचना के साथ आपराधिक लापरवाही बरती गई और कैसे वे 'असहाय' इसे देखते रहे। ऐसा लगता है कि उनका एक ही काम था—अपने मातहत इंस्पेक्टरों की नालायकी के सबूतों का सार-संक्षेप प्रधानमन्त्री कार्यालय तथा दूसरे उच्चाधिकारियों को भेजना। बीच-बीच में वे उन तथ्यों को रेखांकित ज़रूर करते हैं, जो आगे चलकर इस महत्त्वपूर्ण मामले की विवेचना को तार्किक परिणति तक पहुँचा सकते थे, पर जब विवेचक उनकी उपेक्षा करके आगे बढ़ जाते हैं, वे ख़ामोश रह जाते हैं और कोई हस्तक्षेप नहीं करते। अगले अध्याय में मैं विस्तार से विवेचना की कमियों पर लिखूँगा।

22 मई 1987 को जब यह नृशंस हत्याकांड हुआ, ग़ाज़ियाबाद के ज़िला मजिस्ट्रेट नसीम जैदी थे। वे उन लोगों में थे जो मकनपुर नहर पर सबसे पहले पहुँचे। उनके बगल में खड़े होकर मैंने उनके चेहरे पर बनते-बिगड़ते भाव देखे थे और उस क्षोभ और ग़ुस्से को महसूस किया था जो ऐसी स्थिति में किसी भी मुसलमान के चेहरे पर आ सकता था। पर मैंने वह असहायता भी इसी चेहरे पर महसूस की थी जो कुछ न कर पाने के एहसास से उत्पन्न हुई होगी। प्रशासनिक ढाँचे को पारिभाषित करने वाले भारतीय क़ानूनों के अनुसार ज़िला मजिस्ट्रेट ज़िला प्रशासन का मुखिया होता है। इसके अतिरिक्त नसीम जैदी एक अच्छी साख़ वाले कामयाब नौकरशाह थे, और तत्कालीन मुख्यमंत्री वीर बहादुर सिंह के विश्वासपात्र भी थे। बाद के वर्षों का उनका सर्विस ग्राफ़ भी एक नौकरशाह के रूप में उनकी सफलता की कथा है। पर उस दिन क्या हुआ कि वे ख़ामोश हो गए और ज़्यादातर मुझे बोलना पड़ा? यह वही

किंकर्तव्यविमूढ़ता है जिसका शिकार नसीम जैदी जैसे मुस्लिम अधिकारी हाशिमपुरा की परिस्थितियों में हो जाते हैं।

मोहसिना किदवई मेरठ से कांग्रेस के टिकट पर चुनी गई लोकसभा सदस्य और केन्द्र में कैबिनेट मंत्री थीं। राजीव गांधी के मंत्रिमंडल की प्रभावशाली सदस्या होने के कारण यह बहुत अनुचित नहीं था कि मेरठ के मुसलमान उनसे विशेष अपेक्षा करते थे। पर क्या वे एक जन प्रतिनिधि और वह भी अल्पसंख्यक समुदाय के जन प्रतिनिधि का रोल सही अर्थों में निभा पाईं? मैं ऊपर उस प्रसंग का ज़िक्र कर चुका हूँ, जिसमें मौत के मुँह से बच निकले ज़ुल्फ़िकार को उनके यहाँ कोई मदद नहीं मिली और उसे थोड़ी ही दूर स्थित सैयद शहाबुद्दीन की कोठी में शरण मिली। मेरठ के दंगों में उन्हें जो झेलना पड़ा था, शायद वही इसके पीछे सबसे बड़ा कारण था। मेरठ में उनके साथ क्या व्यवहार हुआ था, इसे देखना दिलचस्प होगा।

16 मई से मेरठ में हिंसा की शुरुआत हुई और मोहसिना किदवई 19 मई को मेरठ पहुँचीं। उसी दिन उत्तर प्रदेश के मुख्यमंत्री वीर बहादुर सिंह, प्रदेश के गृहमंत्री गोपीनाथ दीक्षित और केन्द्रीय गृह राज्यमंत्री चिदंबरम भी मेरठ पहुँचे। चिदंबरम प्रधानमंत्री राजीव गांधी के विश्वासपात्र थे और उनके निर्देश पर दंगों के दौरान मेरठ आते-जाते रहे थे। इसलिए स्वाभाविक था कि उनके निर्देशों का विशेष महत्त्व था। मोहसिना लोकसभा के लिए मेरठ से चुनी गई थीं, इसलिए उनकी यह अपेक्षा कि मेरठ के बारे में कोई भी फ़ैसला करने के पहले उनसे भी सलाह-मशविरा किया जाए, बहुत स्वाभाविक था। पर पहले ही दिन से उन्हें उपेक्षा और विरोध का सामना करना पड़ा। 19 तारीख़ को व्यापारियों के एक समूह ने उनके विरुद्ध प्रदर्शन किया और उन्हें सर्किट हाउस में अपना कमरा बन्द कर छिपना पड़ा। इसी तरह जब वे मुख्यमंत्री वीर बहादुर के साथ थाना कोतवाली में दंगों के सम्बन्ध में जानकारियाँ ले रही थीं, एक उग्र भीड़ ने उन्हें घेर लिया तथा उनके साथ गाली-गलौज की। बड़ी मुश्किल से पुलिस उन्हें बचाकर सर्किट हाउस ले जा पाई। 19 मई 1987 की रात में शहर के बाहर परतापुर की एक फैक्ट्री में चिदंबरम के साथ मुख्यमंत्री वीर बहादुर सिंह, गृहमंत्री गोपीनाथ दीक्षित तथा मेरठ से सम्बन्धित नागरिक एवं पुलिस प्रशासन के वरिष्ठ अधिकारी मेरठ के सम्बन्ध में विचार-विमर्श करने के लिए इकट्ठा हुए। मज़ेदार बात यह थी कि इस मंत्रणा में मोहसिना

को शरीक नहीं किया गया। अपनी उपेक्षा से दुखी मोहसिना किदवई परतापुर कताई मिल के अतिथि गृह में रुके मुख्यमंत्री वीर बहादुर सिंह के कमरे में दूसरे दिन पहुँच गईं और स्थानीय दैनिक *अमर उजाला* के अनुसार 'दोनों के बीच एक बन्द कमरे में चार घंटे तक तू-तू,मैं-मैं चलती रही।'[1]

उपरोक्त तीनों उदाहरण उस धर्मसंकट को समझने में मदद करेंगे, जिनके चलते मुस्लिम नौकरशाह और राजनेता हाशिमपुरा जैसे संकट में वह सब भी नहीं कर पाते हैं जो भारतीय संविधान और क़ानूनों के मुताबिक़ सर्वथा वैध है और जिसकी उनसे अपेक्षा भी की जाती है।

मेरे मन में कोई शक नहीं है कि हाशिमपुरा के मुसलमानों को सबक़ सिखाने के लिए यह जघन्य हत्याकांड किया गया था। मेरठ में पिछले कई महीनों से साम्प्रदायिक हिंसा का दौर रुक-रुक कर जारी था और 16 मई, 1987 की रात मोहल्ला कैंचियान में अजय शर्मा की हत्या के बाद से दंगों का एक नया दौर शुरू हुआ। यद्यपि मेरठ के ज़िलाधिकारी राधेश्याम कौशिक के मुताबिक़ घटना के पीछे मृतक और उसके मुस्लिम मकान मालिक के बीच लम्बे वक़्त से चल रहा किरायेदारी का झगड़ा था, पर चूँकि इस मामले में मरने और मारने वाले अलग-अलग धर्मों के थे, और शहर की फिजां में पहले से ही तनाव घुला हुआ था, इसलिए इस हत्या को साम्प्रदायिक रूप लेने में वक़्त नहीं लगा। 17 मई को शहर में अपेक्षाकृत शान्ति रही, पर 18 मई को कई वारदातें हुईं और 19 मई से स्थिति बेकाबू हो जाने के बाद सेना बुला ली गई। मैंने पुलिस के रिकॉर्ड्स के अलावा मेरठ से छपने वाले हिन्दी के दो दैनिक अख़बार *अमर उजाला* और *दैनिक जागरण* के 16 मई से 31 मई 1987 के अंक ध्यानपूर्वक देखे हैं। इनके अनुसार शुरुआती वारदातों में मुसलमानों ने बढ़-चढ़ कर भाग लिया था। इनमें से दो घटनाएँ ख़ास तौर से ऐसी थीं, जिनके कारण मेरठ के ज़िला प्रशासन ने मुसलमानों को सबक़ सिखाने का फ़ैसला किया होगा। 18/19 मई को 24वीं बटालियन, पी.ए.सी. के एक हेड कांस्टेबल हरिशंकर की राइफ़ल मुस्लिम बलवाइयों द्वारा लूट ली गई, जिसे बाद में फ़ौज ने हाशिमपुरा से बरामद किया था। 21 मई को भारतीय

---

1. *अमर उजाला*, मेरठ, 21 मई 1987 में छपी ख़बर 'मोहसिना और वीर बहादुर में तू-तू मैं-मैं।'

जनता पार्टी की वरिष्ठ नेता शकुन्तला कौशिक के भांजे प्रभात शर्मा की प्रात: नौ बजे के आसपास हत्या कर दी गई। शकुन्तला कौशिक का घर हाशिमपुरा के एक गली मोहल्ला अब्दुल वाली से सटा हुआ था और उन्हीं के शब्दों में, 'मेरा बड़ा भांजा सतीश मेरठ में ही मेजर था...हमारा मकान क्योंकि अब्दुल वाली (गली) से सटा हुआ था—केवल हमारी दीवार ही बीच में थी, तो हमें सुरक्षा का प्रबंध करना होता था। हमारे बच्चे व मेरी बहन के बच्चे हमारी छत पर बारी-बारी से पहरा देते थे। उस बीस तारीख़ की रात्रि में भी पहरा दिया, फिर प्रात: को देर में जगे। जैसे ही ये पाँचों बच्चे 21 मई की प्रात: खड़े हुए, तभी अचानक प्रभात की आँख में आकर गोली लगी...।'[1]

लगभग 21 वर्ष का प्रभात कुमार शर्मा नामक यह युवक राष्ट्रीय स्वयंसेवक संघ का सक्रिय कार्यकर्ता था। संयोग से मेरे हाथ लगी डायरी में दर्ज आत्मकथात्मक संस्मरणों में शकुन्तला कौशिक ने उसे एक निडर और उत्साही कार्यकर्ता के रूप में चित्रित किया है, जो अपने स्कूटर पर उन्हें बिठाकर कर्फ़्यू के दौरान दंगाइयों के बीच से निकल जाता था। श्रीमती शकुन्तला कौशिक स्वयं भी दंगों के दौरान बहुत सक्रिय रहती थीं और पूरी डायरी उनके 'शौर्यपूर्ण' कारनामों से भरी हुई है। प्रभात कुमार शर्मा की हत्या का मुक़दमा ज़रूर थाना सिविल लाइंस में दर्ज हुआ, किन्तु न तो उसके शव का पोस्टमार्टम हो सका और न ही उसके हत्यारों का पता चल सका। पहले मैं उल्लेख कर चुका हूँ कि किस तरह बड़े भाई मेजर सतीश शर्मा और मौसी शकुन्तला कौशिक के रसूख के कारण इस हत्या के दर्ज मुक़दमे में सबसे आवश्यक क़ानूनी औपचारिकता के तहत पोस्टमार्टम भी नहीं हुआ था। तफ़्तीश में भले ही प्रभात के हत्यारे का पता न चला हो पर सारी परिस्थितियाँ इसी तरफ़ इशारा करती हैं कि प्रभात शर्मा को दंगों में अपनी सक्रियता की क़ीमत चुकानी पड़ी थी।

इन दो घटनाओं के सन्दर्भ में हमें उन दो गोपनीय बैठकों को देखना चाहिए, जिनमें हाशिमपुरा के मुसलमानों को सबक़ सिखाने का फ़ैसला लिया गया होगा। इन बैठकों के बारे में इस पुस्तक में कई जगह लिखा गया है, और

---

1. शकुन्तला कौशिक की हस्तलिखित डायरी के अंश, जो उन्होंने लेखक को इंटरव्यू देते समय सौंपी थी।

यह उल्लेख करना अप्रासंगिक न होगा कि इन बैठकों में ही किसी समय कुछ लोगों द्वारा लिए गए फ़ैसले के कारण सिर्फ़ हाशिमपुरा और मलियाना में ही सौ से अधिक मुसलमान पुलिस की ज़्यादतियों के शिकार हुए। सी.आई.डी. ने भी कई जगह इन बैठकों का ज़िक्र किया है। अदालत ने फ़ैसले में भी अभियोजन की उस कहानी का उल्लेख किया है, जिसमें किसी ऐसी बैठक का ज़िक्र है, जहाँ हाशिमपुरा में तलाशियों और गिरफ़्तारियों का फ़ैसला लिया गया था, पर अभियोजन यह सिद्ध करने में असफल रहा कि इस बैठक में किन लोगों ने यह तय किया था कि मुसलमानों को इतना भयानक सबक़ सिखाया जाए।

आज इक़रार करें और ख़लिश मिट जाए

21 मार्च, 2015। तनाव के कारण मैं रात भर सो नहीं पाया था। 28 साल बाद ही सही पर हाशिमपुरा का फ़ैसला आने वाला था। तीस हजारी अदालत से लगभग 800 किलोमीटर दूर अपने गाँव जोकहरा (आजमगढ़) में मेरा मन उसी के आस-पास मंडरा रहा था। मैंने सुबह दो-तीन बार इस मामले में सरकारी वकील अकबर आब्दी से बात करने की कोशिश की और दस बजे के आस-पास कामयाब भी हो गया। अकबर ने मुझे बताया कि फ़ैसला लंच तक आ जाएगा और जैसे ही उन्हें कुछ पता चलता है, वे मुझे फ़ोन करेंगे। चन्द दिनों पहले ही मेरी उनसे एक लम्बी मुलाक़ात हुई थी, जिसमें उन्होंने बड़े आत्मविश्वास के साथ समझाया था कि इस मामले में वे अभियुक्तों को सज़ा दिलाने में कामयाब हो जाएँगे, क्योंकि उनके अनुसार अभियोजन परिस्थितिजन्य साक्ष्यों से यह साबित करने में सफल हो गया है कि जिनके ख़िलाफ़ मुक़दमा चलाया जा रहा है, वे सभी घटनास्थल पर मौजूद थे।

जैसे-जैसे वक़्त बीतता गया और अकबर आब्दी का कोई फ़ोन नहीं आया, मेरी बेचैनी बढ़ती गई। मैंने ज़ुल्फ़िकार नासिर को फ़ोन किया और उसने भी मुझे आश्वासन दिया कि फ़ैसला आते ही वह मुझे सूचित करेगा। तीन बजे के आस-पास ज़ुल्फ़िकार का सन्देश मिला कि सभी अभियुक्त छूट गए। पल भर के लिए तो मैं अवाक् रह गया। 28 सालों की लम्बी जद्दोजेहद का कैसा अन्त हुआ? थोड़ी ही देर बाद मैंने स्वयं से प्रश्न किया कि यदि इन 16 अभियुक्तों को सज़ा मिल भी जाती तो क्या मैं ख़ुश होता?

अपने प्रश्न का उत्तर भी मुझे जल्द ही मिल गया। हाशिमपुरा हत्याकांड के मामले में आया अदालती फ़ैसला दुर्भाग्यपूर्ण ज़रूर है, पर अप्रत्याशित बिलकुल नहीं। यदि आप ध्यानपूर्वक उत्तर प्रदेश सी.आई.डी. की केस डायरियाँ पढ़ें तो आप मेरी बात से सहमत होंगे कि जो मामला पी.ए.सी. कर्मियों के ख़िलाफ़ बनाया गया था, उसमें किसी भी अदालत के लिए उन्हें सज़ा देना आसान नहीं था। इस मामले में शुरू से ही जुड़ा होने के कारण मैं इतना कह सकता हूँ कि तफ़्तीश करने वाले पहले ही दिन से हत्यारों को बचाने में लगे हुए थे।

यदि अदालत के सामने खड़े सोलह अभियुक्त राख पुते चेहरों के साथ सर झुकाए बाहर इंतज़ार करती पुलिस वैन में बैठ कर जेल चले जाते, तब भी मुझे ख़ुशी नहीं मिलती। इसका कारण एक दूसरा प्रश्न था जो 22/23 मई 1987 के उस बेचैन कर देने वाली रात से, जब मैंने थाना लिंक रोड के दफ़्तर में बैठ कर बाबूदीन से पूरा वाक़िया सुना था, मुझे परेशान करता रहा है। क्या इतनी बड़ी वारदात को, जिसमें 500-600 लोगों के बीच से 40 से अधिक लोगों को छाँटा जाए और उन्हें 50 किलोमीटर दूर ले जाकर मार दिया जाए, एक सब इंस्पेक्टर अंजाम दे सकता है? उसकी आधिकारिक हैसियत ऐसी नहीं थी कि वह इतना अहम फ़ैसला कर सकता था और न ही उसके मातहत इस मामले में उसका हुक्म मानते अगर उन्हें यह यक़ीन न होता कि हत्याकांड के बाद उनका कुछ नहीं बिगड़ेगा। ज़ाहिर है कि उन्हें ऐसा अभयदान बड़े अफ़सर या ताक़तवर राजनेता ही दे सकते थे। जिन्हें सी.आई.डी. ने अदालत के सामने अभियुक्तों के रूप में खड़ा किया, उनमें सबसे ऊँचा ओहदेदार एक सब इंस्पेक्टर था।

सी.आई.डी. की चार्जशीट में अंकित है 'विवेचना में ऐसा कोई साक्ष्य उपलब्ध नहीं हुआ है, जिससे यह पता लगता कि उपरोक्त गिरफ़्तार व्यक्तियों को हत्या का आदेश किसी वरिष्ठ अधिकारी द्वारा दिया गया है। साक्ष्य से यह हत्या करने का अपराध केवल उन्हीं लोगों के विकृत मानसिक प्रवृत्ति का द्योतक ही प्रतीत होता है, जिसके लिए केवल कर्ता (करने वाले) को ही उत्तरदायी ठहराया जा सकता है अन्य किसी को नहीं।'"[1] क्या कोई समझदार व्यक्ति इस पर विश्वास कर सकता है? ख़ुद सी.आई.डी. भी इस पर विश्वास नहीं करती

1. अदालत में सी.आई.डी. द्वारा दाख़िल चार्जशीट का अंश।

थी। मेरठ के डी.आई.जी. नत्थूलाल ने वाई. एन. सक्सेना, आई. जी., सी.आई. डी. को 7 अगस्त,1989 को लिखा कि 'मेरे ड्राइवर ने मुझे आगे बताया कि जिस तरह के सवाल सी.आई.डी. की टीम अलग-अलग गवाहों से पूछ रही है, उनसे यह आभास होता है कि पी.ए.सी. कर्मी बिना वरिष्ठ अधिकारियों के निर्देश के ऐसा काम नहीं कर सकते थे। यदि सी.आई.डी. के इस निष्कर्ष को स्वाभाविक मान भी लिया जाए, डी.आई.जी./ पी.ए.सी. पश्चिमी सेक्टर श्री पी.डी.रतूड़ी जो वहाँ कई दिनों से थे और निकट से पी.ए.सी. की तैनाती और कामकाज का पर्यवेक्षण कर रहे थे, अधिकारियों की श्रृंखला में सबसे उचित व्यक्ति (इस पूछताछ के लिए) होते।"[1]

इस पत्र को लिखने के पीछे वह घबराहट थी जो नत्थूलाल और कई बड़े अफ़सरों के मन में सी.आई.डी. की तफ़्तीश के शुरुआती दौर में पैदा हुई थी। बाद में जैसे-जैसे समय बीतता गया और वे सी.आई.डी. को यह मनवाने में सफल हो गए कि 'इस प्रकार से हत्या किया जाना अभियुक्त गण की विकृत मानसिकता एवं पूर्वाग्रह का प्रतीक है' (3 अगस्त 1994 को सी.आई.डी. द्वारा उत्तर प्रदेश सरकार को प्रेषित अन्तिम रिपोर्ट), उनका भय भी समाप्त हो गया।

23 मई 1987 को थाना लिंक रोड पर बाबूदीन ने और थाना मुराद नगर पर मुजीबुर्रहमान ने पी.ए.सी. के ख़िलाफ़ मुक़दमे लिखवाए। मैं पहले ज़िक्र कर चुका हूँ कि 24 मई को मुख्यमंत्री वीर बहादुर सिंह के आदेश पर दोनों मुक़दमों की विवेचना सी.आई.डी. को सौंप दी गई। साधारण परिस्थितियों में तो इसका समर्थन किया जाना चाहिए, क्योंकि सी.आई.डी. ज़िला पुलिस के मुकाबले ज़्यादा पेशेवर तरीक़े से तफ़्तीश कर सकती है, और समय तथा संसाधन दोनों मामलों में वह बेहतर सुसज्ज थी। पर बाद में सी.आई.डी. के

1. "My driver has further told me that the type of questions that are being put by the CID team to various witnesses suggest that the PAC men could not do such an act without instructions from the senior officers .Even if this inference drawn by the CID team could be considered as natural, the DIG/ PAC western sector Shri P.D.Raturi who had been there for a couple of days and had been closely supervising the deployment and working of PAC would have been the best person in the chain of command (to answer such question)..." Extract from D.O. Letter no. E/35/16/292/89-PHQ dated 7th August 1989, written by Nathoo Lal addressed to IG CID Y.N. Saksena.

तफ़्तीश के जो नतीजे सामने आए, उन्होंने सबको निराश किया। एडिशनल सेशन जज संजय जिंदल ने 21 मार्च को हाशिमपुरा हत्याकांड का फ़ैसला सुनाते समय कहा कि—

'विवेचना में त्रुटियाँ इस तरह की हैं कि वे अभियोजन के मामले की तह तक जाती हैं। और यदि उनकी उपेक्षा की जाए तो वे अभियुक्तों के विरुद्ध गम्भीर दुर्भावना उत्पन्न कर सकती हैं। और इसके कारण न्याय का गम्भीर हनन हो सकता है।...यह बहुत तकलीफ़देह स्थिति है कि बहुत से निर्दोष व्यक्तियों को तकलीफ़ पहुँचाई गई है और राज्य की एजेंसी के द्वारा उनका जीवन हरण किया गया है किन्तु तफ़तीश करने वाली संस्था तथा अभियोजन दोषियों की शिनाख़्त करने वाली विश्वसनीय सबूत सामने लाने में असफल रही।'[1]

मुझे यह लिखने में कोई हिचक नहीं हो रही है कि तफ़्तीश शुरू करने के दिन से ही सी.आई.डी. दोषियों को बचाने की मुहिम में लग गई। इस किताब पर काम करने की शुरुआत ही मैंने सी.आई.डी. द्वारा अदालत में दाख़िल दस्तावेज़ों के अध्ययन से की और जैसे-जैसे मैं उनमें डूबता गया, यह स्पष्ट होता गया कि विवेचना अपराधियों पर आरोप सिद्ध करने और ज़रूरी साक्ष्य इकठ्ठा कर उन्हें अदालत से दंड दिलाने के लिए नहीं, बल्कि सारे मामले को उलझा कर ऐसी स्थितियाँ पैदा करने के लिए की जा रही थी, जिनमें किसी भी अदालत से उन्हें सज़ा दिलाना असम्भव हो जाए। कई बार तो मुझे यह सन्देह होने लगता था कि मैं अभियोजन के नहीं सफ़ाई के दस्तावेज़ पढ़ रहा हूँ।

भारत की दंडात्मक न्याय प्रणाली ब्रिटिश परम्पराओं पर आधारित है। 1860 के दशक में अँग्रेज़ों ने भारत में इंडियन पेनल कोड, क्रिमिनल प्रोसीजर कोड और इंडियन एविडेंस एक्ट जैसे क़ानून बनाए, जिन पर भारत की फ़ौजदारी न्यायिक व्यवस्था टिकी हुई है। इस तन्त्र की सबसे बड़ी विशेषता यह है कि

1. "The defects in the investigation are of such a nature which go to the very root of the prosecution case and if ignored the same can cause a serious prejudice to the accused persons and such ignorance may result into miscarriage of justice...It is very painful to observe that several innocent persons have been traumatized and their lives have been taken by the State agency but the investigating agency as well as the prosecution have failed to bring on record the reliable material to establish the identity of culprits." Extract from the judgment delivered by Judge Sanjay Jindal on 21st March.

इसमें किसी भी आरोपी को तब तक निर्दोष माना जाता है, जब तक अभियोजन उसके विरुद्ध अभियोग निस्सन्देह सिद्ध न कर दे। किसी भी तर्कसंगत सन्देह का लाभ अभियुक्त को मिलता है। फ़ौजदारी का एक सफल वकील क्या करता है? वह अदालत के मन में अभियोजन की कहानी के लिए शक पैदा करने की कोशिश करता है, पर यहाँ तो जिस एजेंसी को अपराध के सबूत इकट्ठे कर के अदालत के सामने पेश करने थे, वही इस अभियान में लगी थी।

यह सामूहिक हत्या का एक ऐसा मामला था, जिसमें 6 व्यक्ति जीवित बच निकले थे और इनमें से तीन किसी भी एजेंसी को 23 मई 1987 की सुबह से उपलब्ध थे। मेरठ में कर्फ़्यू लगा हुआ था, उन 42 लोगों को छोड़ कर जिन्हें पी.ए.सी. की ट्रक न. यू.आर.यू. 1493 मों. हाशिमपुरा, मेरठ से लेकर ग़ाज़ियाबाद की दिशा में भाग आया था। हाशिमपुरा के ज़्यादातर मर्द मेरठ और फतेहगढ़ की जेलों में बन्द थे, मृतकों के परिवारीजन अपने घरों में यह सोच कर बैठे थे कि वे भी किसी थाने या जेल में होंगे—ऐसी स्थिति में अगर कोई घटना की तफ़्तीश कर रहा था तो शुरुआत इन्हीं से हो सकती थी। इन्हीं में से एक बाबूदीन ने 22/23 मई की रात मुझे पूरा वाक़िया बताया था। स्वाभाविक रूप से इस मामले का विवेचक सी.आई.डी. इंस्पेक्टर आर.सी. गौतम दिनांक 27 मई 1987 को सबसे पहले मोहन नगर अस्पताल में बाबूदीन के पास पहुँचा।

23 मई को प्रात: 5.30 बजे जो एफ.आई.आर. बाबूदीन ने थाना लिंक रोड पर बोल कर लिखाई थी, उसमें उसने साफ़ कहा था कि 'हाशिमपुरा में खाकी कपड़े पहने हुए कुछ लोग, जो अपने को पुलिस वाला बता रहे थे...' उसे, दूसरे कुछ लोगों के साथ 'एक पीले रंग की ट्रक में बैठा लिया था' और 'रात होने पर मेरठ से चले तथा रास्ते में कुछ लोगों को गोली मार कर फेंक दिया। यहाँ जहाँ मैं पड़ा था बाक़ी लोगों को गोली मार कर फेंक कर भाग गए।' चार दिन बाद जब बाबूदीन का बयान सी.आई.डी. इंस्पेक्टर गौतम ने दर्ज किया तो उसके अनुसार 'मुझे तथा 28-29 लोगों को एक पीले रंग की ट्रक में बिठा दिया गया। हम लोगों को 12-14 वर्दी वाले लोग, जिनकी काही रंग की वर्दी थी...पेड़ के पत्तों से भी ज़्यादा हरे रंग की वर्दी थी, लाए थे और उनके पास पतली नाल की राइफ़लें थीं। उसे सी.आर.पी. कांस्टेबल जो उसकी सुरक्षा ड्यूटी पर नियुक्त है की वर्दी दिखलाई गई तो वह चौदह-पन्द्रह

लोग जो वर्दी में थे...उनकी वर्दी नहीं थी। उसने उक्त जवान (सुरक्षा ड्यूटी) के कारतूसों की कपड़े की पेटी, जो गहरे हरे रंग की है की ओर इशारा किया और बतलाया, 'इस प्रकार के गहरे हरे रंग वाली उनकी वर्दी थी।'

इसी प्रकार दूसरे घायल मुजीबुर्रहमान, जो मोहन नगर अस्पताल में ही भरती था, का भी बयान कुछ-कुछ ऐसा ही था। मुजीबुर्रहमान वह शख़्स है, जिसने मुरादनगर थाने में एफ.आई.आर. दर्ज कराई थी। एफ.आई.आर. में उसने भी स्पष्ट उल्लेख किया था कि उसे नहर तक पीले ट्रक में लाने वाले और गोली मारने वाले पुलिस वाले थे, किन्तु इसी तारीख़ को सी.आई.डी. इंस्पेक्टर को दिए गए उसके बयान के अनुसार, '12, 14 वर्दी वाले जो लोग उसे और 28,29 व्यक्तियों को पीले रंग की ट्रक पर लेकर चले थे, उनकी वर्दी का रंग पेड़ की पत्ती से भी गहरा हरा (काही) रंग था।'

अपने विवेचकों की रिपोर्ट के आधार पर, डी.आई.जी. सी.आई.डी. जंगी सिंह ने उत्तर प्रदेश के गृह सचिव माता प्रसाद को सम्बोधित, इस मामले की प्रथम प्रगति आख्या के साथ भेजे गए कवरिंग पत्र सं. सी.बी.294,311/87, लखनऊ-दिनांक 6 जून 1987 में लिखा, 'वादी बाबूदीन तथा मुजीबुर्रहमान ने अपने बयानों में बताया है कि लगभग 12-14 लोग उन्हें एक पीले रंग की ट्रक में बैठाकर 29-30 लोगों के साथ हाशिमपुरा मेरठ से लाए थे। जिन लोगों ने उन्हें तथा उनके साथियों को गोली मारी थी वे पेड़ के पत्ते से भी गहरे हरे रंग (काही जैसा रंग) के कपड़े पहने हुए थे। जब उन्हें पुलिस की बाक़ी यूनिफ़ार्म दिखाई गई तो उन्होंने इनकार किया कि वे ऐसी यूनिफ़ार्म नहीं पहने थे, वह हरे रंग की थी। उन्होंने यह भी बताया है कि उनकी बन्दूकें लम्बी, पतली नाल वाली थीं। जब उन्हें .303 की राइफ़लें दिखाई गईं तो उन्होंने ऐसी राइफ़लों से मारने को मना किया, उन्होंने बताया कि वह सर पर लोहे के टोप लगाए हुए थे और उनकी भाषा समझ में नहीं आ रही थी।'

उन पाठकों की सुविधा के लिए, जो बाबूदीन और मुजीबुर्रहमान के बयानों के पीछे छिपे पेच नहीं समझ पा रहे हैं, मैं दो मुद्दे साफ़ करना चाहूँगा। पहला तो यह कि इन दोनों के बयान धारा 161 सी.आर.पी.सी. के अन्तर्गत दर्ज किए गए थे। यह प्रावधान ख़ास औपनिवेशिक परिस्थितियों की देन है। 1861 में जब सी.आर.पी.सी. बनी, देश में साक्षरता की दर बहुत कम थी, इसलिए स्वाभाविक था कि बयान देने वालों से यह अपेक्षा नहीं

की जाती थी कि वे अपने बयान पर हस्ताक्षर करेंगे। साथ ही लोकतांत्रिक संस्थाओं के अभाव के कारण यह भी समझा जाता था कि पुलिस मारपीट या धमका कर मन मुताबिक़ बयान लिखवा लेगी। 1973 में सी.आर.पी.सी. नए रूप में आई ज़रूर, पर इस प्रावधान को बने रहने दिया गया। अब भी धारा 161 के अन्तर्गत दर्ज बयान पर गवाह के हस्ताक्षर नहीं लिए जाते। नतीजा यह होता है कि पुलिस अधिकारी जो बयान दर्ज कर रहा होता है, उसमें अपनी मर्ज़ी से कुछ भी लिख सकता है। चूँकि गवाह को बयान पर हस्ताक्षर नहीं करने होते है, इसलिए विवेचक के सामने उसे दिखाने की मजबूरी भी नहीं होती। बाबूदीन और मुजीबुर्रहमान के साथ भी यही हुआ। ऐसा नहीं माना जा सकता कि चार दिन में ही दोनों की याददाश्त इतनी कमज़ोर हो गई कि वे ख़ुद को गिरफ़्तार करने वालों की वर्दी और उनके हथियारों की शिनाख़्त भूल जाएँ। पहले लिखाई एफ.आई.आर. और बाद में अदालत में दिए गए बयान दोनों सी.आई.डी. इंस्पेक्टर के सामने कहे गए कथनों से भिन्न हैं।

यह मानना ग़लत नहीं होगा कि सी.आई.डी. इंस्पेक्टर ने बाबूदीन और मुजीबुर्रहमान के बयान अपनी मर्जी से लिखे, और इसका उद्देश्य बाद में अदालत के मन में सन्देह उत्पन्न करना भी हो सकता है। बाबूदीन और मुजीबुर्रहमान जानते थे कि पुलिस की वर्दी खाकी रंग की होती है और जो लोग उन्हें ट्रक में भर कर लाए थे वे पुलिस वाले थे, फिर वे क्यों उनकी वर्दी का रंग काही या पेड़ के पत्ते से भी गहरे हरे रंग का बताएँगे? गहरे हरे रंग की वर्दी भारतीय सेना पहनती है। इसी प्रकार दोनों के बयानों में पतली नली वाली राइफ़लों का ज़िक्र आया है। ऐसी नलियाँ 7.62 एस.एल.आर. राइफ़लों की होती हैं, जिनका उपयोग 1987 तक उत्तर प्रदेश पुलिस या पी.ए.सी. नहीं करती थी। उस समय उसके पास .303 राइफ़लें होती थी जिनकी नली काफ़ी चौड़ी होती है और 7.62 बोर की राइफ़ल सेना में इस्तेमाल होती थी। दोनों तथ्य इस बात की ओर इंगित करने का प्रयास कर रहे थे कि वास्तव में जो लोग हाशिमपुरा से मुसलमानों को उठा कर लाए थे, और जिन्होंने नहरों पर उतार कर उन्हें मारा था, वे पी.ए.सी. वाले नहीं बल्कि फ़ौजी थे।

इस मामले के प्रभारी पुलिस अधीक्षक सैयद खालेद रिजवी ने भी अपनी एक रिपोर्ट में शंका व्यक्त की थी—

'श्री बाबूदीन ने बयान दिया कि दोषी हरी वर्दी पहने हुए थे और उनके पास तंग नलियों वाले हथियार थे। (यहाँ यह उल्लेखनीय है कि श्री बाबूदीन द्वारा थाना लिंक रोड में लिखाई गई एफ.आई.आर. में हरी वर्दियाँ पहने हुए लोगों का कोई ज़िक्र नहीं है)। श्री मुजीबुर्रहमान (जीवित बच निकलने वाला घायल) ने बयान दिया कि दोषी गहरे हरे रंग की वर्दी पहने हुए थे और परीक्षण के दौरान दिखाई गई .303 राइफ़लों की तरह हथियार नहीं लिए हुए थे (यहाँ यह उल्लेख किया जा सकता है कि श्री मुजीबुर्रहमान द्वारा लिखाई गई एफ.आई.आर. में गहरे हरे रंग की वर्दी का कोई ज़िक्र नहीं है और हिंडन नहर से प्राप्त एक शव से प्राप्त गोली के टुकड़े के बारे में प्राप्त बैलिस्टिक रिपोर्ट के अनुसार वह .303 बोर की राइफ़ल से चलाई गई थी)।'[1]

पर रिजवी वरिष्ठ अधिकारी की हैसियत से अपने अधीनस्थ इंस्पेक्टर को इस शरारत से रोक क्यों नहीं पाए? कही ऐसा तो नहीं कि मुसलमान अधिकारी होने के कारण वे भी एक ख़ास तरह की अक्षमता और किंकर्तव्यविमूढ़ता के शिकार हो गए थे? मेरा मानना है कि ऐसा ही था और मैं पिछले अध्याय में इस पर लिख चुका हूँ।

मोहन नगर अस्पताल में बाबूदीन और मुजीबुर्रहमान का मृत्युपूर्व बयान मजिस्ट्रेट श्रीमती स्नेहलता अग्रवाल ने 24 मई को लिया। बाबूदीन मकनपुर में हिंडन नहर के किनारे हमें मिला था, पर मजिस्ट्रेट ने उसके बयान में लिखा कि वह मुरादनगर में मार कर फेंका गया था और उसे मुरादनगर चोपला पर पुलिस द्वारा पुनः पकड़ा गया। सी.आई.डी. ने भी बाद में मजिस्ट्रेट का

---

1. "Shree Babudin stated that the culprits were wearing green uniforms and had narrow barrel weapons(It may be pointed out that in the FIRs lodged by Shri Babudin at PS Link Road, there had been no mention of persons wearing green uniforms).
   Sri Muzibur Rehman (injured survivor) stated that the culprits were wearing uniforms of deep green colour and did not have weapons like the .303 rifles shown to him during examination. (It may be pointed out that in the FIR lodged by Sri Muzibur Rehman there is no mention of deep green uniform and ballistic report regarding the bullet fragment recovered from a dead body from Hindon Canal says that it was fired by .303 bore rifle)." Extract from the note prepared for Prime Minister Office by S. K. Rizvi, S.P. C.B. C.I.D. dated 22nd June 1989.

बयान लिखते समय टिप्पणी की है कि 'वे यह भी नहीं बतला सकीं कि इस घायल का घटनास्थल हिंडन नहर है, तो उसने मुरादनगर नहर में अपना फेंका जाना क्यों बतलाया होगा। इसी प्रकार मुरादनगर चोपला पर जो पुन: पुलिस द्वारा पकड़ा जाना बतलाया गया है, वह पुलिस कौन थी और कहाँ की थी जबकि वह मुरादनगर में थाने पर ले जाया ही नहीं गया था।...घटनाक्रम तथा वास्तविक तथ्यों के विपरीत लिखे गए सम्बन्धित कथनों के विषय में पूछताछ पर वे कोई भी स्पष्ट कथन अंकित नहीं करा सकी हैं।' बाबूदीन से बाद में इस विषय पर पूछा गया तो वह स्वयं चकरा गया और नहीं समझ पाया कि क्यों उसका यह बयान मजिस्ट्रेट ने लिखा होगा, जबकि उसने ऐसा तो कुछ नहीं कहा था।

तफ़्तीश के दौरान एक निर्णायक लापरवाही पुलिस द्वारा घटना में शरीक ट्रक को फ़ौरन ज़ब्त न करना था। मैंने ऊपर लिखा है कि 22/23 मई की आधी रात जब हम 41वीं बटालियन के कैम्पस में पहुँचे, सूबेदार सुरेन्द्र पाल सिंह ट्रक न. यू.आर.यू. 1493 को धुलने के बाद लेकर वापस मेरठ भाग गया था। स्वाभाविक था कि थाना लिंक रोड के इंचार्ज सब इंस्पेक्टर वी. बी. सिंह से, जो लगभग 24 घंटे इस मामले का विवेचक भी रहा, यह उम्मीद की जाती कि वह बटालियन के एम. टी. सेक्शन से ख़ून सना पानी इकठ्ठा कर ले और उसे वैज्ञानिक परीक्षण के लिए फारेंसिक साइंस लेबोरेट्री भेजे, पर वह ऐसा नहीं कर सका और इसके सी. आई. डी. ने उसे दंडित करने की सिफ़ारिश भी की। आज जब आराम से बैठ कर हम इस पहलू पर विचार करें तो यह सही भी लगता है, पर उस रात क्या यह सम्भव था? मैंने ऊपर लिखा है कि चूँकि यह मामला पी.ए.सी. से सम्बन्धित था, इसके साथ एक ख़ास तरह की नज़ाकत जुड़ी थे। मैंने उन परिस्थितियों का ज़िक्र किया है जिनमें मैंने और ज़िला मजिस्ट्रेट नसीम जैदी ने यह तय किया था कि कोई कार्यवाही करने के पहले उत्तर प्रदेश के पुलिस महानिदेशक भटनागर को मेरठ जाकर पूरी घटना की जानकारी दी जाए। यहाँ दो उद्धरण देना अप्रासंगिक नहीं होगा—

डी.आई.जी. मेरठ, नत्थूलाल ने आई.जी., सी.आई.डी., वाई.एन.सक्सेना को 7 अगस्त 1989 को लिखा, 'मैंने यह भी आग्रह किया था कि पी.ए.सी. की टुकड़ी को फ़ौरन हटा दिया जाए और उनके ख़िलाफ़ सख़्त कार्यवाही की जाए। इस पर, श्री डी.एस.भटनागर के मन में कुछ शंकाएँ थीं और वे वहाँ

मौजूद डी.आई.जी., पी.ए.सी. पश्चिमी सेक्टर से कुछ सलाह-मशविरा करना चाहते थे। रतूड़ी से सलाह-मशविरा कर श्री भटनागर ने मुख्यमंत्री को बताया कि उस समय पी.ए.सी. के ख़िलाफ़ किसी भी कार्यवाही से पी.ए.सी. कर्मियों में प्रतिकूल प्रतिक्रिया हो सकती है और पी.ए.सी. में विद्रोह की सम्भावना से इनकार नहीं किया जा सकता।'[1]

ज़िला मजिस्ट्रेट नसीम जैदी ने सी. आई. डी. के सामने बयान देते हुए कहा, 'क्योंकि यह मामला बहुत संवेदनशील लग रहा था और पी.ए.सी. से सम्बन्धित था, इसलिए उन्होंने (वक्ता ने) पुलिस अधीक्षक से विचार-विमर्श करके यह उचित समझा कि इस मामले की जानकारी पुलिस महानिदेशक, कमिश्नर मेरठ आदि को व्यक्तिगत रूप से दे दी जाए।'

24 मई को विवेचना सी.आई.डी. को सौंप दी गई। इसी दिन प्लाटून कमांडर सुरेन्द्र पाल सिंह और उसकी टुकड़ी को मेरठ से हटा कर मुरादाबाद भेज दिया गया और उनके हथियार रखवा लिए गए। इसके बाद यह सम्भव हो गया था कि घटना में शरीक ट्रक को ज़ब्त कर लिया जाता और यदि उसी समय उसका वैज्ञानिक परीक्षण करा लिया जाता तो सम्भव है कि बहुत सारे ऐसे साक्ष्य उस ट्रक से मिलते, जो बाद में विवेचना और अभियोजन में मदद करते। ट्रक का कई महीने बाद फारेंसिक परीक्षण कराया गया और इसमें कोई आश्चर्य नहीं होना चाहिए कि परीक्षकों को उसमें अपने मतलब का कुछ ख़ास नहीं मिला। विवेचना सौंपे जाने के बाद यदि सी.आई.डी. ने एम.टी.सेक्शन में जाकर तलाश किया होता, तो उसे वहाँ ख़ून सनी मिट्टी और पानी के प्रमाण भी मिल गए होते। मुझे आज भी लगता है कि सब इंस्पेक्टर वी. बी. सिंह को इस मामले में दी गई सज़ा उसके साथ ज़्यादती है। सज़ा तो सी.आई.डी. को मिलनी चाहिए थी।

---

1. "I had further urged immediate removal of the PAC Unit followed by stern action against them. On this, Shri D.S.Bhatnagar had certain reservations and wanted to discuss with Shri P.D.Raturi, D.I.G. PAC Western Sector who was also present there. After discussions with Raturi, Shri Bhatnagar told the chief minister that any action against the PAC at that moment may lead to adverse reaction among PAC men and the possibility of revolt in the PAC could not be ruled out." Extract from D.O. Letter no. E/35/16/292/89-PHQ dated 7th August 1989, written by Nathoo Lal addressed to IG CID Y.N. Saksena.

विवेचना का सबसे दुखद पहलू इसके बाद आता है। विवेचकों को सबसे पहले पड़ताल करनी चाहिए थी कि इतनी बड़ी घटना हुई क्यों, किसने इसका फ़ैसला किया और कैसे सुरेन्द्र पाल सिंह तथा उसके साथियों को तैयार किया गया कि वे बेख़ौफ़ इसे अंजाम दें। चार्जशीट दाख़िल करते समय सी.आई.डी. ने नृशंस हत्याकांड के लिए उसमें शामिल 19 पी.ए.सी. कर्मियों की 'दूषित मानसिकता' को ही ज़िम्मेदार ठहराया था, पर क्या यह सम्भव है कि एक ऐसी टुकड़ी, जिसका सबसे बड़ा ओहदेदार सब इंस्पेक्टर था, इतना बड़ा हादसा कर सकता था?

मैंने पीछे विस्तार से लिखा है कि भाजपा नेता शकुन्तला कौशिक की बहन का लड़का प्रभात उनके घर की छत पर मारा गया था। यह 21 मई, 1987 की सुबह का वाक़िया है, जब दिन चढ़ना शुरू ही हुआ था कि छत की मुँडेर पर खड़े प्रभात की आँखों में गोली लगी और उसके बगल में मौजूद शकुन्तला कौशिक का एक लड़का भी ज़ख़्मी हुआ था। अस्पताल ले जाने पर प्रभात को मृत घोषित कर दिया गया। प्रभात का बड़ा भाई मेजर सतीशचन्द्र शर्मा मेरठ छावनी में ई.एम.ई. सेंटर में तैनात था। विवेचना के प्रारम्भ में जितनी भी रिपोर्टें सी.आई.डी. द्वारा तैयार की गईं, सब में दो तथ्यों का विशेष उल्लेख है—एक तो प्रभात शर्मा की 21 मई को हत्या और उससे हाशिमपुरा को लेकर जुड़ी सम्भावनाएँ, जिसका ज़िक्र ऊपर उल्लिखित सैयद खालेद रिजवी की रिपोर्ट में आता है, और दूसरा एक ऐसा तथ्य जो इससे जुड़ा है और इस मामले में बहुत महत्त्वपूर्ण है। सी.आई.डी. ने अपनी कई रिपोर्टों में यह उल्लेख किया है कि 22 मई की शाम जब हाशिमपुरा में तलाशियाँ चल रही थीं मेजर सतीशचन्द्र शर्मा वहाँ मौजूद था। दो कारणों से उसे वहाँ नहीं होना चाहिए था। न तो उसकी ड्यूटी वहाँ थी और न ही पारिवारिक कारणों से उसका वहाँ होना बनता था।

जिस यूनिट को दंगों में नागरिक प्रशासन की मदद के लिए नियुक्त किया गया था वह उसका अंग नहीं था। उसके छोटे भाई प्रभात की हत्या को हुए अभी छत्तीस घंटे भी नहीं बीते थे। उसकी मौसी शकुन्तला कौशिक की डायरी के अनुसार प्रभात के माता-पिता यानी उनके बहन-बहनोई का (रो-रो कर) बुरा हाल था। ऐसे समय तो सतीश को घर पर अपने माँ-बाप को सांत्वना देने के लिए होना चाहिए था फिर वह हाशिमपुरा में क्या कर रहा था? एक-दो नहीं आधे

दर्जन से अधिक गवाहों ने उसे पहचाना और तलाशियों के दौरान उसकी उपस्थिति की तसदीक की, फिर क्यों नहीं सी.आई.डी. ने उसकी भूमिका की गम्भीरता से पड़ताल की? रिपोर्टों में तो उसका ज़िक्र आता रहा, पर न तो उसे कभी बयान के लिए सी.आई.डी. के सामने तलब किया गया, और न ही विवेचकों ने उसकी घटनास्थल पर उपस्थिति के निहितार्थ तलाशने के प्रयास किए।

मेरठ में दंगों के दौरान कंट्रोल रूम में सुबह-शाम बैठकें होती थीं। यह एक सामान्य परम्परा है, जो हर दंगे के दौरान उत्तर प्रदेश के किसी भी ज़िला मुख्यालय में होती है। ब्रीफ़िंग और डी ब्रीफ़िंग के लिए आयोजित इन बैठकों में दिन भर की घटनाओं का विश्लेषण होता है और अगली तलाशियों तथा गिरफ़्तारियों की योजना तैयार की जाती है। मई 1987 के दंगों को लेकर हो रही इन बैठकों में इस बार एक अस्वाभाविक चीज़ हो रही थी। इन बैठकों में फ़ौजी अधिकारी एक ऐसी भूमिका में दिख रहे थे, जिसकी उनसे अपेक्षा नहीं की जाती थी। दंगों के दौरान भारतीय संविधान और सी.आर.पी.सी. के तहत नागरिक प्रशासन की सहायता के लिए बुलाई गई सैनिक टुकड़ी की क्या भूमिका हो सकती है, इस पर मैं विस्तार से लिख चुका हूँ। सी.आई.डी. के सामने दिए गए बयानों में मेरठ के डी.आई.जी. नत्थूलाल, ज़िला मजिस्ट्रेट राधेश्याम कौशिक, वरिष्ठ पुलिस अधीक्षक वी.के.बी. नायर और गिरधारी लाल शर्मा ने जगह-जगह कहा है कि तलाशियों की योजना फ़ौज बनाती थी और गिरफ़्तारियों की सूचना भी वही अपने मुख्यालयों को भेजती थी। यह एक ऐसी स्थिति थी जो पूरी तरह से अवैध है और इस तक पहुँचने में मेरठ प्रशासन की पस्तहिम्मती, नालायकी और तालमेल का अभाव पूरी तरह से ज़िम्मेदार है।

21 मई को मेजर सतीशचन्द्र शर्मा के भाई प्रभात की हत्या के बाद फ़ौज अधिक सक्रिय हुई। इसी दिन देर शाम प्रभात के शवदाह में वरिष्ठ सैनिक और असैनिक अधिकारी सम्मिलित हुए। इसमें कोई अस्वाभाविक बात नहीं थी कि मेरठ के ज़िला मजिस्ट्रेट और वरिष्ठ पुलिस अधिकारी अन्त्येष्टि में शरीक होते, पर मज़ेदार बात है कि सभी वरिष्ठ अधिकारियों ने कौशिक परिवार की इस दुख की घड़ी में भी अपनी भागीदारी से इनकार कर दिया, जबकि उनके मातहतों ने सी.आई.डी. को दिए अपने बयानों में उनकी इस मौक़े पर उपस्थिति की पुष्टि की है। शायद बयान देने तक उन्हें एहसास हो गया था कि

प्रभात की हत्या और हाशिमपुरा की वारदात में अन्तर्सम्बन्ध तलाशे जाएँगे और उन्होंने प्रभात से जुड़ी मानवीय प्रतिक्रियाओं से भी दूरी बनानी शुरू कर दी।

मेरा मानना है कि 21 और 22 मई को हुई बैठकों में यह तय हुआ था कि हाशिमपुरा के मुसलमानों को सबक़ सिखाया जाए। यह एक आम प्रक्रिया है कि कंट्रोल रूम की बैठकों के कोई मिनट्स नहीं रखे जाते हैं और इस बार भी यही हुआ। एस.पी., सी.आई.डी. एस. के. रिज़वी ने प्रधानमंत्री कार्यालय को भेजे अपने एक नोट में टिप्पणी की थी—

'22/5/87 को हाशिमपुरा में हुई तलाशियों के सम्बन्ध में किसी भी स्तर से तलाशियों के पूर्व विस्तृत लिखित आदेश नहीं जारी किए गए थे, कोई भी व्यवस्था या प्रक्रिया नहीं निर्धारित की गई थी, कर्तव्यों की कोई निश्चित ज़िम्मेदारियाँ नहीं तय की गई थीं और न ही उत्तरदायित्व दिए गए थे जिनके कारण यह घटनाएँ सम्भव हो सकीं थीं।'[1]

इन बैठकों का ज़िक्र अलग-अलग अधिकारियों के सी.आई.डी. को दिए बयानों में आया है। यहाँ दो का उल्लेख पर्याप्त होगा—

एस.पी.(सिटी) बी.के.चतुर्वेदी के अनुसार, 'दिनांक 22.5.87 को दोपहर के समय लगभग एक बजे दिन के समय मीटिंग हुई थी, जिसमें उन्हें भी बुलाया गया। इस मीटिंग में उनके अतिरिक्त वरिष्ठ पुलिस अधीक्षक श्री वी.के.बी. नायर, ज़िलाधिकारी श्री कौशिक, मेजर जनरल श्री खुराना, सी.ओ. सिटी, अपर पुलिस अधीक्षक श्री भगत आदि अधिकारी भी थे। इस मीटिंग में यह तय हुआ कि उस दिन दिनांक 22-5-87 को मोहल्ला हाशिमपुरा, जैदी फार्म, मलियाना (सुल्तानपुर) में तलाशियाँ ली जाएँ। तलाशियों का मुख्य उद्देश्य अवैध शस्त्रों की बरामदगी, लाउड स्पीकर उतरवाने तथा वांछित अभियुक्तों की तलाश, कर्फ़्यू का पालन कराए जाने व कर्फ़्यू तोड़ने वालों को बन्दी बनाए जाने का था। मेजर जनरल श्री खुराना ने यह निर्देश दिए थे कि 16 साल तक के बच्चों, महिलाओं व

1. "No detailed orders or instructions regarding the search operations in Hashimpura on 22.5.87 were issued from any level in writing before these searches were conducted, no systems and procedures were prescribed, no allotment of specific duties was ordered and no responsibilities were fixed, which made these incidents possible." Extract from the note prepared for Prime Minister Office by S. K. Rizvi, S.P. C.B. C.I.D. dated 22nd June 1989.

60 वर्ष से अधिक आयु वाले लोगों को गिरफ़्तार न किया जाए...इन तलाशियों के लिए कोई लिखित आदेश नहीं दिया गया था।' कोई नहीं जानता कि इस बैठक में मेजर जनरल खुराना किस क़ानूनी हैसियत से आदेश दे रहे थे और क्यों मेरठ के अधिकारी उन आदेशों का पालन कर रहे थे।

सिटी मजिस्ट्रेट मुकेश कुमार गुप्ता, जो हाशिमपुरा के सेक्टर मजिस्ट्रेट थे, ने 22 मई की घटनाओं को याद करते हुए सी.आई.डी. को बताया कि 'हाशिमपुरा मोहल्ले में डेढ़-दो बजे...नमाज़ के तुरंत बाद फ़ायरिंग व नारेबाजी की घटना हुई। इसी मध्य एस.एस.पी. श्री नायर साहब व एस.पी. सिटी. श्री चतुर्वेदी तथा ज़िलाधिकारी श्री कौशिक साहब भी आ गए थे...जिन्होंने कहा कि अभी कोई विधिक कार्यवाही नहीं होनी है, मीटिंग के बाद विचार करके बतलाया जाएगा...'

मीटिंग के बाद हाशिमपुरा में नियुक्त अधिकारियों को आदेश मिला वे ऑपरेशन शुरू कर दें। इसकी पुष्टि सिटी कंट्रोल रूम की लाग बुक दिनांक 22-5-87 से होती है जिसके अनुसार 16 बजकर 27 मिनट पर एस.पी. सिटी को बतलाया गया है कि वे काम शुरू करा दें। 18 बजकर 2 मिनट पर ज़िलाधिकारी को बतलाया गया है कि सेक्टर ऑफ़िसर हाशिमपुरा ने लगभग 400 गिरफ़्तारियाँ की हैं।

जिन मीटिंगों में यह तय हुआ कि हाशिमपुरा के मुसलमानों को सबक़ सिखाया जाए, उनका अस्पष्ट उल्लेख तो सी.आई.डी. के विभिन्न दस्तावेज़ों में आता है, पर ऐसा कोई भी गम्भीर प्रयास उसकी तफ़्तीश में नहीं दिखता, जिससे इनमें भाग लेने वालों की शिनाख़्त तथा उनके द्वारा लिए गए फ़ैसलों को पड़ताल की जा सकती। एस.पी. (सिटी), बी. के. चतुर्वेदी यह जानकारी देने वाले एक अहम गवाह हो सकते थे, पर सी.आई.डी. द्वारा कई बार पालीग्राफ टेस्ट के लिए बुलाए जाने पर भी वे नहीं आए और कोई उनका कुछ नहीं बिगाड़ सका। यही असहायता उस समय भी दिखाई पड़ती है, जब हम पाते हैं कि कई बार बुलाने पर भी मेजर पठानिया अदालत के सामने पेश नहीं हुआ।

जज संजय जिंदल ने अभियुक्तों को बरी करते समय कहा कि अभियोजन यह साबित करने में असफल रहा है कि अदालत के सामने पेश किए गए 16 अभियुक्त ही वे व्यक्ति थे जिन्होंने हत्याएँ की थीं। मैंने इस मामले से जुड़े और हज़ारों पृष्ठों में फैले दस्तावेज़ों का अध्ययन किया है, और मेरे मन में

भी यही शंका रही है। ख़ास तौर से यह शंका तब और गहरी हो जाती है जब आप यह पाते हैं कि अभियुक्तों में एक मुसलमान समी-उल्लाह भी था। क्या यह माना जा सकता है कि पी.ए.सी. का एक मुसलमान जवान साम्प्रदायिक विद्वेष पर आधारित निर्दोष मुसलमानों की हत्या में शरीक होगा? और क्या हिन्दू जवानों की टुकड़ी का नायक सुरेन्द्र पाल सिंह उस पर विश्वास कर उसे अपने कुकृत्य में भागीदार बनाएगा? अपनी लचर तफ़्तीश में सी.आई. डी. ने अदालत को यह विश्वास दिलाने की कोशिश की थी और इसमें पूरी तरह से असफल सिद्ध हुई।

किताब पर काम करते समय सी.आई.डी. का एक ऐसा दस्तावेज़ मेरे हाथ लगा जिसकी यदि तफ़्तीश में गहराई से छानबीन की जाती तो यह राज भी खुल जाता कि इस वारदात में प्लाटून कमांडर सुरेन्द्र पाल सिंह के साथ कौन-कौन शरीक था।

सी.आई.डी. के एस.पी. एस.के.रिजवी. ने दिनांक 24 मई 1989 को चतुर्थ प्रगति आख्या भेजते समय लिखा कि—

'श्री सुरेन्द्र पाल सिंह, प्लाटून कमांडर ने अपने कथन के मध्य में एक काग़ज़ को, जिस पर उसकी स्मृतियाँ अंकित थीं, बार-बार देखकर कथन दे रहा था, जिसे दिखलाने हेतु पहले तो उसने मना किया। फिर काफ़ी प्रयास करने पर उसने उक्त स्मृतिपत्र दिखाया तो उसकी संनिरीक्षा से पाया गया कि दिनांक 22-5-87 की सन्दर्भित ड्यूटी में उसके साथ निम्नलिखित कर्मचारी रहे हैं :

1. नायक राजवीर 2. कां. कुँवरपाल 3. कां. लीलाधर 4. हे.कां. बुद्धि सिंह 5. कां. ओमप्रकाश 6. कां.-21 ओमप्रकाश 7. हे.कां. निरंजन लाल 8. हे.कां. कुषकुमार 9.कां.जयपाल सिंह 10.कां.रामध्यान 11.कां.ओमप्रकाश 12. कां. लाल सिंह 13. कां. श्रवण कुमार और 14.कां./ड्रा. मोहकम सिंह।

यहाँ सुरेन्द्र पाल सिंह ओम प्रकाश नाम तीन बार लिखता है। यह ग़लती से भी हो सकता है और यह भी सम्भव है कि इस नाम के एक से अधिक व्यक्ति उसके दल में रहे हों क्योंकि ओम प्रकाश नाम इस इलाक़े में बहुत सामान्य है।

एक बार इतना महत्त्वपूर्ण दस्तावेज़ हाथ लगने के बाद सी.आई.डी. ने इसके आधार पर उक्त 14 पी.ए.सी. कर्मियों की संलिप्तता साबित करने के लिए अन्य ज़रूरी साक्ष्य क्यों नहीं इकट्ठे किए, और क्यों ऐसे 19 लोगों के ख़िलाफ़ चार्जशीट दाख़िल कर दी जिनमें से कई के नाम इस सूची में थे ही नहीं।

सी.आई.डी. ने जिनके ख़िलाफ़ चार्जशीट दाख़िल की वे थे—1. सुरेन्द्र पाल सिंह 2. सुरेश चन्द्र शर्मा 3. निरंजन लाल 4.कमल सिंह 5. कुश कुमार 6. रामबीर सिंह 7. समी-उल्लाह 8. महेश प्रसाद 9. जयपाल सिंह 10. राम ध्यान 11. श्रवण कुमार 12. लीला धर 13. हमबीर सिंह 14. कुँवर पाल सिंह 15. बुद्धा सिंह 16. बुद्धि सिंह 17. मोहकम सिंह 18. ओमप्रकाश शर्मा 19. बसन्त वल्लभ।

चार्जशीट में उल्लिखित 19 में से तीन—1. सुरेन्द्र पाल सिंह 2. कुश कुमार और 3. ओम प्रकाश शर्मा मुक़दमे के दौरान मर गए और 16 अभियुक्तों के ख़िलाफ़ कार्यवाही हुई। यदि हम सुरेन्द्र पाल सिंह के पास मिली पर्ची और चार्जशीट में लिखित नामों का मिलान करें, तो यह स्पष्ट है कि इनमें केवल 1. कां. कुँवरपाल 2. कां. लीलाधर 3. हे.कां. बुद्धा सिंह 4. कां. ओमप्रकाश (यदि चार्जशीट में उल्लिखित ओम प्रकाश शर्मा और सुरेन्द्र पाल के पास मिले काग़ज़ के ओम प्रकाश एक ही हैं) 5. हे.कां. निरंजन लाल 6. हे.कां. कुषकुमार 7. कां. जयपाल सिंह 8. कां. रामध्यान 9. कां. श्रवण कुमार और 10. कां./ड्रा. मोहकम सिंह के नाम दोनों सूचियों में शरीक हैं। इसका मतलब यह है कि बाक़ी बचे—सुरेश चन्द शर्मा, कमल सिंह, रामबीर सिंह, समी-उल्लाह, महेश प्रसाद, हमबीर सिंह, बुद्धि सिंह और बसन्त वल्लभ के विरुद्ध सी.आई.डी. ने ग़लत अभियोग-पत्र दाख़िल किया। जिन पाठकों का उत्तर प्रदेश पुलिस या पी.ए.सी. के काम करने के तरीक़े से परिचय नहीं है, उन्हें यह अजूबा लग सकता है, पर इसे समझना बहुत मुश्किल नहीं है। अक्सर यह होता है कि काग़ज़ों पर दर्शाए गए कर्मियों में से ऑपरेशन के दौरान कुछ छूट जाते हैं और उनमें कुछ ऐसे लोग जुड़ जाते हैं, जिनके नाम ड्यूटी रोस्टरों में नहीं होते। यहाँ भी यही हुआ होगा। मेहनत से बचने के लिए सी.आई.डी. ने उन 19 लोगों के नाम चार्जशीट दाख़िल कर दी, जो सुरेन्द्र पाल सिंह के प्लाटून के सदस्य थे। उन्होंने विस्तार में जाने की ज़हमत नहीं उठाई कि इस जघन्य हत्याकांड में कौन से नए लोग जुड़ गए थे और कौन पुराने लोग छूट गए थे? कुछ नए लोगों का जुड़ना और पुराने लोगों का छूटना इसलिए भी स्वाभाविक लगता है कि हाशिमपुरा जैसे जघन्य हत्याकांड में न तो हर व्यक्ति ख़ुशी से शरीक होता और न ही सुरेन्द्र पाल सिंह हर किसी पर विश्वास कर उसे अपने साथ रखता। यही कारण था कि सी.आई.डी. ने समी-उल्लाह को अभियुक्त बनाने जैसा हास्यास्पद काम कर डाला था।

ऊपर दिए गए तथ्यों के आलोक में हम उन परिस्थितियों को बेहतर समझ सकेंगे जिनके चलते जज संजय जिंदल ने यह स्वीकार करते हुए भी कि 22 मई 1987 को हाशिमपुरा में तलाशियों के दौरान अवैध ढंग से मुसलमानों को उठाया गया, उन्हें एक पीले रंग की ट्रक में बिठाकर ग़ाज़ियाबाद की दो नहरों पर लाया गया और वहाँ पी.ए.सी. कर्मियों द्वारा मार दिया गया, किसी आरोपी को दोषी नहीं माना और सबको रिहा कर दिया।

इस ग़ैरपेशेवर तफ़्तीश में कुछ भी अजूबा नहीं है। पिछले कुछ दशकों में सी.आई.डी. एक पेशेवर संस्था से एक ऐसी डम्पिंग ग्राउंड में तब्दील हो गई है जिसमें अक्षम और ताक़तवर नेताओं का कोपभाजन बने अधिकारियों को शरण मिलती है। एक ज़माने में अच्छी तफ़्तीश के लिए जानी जाने वाली संस्था पर लीपापोती और अपराधियों को बचाने का प्रयास करने के आरोप लगना अब सामान्य सा हो गया है।

हाशिमपुरा की तफ़्तीश का ग्राफ़ लखनऊ में बनने-बिगड़ने वाले सत्ता के समीकरणों से भी सीधा जुड़ा दिखाई देता है। 1987 की मई में जब यह कांड हुआ उत्तर प्रदेश में कांग्रेस की सरकार थी और वीर बहादुर सिंह उसके मुख्यमंत्री थे। वीर बहादुर सिंह के बारे में मैं ऊपर लिख ही चुका हूँ कि वे ज़मीनी नेता थे और सफलता हासिल करने के लिए स्याह-सफ़ेद कुछ भी कर सकते थे। इस आशय के कई सुझावों के बावजूद कि हाशिमपुरा के मुसलमानों को सबक़ सिखाने का फ़ैसला उनके इशारे पर किया गया था, मेरा मन कभी भी इसे मानने के लिए राज़ी नहीं होता। जब कोई इस प्रकरण में उनकी भूमिका का ज़िक्र करता है, मेरी आँखों के सामने 22/23 मई 1987 का वह दृश्य कौंध जाता है, जब मेरठ तिराहे पर उनकी कार रोक कर मैंने और नसीम जैदी ने हत्याकांड की सूचना उन्हें दी थी। उनके चेहरे पर आते-जाते भाव मैं आज तक नहीं भूला हूँ। एक ज़मीनी नेता होने के कारण शायद उन्हें समझने में ज़्यादा देर नहीं लगी कि दिल्ली से इतने क़रीब घटित होने वाली यह बुरी घटना उनका राजनैतिक भविष्य चौपट कर सकती है। पर यह भी एक तथ्य है कि वीर बहादुर सिंह के लिए हाशिमपुरा का इससे अधिक कोई अर्थ नहीं था। 42 लोगों की हिरासती हत्या न तो उनके लिए कोई प्रशासनिक चुनौती थी और न ही एक साथ इतने अल्पसंख्यकों का मारा जाना धर्मनिरपेक्ष भारतीय गणराज्य के लिए किसी तरह का ख़तरा था। वे नेताओं की उस फ़सल की पैदावार थे, जिनके लिए धर्मनिरपेक्षता

सिर्फ़ चुनावी सफलता की गारंटी तक महत्त्वपूर्ण है। मेरठ में 1987 के दंगों के दौरान मलियाना में भी ऐसी ही एक घटना हुई थी, जिसमें कई दर्जन मुसलमान मारे गए थे। घटना की भयानकता का एहसास राज्य सरकार को भी हुआ और तत्कालीन गृहमंत्री गोपीनाथ दीक्षित ने पी.ए.सी. के दोषी कमांडेंट आर.डी. त्रिपाठी के निलम्बन की घोषणा भी पत्रकारों के सामने कर दी, पर आदेश कभी भी जारी नहीं हुआ, शायद चुनावी गणित में यही फ़ायदेमन्द था। 22 मई, 1987 के बाद एक वर्ष से कुछ अधिक 24 जून, 1988 तक वीर बहादुर सिंह उत्तर प्रदेश सरकार के मुखिया बने रहे और इसी अवधि में सी.आई.डी. ने तफ़्तीश में सबसे ज़्यादा लीपापोती की थी। उनका एक इशारा ही इस मामले में तेज़ी लाने और उसे तार्किक परिणति तक पहुँचाने के लिए काफ़ी था, पर ऐसे कोई प्रमाण नहीं मिलते जिन्हें हम उनकी नेकनीयती के रूप में पेश कर सकें। 1987 से 1996 तक, जब इस मुक़दमे में ग़ाज़ियाबाद सेशन अदालत में आरोप-पत्र दाख़िल हुआ, उत्तर प्रदेश में कई सरकारें बनीं-बिगड़ीं, पर किसी ने भी इसे चुनौती के रूप में नहीं लिया। मुक़दमा अदालत में घिसटता रहा। तीन दर्जन से अधिक समन, ज़मानती वारंट और ग़ैर ज़मानती वारंट जारी होने के बाद सन् 2000 में अभियुक्त अदालत में हाज़िर हुए और उन्हें ज़मानत पर छोड़ दिया गया। मुक़दमे की धीमी गति से क्षुब्ध मृतकों के परिजनों ने सुप्रीम कोर्ट का दरवाज़ा खटखटाया और 2002 में उसके आदेश से मुक़दमा दिल्ली की सेशन अदालत में स्थानांतरित हुआ। इसके बाद भी कई वर्षों तक पब्लिक प्रासिक्यूटर की नियुक्ति का विवाद चलता रहा और 2006 में अभियुक्तों के ख़िलाफ़ आरोप निर्मित हो पाए। इस दौरान सत्ता में रही उत्तर प्रदेश की किसी भी सरकार का दामन हाशिमपुरा मामले में पाक-साफ़ नहीं रहा।

1987 में केंद्र में राजीव गांधी के नेतृत्व वाली काँग्रेसी सरकार थी। मुझे यह लिखने में कोई संकोच नहीं है कि हाशिमपुरा जैसी बड़ी चुनौती में इसका प्रदर्शन भी मिला-जुला था। 23 मई की अलस्सुबह बाबूदीन, मुजीबुर्रहमान और मोहम्मद उस्मान को मैंने मोहन मीकिन्स अस्पताल में दाख़िल करा दिया था और उनकी सुरक्षा में पुलिस लाइंस से सशस्त्र गार्ड लगा दिए गए थे। 24 मई को प्रधानमंत्री राजीव गांधी के व्यक्तिगत हस्तक्षेप से इसे केन्द्रीय रिजर्व पुलिस बल (सी.आर.पी.एफ.) के गार्ड से बदल दिया गया। यह एक क़दम ही उनकी चिन्ता को स्पष्ट करने के पर्याप्त है। इस किताब पर काम करते समय

मुझे प्रधानमंत्री कार्यालय के कई ऐसे दस्तावेज़ देखने को मिले हैं, जिनसे पता चलता है वे इस तफ़्तीश में व्यक्तिगत दिलचस्पी ले रहे थे। यहाँ सिर्फ़ एक का ही उल्लेख प्रधानमन्त्री की दिलचस्पी उजागर करने के लिए काफ़ी होगा। वी.के.जैन, एडिशनल सेक्रेटरी, गृह मंत्रालय, भारत सरकार ने 12.6.89 को उत्तर प्रदेश के गृह सचिव, पुलिस महानिदेशक और सचिव मुख्यमंत्री को एक रेडिओग्राम भेजा, जिसमें कहा गया था कि 'हाशिमपुरा की घटना के सम्बन्ध में उत्तर प्रदेश के मुख्यमंत्री के साथ गृहमंत्री द्वारा आयोजित बैठक के फ़ौरन बाद प्रधानमन्त्री के पास एक नोट भेजा गया था। इतने गम्भीर मसले में की गई कार्यवाही की बेहद धीमी और असन्तोषजनक प्रगति पर प्रधानमन्त्री ने गम्भीर चिन्ता व्यक्त की है। प्रधानमन्त्री ने निर्देश दिए हैं कि विवेचना की समाप्ति और मुक़दमा चलाने, पुलिस के चिह्नित दोषियों के निलम्बन और 114 लापता लोगों के उत्तराधिकारियों को मुआवजा देने के लिए अविलम्ब कार्यवाही की जाए। प्रधानमन्त्री ने 27 जून तक गृहमंत्री से अनुपालन आख्या मांगी है।'[1]

सी.आई.डी. के पुलिस अधीक्षक सैयद खालेद रिजवी से एक लम्बी बातचीत के दौरान मुझे पता चला कि कई बार ऐसा हुआ कि देर शाम मुख्य सचिव या गृह सचिव के दफ़्तर से फ़ोन आया कि दूसरे दिन प्रधानमंत्री कार्यालय में हाशिमपुरा मामले की तफ़्तीश पर बैठक होगी और आधी रात तक दफ़्तर खुले रहे, दस्तावेज़ खँगाले गए, अफ़सरों ने पूरी तरह से ख़ुद को तैयार किया और सुबह सभी सरकारी हवाई जहाज में लदे-फँदे दिल्ली पहुँचे। निःसन्देह इस तरह का बुलावा प्रधानमंत्री की पहल पर ही आता होगा और

---

1. "A note was sent to the P.M. immediately after meeting held by Home Minister with Chief Minister U.P. at Delhi regarding Hashimpura incident. P.M. has expressed serious concern over the extremely slow and tardy progress of the action taken so far in regard to this grave incident. P.M. has directed that immediate action should be taken now with regard to completion of the investigation and launching of cases, suspension of the identified offenders in the Police force, by giving ex-gratim payment to the families or next of the kin of the 114 missing persons(sic). P.M. has asked for a report from the Home Minister about the compliance by 27th June..." Extract from the Radio Gram sent by V.K.Jain, Addl. Secretary, Ministry of Home Affairs, New Delhi to Home Secretary, DGP and Secretary to Chief Minister U.P. Lucknow.

उनके कार्यालय के अधिकारी बैठकों के बाद प्रधानमंत्री की ब्रीफ़िंग करते रहे होंगे। प्रधानमंत्री कार्यालय को भेजी अपनी रिपोर्ट में सी.आई.डी. ने स्पष्ट रूप से हाशिमपुरा कांड में 21 मई की सुबह मारे गए प्रभात शर्मा के भाई मेजर सतीश की सन्दिग्ध भूमिका का उल्लेख किया है। बाद में न तो सी.आई.डी. को इसकी सुध रही और न ही प्रधानमंत्री कार्यालय ने उनसे इसके बाबत कुछ पूछताछ की। विवेचकों ने कई जगह क्षोभ व्यक्त किया है कि दंगों के दौरान तैनात फ़ौजी अधिकारी बार-बार बुलाए जाने पर भी अपना बयान देने के लिए हाज़िर नहीं हो रहे हैं या यूनिटें रिकाड्र्स देने में हीला-हवाली कर रही हैं, पर यह बात कभी भी प्रधानमंत्री कार्यालय की जानकारी में नहीं लाई गई। उनके हस्तक्षेप से सब कुछ हासिल होना कितना आसान हो जाता, इसकी कल्पना की जा सकती है।

इन बैठकों का नतीजा क्या निकला? कम से कम मेरी जानकारी तो बहुत उत्साहवर्धक नहीं है। बैठकें होती रहीं और सी.आई.डी. अपनी लीपा-पोती करती रही। यह तब जब कि दिल्ली में एक मजबूत केंद्र था और ज़्यादातर राज्यों के मुख्यमंत्री उसकी कृपा पर निर्भर थे। इस दौरान सुब्रह्मण्यम स्वामी, सैयद शहाबुद्दीन और दूसरे कई राजनैतिक लोगों ने हाशिमपुरा के हत्यारों को दंडित कराने के लिए अनशन और पदयात्रा जैसे तमाम कार्यक्रम चलाए और इनके दौरान हर बार प्रधानमंत्री कार्यालय थोड़ी देर के लिए सक्रिय होता था, पर यह सक्रियता इतनी नहीं होती थी कि उत्तर प्रदेश के मुख्यमंत्री या सी.आई.डी. को झकझोर कर उन्हें उनके दायित्व का एहसास करा सके। शायद प्रधानमंत्री राजीव गांधी के राजनैतिक सलाहकारों ने उन्हें सलाह दी होगी कि न्याय और धर्मनिरपेक्षता से ज़्यादा ज़रूरी आने वाला चुनाव है, जो डेढ़ साल बाद होने जा रहा था और जिनके चक्कर में पड़कर एक भलेमानुष लेकिन राजनीति के नौसिखुआ ने पहले मुस्लिम कट्टरपंथियों के सामने समर्पण कर शाहबानो मुक़दमे में सुप्रीम कोर्ट के फ़ैसले को उलटा और फिर आक्रामक हिन्दुओं को सन्तुष्ट करने के लिए बाबरी मस्जिद में स्थित मन्दिर का ताला खुलवा दिया।

सेशन अदालत के फ़ैसले के बाद हाशिमपुरा कांड के पहले अध्याय का समापन हो गया है। जैसा कि अपेक्षित था, इसके बाद राजनैतिक दलों ने अपने-अपने ढंग से इसे भुनाने की कोशिश की है। फ़ैसले के ख़िलाफ़ अपील कर दी गई है और अगले कुछ सालों के लिए इंतज़ार का एक नया सिलसिला शुरू

हो गया है। अफ़सोस यही है कि भारतीय राज्य ने अभी भी आज़ादी के बाद के इस सबसे बड़े हिरासती हत्याकांड को एक चुनौती के रूप में नहीं लिया है। यह एक ऐसा मसला था, जिसमें राज्य के सारे स्टेक होल्डर—राजनैतिक नेतृत्व, नौकरशाही, पुलिस, मीडिया, न्यायपालिका—असफल और असहाय सिद्ध हुए। इसे भारतीय लोकतंत्र के धर्मनिरपेक्ष चरित्र के लिए सबसे बड़े ख़तरे के रूप में लिया जाना चाहिए था, पर दुर्भाग्य से ऐसा नहीं हुआ। किताब पर काम करते समय बहुत से लोगों ने सलाह दी थी कि मुझे इसे नहीं लिखना चाहिए। बार-बार याद दिलाने से ज़ख़्म भरेंगे नहीं ताज़ा बने रहेंगे—मैं चाहता भी नहीं कि ज़ख़्म भरें। भारतीय राज्य की आँखों में उंगलियाँ डाल-डाल कर याद दिलाने की ज़रूरत है कि उसने वह सब नहीं किया जो उसे करना चाहिए था, या वह सब किया, जिसे करने से भारतीय संविधान रोकता है। अगर हम हाशिमपुरा भूल गए तो भविष्य में और हाशिमपुरा होंगे। मुझे लगता है कि फ़ैज़ अहमद फ़ैज़ का यह शेर मेरी बात को अच्छी तरह से पहुँचा सकता है—

हर्फ़े हक़, दिल में खटकता है जो काँटे की तरह
आज इक़रार करें और ख़लिश मिट जाए

✪✪✪